D1697362

Siegfried Kracauer

Frankfurter Turmhäuser

Ausgewählte Feuilletons 1906–30
Herausgegeben von Andreas Volk

Edition Epoca

1. Auflage, August 1997
© Copyright dieser Ausgabe Edition Epoca AG Zürich
Alle Rechte vorbehalten

Satz und Gestaltung: Tatiana Wagenbach-Stephan, Zürich
Einband: Gregg Skerman, Zürich
Druck und Bindung: Franz Spiegel Buch GmbH, Ulm
ISBN 3-905513-06-4

Inhalt

Zu dieser Ausgabe

Die erste Publikation Siegfried Kracauers datiert aus dem Jahr 1906: «Ein Abend im Hochgebirge» (S. 213 ff.). Veröffentlicht wurde dieser Bericht des damals 17jährigen über die Erzählung eines Schweizer Bergführers im Feuilleton der Frankfurter Zeitung. Bis zum zweiten Artikel (bis 1933 schrieb Kracauer für dieses Blatt mehr als tausendachthundert) sollten aber noch einmal dreizehn Jahre vergehen.

Nach dem Ende seiner Schulzeit in Frankfurt am Main wandte sich Kracauer zunächst dem Studium der Architektur zu, beschäftigte sich aber zugleich intensiv mit Philosophie und Soziologie. Erst nach einer 1915 erschienenen Dissertation über schmiedeeiserne Gitter (eine Neuauflage ist für 1997 angekündigt), der Veröffentlichung einiger soziologisch-philosophischer Fachartikel und mehreren aus Geldgründen übernommenen Engagements als Architekt begann er 1921 regelmäßig für die Frankfurter Zeitung zu schreiben. Bei den Belegexemplaren seiner Artikel, die er in Klebemappen sammelte, notierte er zu den ersten zehn Wochen bei diesem Blatt: «21. Jan.–31. März: Korrespond.»

Genaueres über den Beginn seiner Journalistentätigkeit ist nicht bekannt. In seinem Roman «Georg» (1973 in Band 7 der Schriften erschienen) lassen sich zwar einige Details aus seinen Anfängen bei der Zeitung nachlesen – so erfährt man beispielsweise, daß der dicke Korrektor Kummer für seinen Einstieg bei der Zeitung eine gewichtige Rolle spielte. Aber obschon einige der im vorliegenden Band abgedruckten Artikel im Roman klar identifizierbar von «Georg», dem frischgebackenen Journalisten, geschrieben werden, lassen sich die einzelnen Personen, Konstellationen und Entwicklungen nicht immer eindeutig historisch-biographisch entschlüsseln.

Präzisere Auskunft läßt sich aus der 1989 von Thomas Y. Levin zusammengestellten Bibliographie Kracauers gewinnen, so zum Beispiel, daß die über zwei Dutzend Artikel, die der «Korrespond.» in seinen ersten zehn Wochen schrieb, vor allem im

Lokalteil als «Frankfurter Angelegenheiten» erschienen sind. Zumeist waren es referierende Wiedergaben von Einzelvorträgen, Tagungen, Versammlungen und Vereinssitzungen aller Art. Aber Kracauer konnte in diesen Wochen auch schon drei von ihm als «Feuilletons» bezeichnete Artikel unterbringen: einen Architekturüberblick «Über Turmhäuser» (S. 13 ff.), eine Kritik des Wettbewerbs zum «Ausbau des Frankfurter Börsengebäudes» (S. 135 ff.) sowie eine Analyse der aktuellen geistigen Lage, die Kracauer zwischen «Autorität und Individualismus» ansiedelte (abgedruckt in Band 5 der Kracauer-Schriften).

Zusammen mit je zwei Artikeln über Bücher und Ausstellungen ist hiermit, zumindest für die nächsten paar Monate, bereits Kracauers Haupttätigkeitsbereich in der Frankfurter Zeitung festgelegt: Vortragsreferate, Ausstellungs-, Buch- und Architekturkritiken sowie hin und wieder ein allgemeinerer Text zur geistigen Lage.

Gleichzeitig sucht Kracauer einen Verlag für sein hundertfünfzig Seiten starkes Buchmanuskript über die Soziologie Georg Simmels. Und sein nächstes größeres Projekt, eine «Begründung der Sociologie», wie er das Buch nennt, das 1922 unter dem Titel «Soziologie als Wissenschaft» erscheint, ist «zu ³/₄ schon durchgeführt» (4. Januar 1921, Brief an M. Susmann, Deutsches Literaturarchiv Marbach).

Bis Ende August 1921 schreibt Kracauer weiterhin gegen Zeilenhonorar für die Frankfurter Zeitung, hofft aber von Anfang an auf eine Festanstellung. «Ich mache [...] für die Frankfurter Zeitung Vortragsberichte, ein Fixum hat mir aber der Verlag bis dato noch nicht bewilligt, [...] die verschiedenen Redakteure sind mir sehr gewogen. Vielleicht erreiche ich durch Beharrlichkeit im Warten eine geregelte Bezahlung.» (9. April 1921, Brief an M. Susmann, Deutsches Literaturarchiv Marbach) Das Fixum wird ihm schließlich auf den 1. September 1921 zugesprochen.

Schon vorher kommen zu den «Vortragsberichten» aber Berichte über weitere Anlässe: Reisen, Darbietungen vor Publikum wie Zirkus, Revue und Varieté, selten auch Theater. Und im Gegensatz zu den meist sehr zurückhaltenden Vortragsberichten wird in diesen Artikeln über die «Zerstreuung» der «Massen» bereits jene besondere soziologische Haltung deutlich, mit der sich Kracauer später, etwa ab Ende 1923, beispielsweise auch einem seiner Hauptthemen nähert, dem Film: Eine regelmäßige Mischung aus märchenhaftem Staunen und heißer Freude über Groteskes und Burleskes einerseits und dem analytischen Blick für Tendenzen und stoffliche Gehalte dieser Zerstreuungskultur andererseits, der «aus der wundersamen Kälte des großstädtischen Intellekts stammt [...] unmythisch schlechthin» (S. 107). Was sich diesem Blick erschließt, ist die «Exotik des Alltags», für deren Entdeckung Kracauer spätestens seit seinem Buch über «Die Angestellten» aus dem Jahre 1930 bekannt geworden ist. Er findet diese «Exotik» aber nicht nur in Frankfurt, Berlin und Paris, wie sich unter der Rubrik «Straßenrausch und -ruhe» (S. 47 ff.) nachlesen läßt. Auch in den gängigsten Ferienorten liest er ihre Spuren, und ihre Darstellungsform ist für Kracauer häufig die Groteske. Unter der Rubrik «Auf Reisen» findet sich diese Tendenz beispielhaft in der messerscharfen Autopsie der «Sommerfrischen-Länder» (S. 245 ff.), und in den Texten unter der Rubrik «Figuren und Dinge» (S. 31 ff.) ist dieser Aufstand der Ornamente gegen ihr leeres Zentrum wohl am deutlichsten herausgearbeitet.

Auch in seinen Architekturkritiken ist Kracauer den Ornamenten keineswegs prinzipiell abgeneigt, sofern sie beispielsweise mit der Zweckbestimmung des Gebäudes korrespondieren. Architektur muß für ihn vor allem von künstlerischem Wert durchdrungen, und das heißt: der jeweiligen Zeit gemäß sein. Nur unter dieser Einschränkung findet er die «Neue Sachlichkeit», für die beispielhaft Frankfurts Stadtbaurat Ernst May steht, «ästhetisch gefordert, weil sie die moderne Lebenswirklichkeit so unromantisch hinnimmt, wie sie sich gibt». In diesem Sinne sind auch Kracauers Kritiken der «Zweckbauten» geschrieben.

Und dennoch bleibt ihm im Grunde eine letzte Gewißheit: daß nämlich «dieser Konstruktivismus nur ein Durchgangsweg zu erfüllteren Gestaltungen sein kann», obschon «darum nicht minder notwendig» (S. 208). Denn seine Kargheit entlarvt erborgten Prunk, der nichts Erfülltes hat, und «ist der Strenge unseres äußeren Lebens» wie auf den Leib geschrieben. Der Wirklichkeit so angeschmiegt und doch nie eins mit ihr, dies sind die Texte Siegfried Kracauers.

Frankfurter Hochhausprojekt

Über Turmhäuser

Die unfreiwillige Muße, die nun schon Jahre hindurch den
deutschen Architekten aufgezwungen worden ist, hat die Sehnsucht nach großen Bauaufgaben in ihnen nicht ersticken können. Die Unmöglichkeit, wirklich zu bauen, treibt Künstler wie
Pölzig dazu, expressionistische Kinoarchitektur zu schaffen,
während Schwärmer wie *Taut* glückspielende Glaspaläste und
eine utopische Alpenarchitektur erträumen. Schließlich aber
leisten noch so geniale Rabitz-Phantasien und literarische Produktionen dem Architekten kein Genüge; ihn drängt es danach, Bauwerke zu ersinnen und aufzurichten, in denen Menschen ein- und ausgehen, Werke von Dauer, die nicht einer
Kulissenwelt, sondern der Wirklichkeit unseres Lebens an-
gehören. Es scheint, als ob der Gedanke der *Turmhäuser*, der
gegenwärtig in Tageszeitungen, Zeitschriften und Fachblättern
viel erörtert wird, dazu bestimmt sei, unsere Baukünstler vor
eine ihrer würdige und zugleich vor eine unserer Epoche
gemäße Aufgabe zu stellen.
Was bezweckt man mit der Errichtung von «Wolkenkratzern»
oder Turmhäusern? Eine vor wenigen Wochen durch die
«P.P.N.» verbreitete Nachricht ließ die Meinung entstehen, als
handle es sich bei ihnen um besonders hohe Wohngebäude,
durch deren Schaffung man der Wohnungsnot wirksam zu begegnen hoffe. (Vgl. Morgenblatt der «Frankfurter Zeitung» vom
7. Febr.[1]) Diese Meinung ist jedoch irrig. Einmal nämlich hätte
die Ausführung solcher Gebäude vermutlich gar nicht den er-
warteten praktischen Erfolg, zum andern aber würde sie einen
gewaltigen Rückschritt gegenüber unserer ganzen bisherigen
Wohnungs- und Siedlungspolitik bedeuten und wäre darum
aufs schärfste zu bekämpfen. Wo immer man heute in
Deutschland den Bau von Wolkenkratzern beabsichtigt, da
plant man sie vielmehr durchweg als *Bürohäuser;* die
hauptsächlich den Zwecken von Handel und Industrie dienen
sollen. Die Vorteile derartiger Turmbauten liegen auf der
Hand. Zunächst verspricht man sich von ihnen eine Entspan-

nung des *Wohnungsmarktes*, da gegenwärtig in vielen Großstädten eine Unmenge von Büros in früheren Miethäusern und
Villen untergebracht sind, die nach der Schaffung von Hochhäusern ihrer ehemaligen Bestimmung wieder zugeführt werden können. Von großer Wichtigkeit ist es ferner, daß die
Errichtung von Turmbauten eine *Konzentration* des *Geschäfts-
lebens* mit sich bringt, die unsere wirtschaftliche Entwicklung
sicherlich in günstigem Sinne beeinflussen wird. Die Zusammenlegung möglichst vieler Büroräume in ein einziges Gebäude, bzw. in eine kleine Anzahl solcher Hochhäuser verringert den zur Abwicklung des geschäftlichen Verkehrs
erforderlichen Zeitaufwand in erheblichem Maße und trägt dadurch zu einer besseren wirtschaftlichen Verwertung kostbarer menschlicher Arbeitskraft bei. Schließlich darf nicht vergessen werden, daß Turmbauten eine ganz andere *Ausnutzung*
des teuren Grund und Bodens als die seither übliche gestatten
und daß, natürlich nur unter der Voraussetzung wirtschaftlichen Aufschwungs, eine Verzinsung des zu ihrer Herstellung
verwandten Baukapitals auch bei den heutigen Preisen möglich erscheint.
Aus allen diesen Gründen sind in einer Reihe deutscher Groß-
städte Bestrebungen zur Errichtung von Bürohochhäusern im
Gang, denen städtische und staatliche Behörden im allgemeinen wohlwollend gegenüberstehen. Da die schwebenden Projekte, die über das vorbereitende Stadium hinaus zumeist wohl
noch kaum greifbare Gestalt angenommen haben, die Öffentlichkeit mit Recht stark beschäftigen, seien ein paar Einzelheiten über einige von ihnen hier kurz mitgeteilt.
In *Danzig* z.B. wurde – wie einem Aufsatz von Prof. *Kohnke* in
der Zeitschrift «Der Industriebau» (Leipzig, Carl Scholtze, Verlag), Heft XII, 1920, zu entnehmen ist – im vorigen Jahr ein
Ideen-Wettbewerb zur Erlangung von Plänen für ein turmarti-
ges Geschäftshaus unter Danziger Architekten ausgeschrieben.
Bei ihrer schlechten Finanzlage ist es der vom Deutschen Reich
abgetrennten Stadt nicht möglich, das dort herrschende Woh-
nungselend auf direktem Wege auch nur einigermaßen zu lin-

dern. Dagegen rechnet man damit, daß durch den Bau eines Wolkenkratzers auf einem unweit der Hauptverkehrsader gelegenen militärfiskalischen Gelände eine große Anzahl von Wohnungen frei wird, die zur Zeit für Geschäftszwecke usw. eingerichtet sind. Auf das Ergebnis des Wettbewerbes kann an dieser Stelle nicht eingegangen werden. – Besonders stark regt sich naturgemäß das Bedürfnis nach Wolkenkratzern in *Berlin*. Im Auftrag der Preußischen Akademie des Bauwesens hat sich der bekannte Architekt Prof. Bruno *Möhring* mit der Frage befaßt, wo und unter welchen Voraussetzungen Hochhäuser in Berlin gebaut werden können. Wie aus seinem kürzlich vor der Akademie über dieses Thema gehaltenen Vortrag, den die Zeitschrift «Stadtbaukunst» (Architekturverlag «Der Zirkel», Berlin) veröffentlicht, zu ersehen ist, befürwortet Möhring auf Grund eingehenden Studiums nordamerikanischer Verhältnisse sehr warm die Errichtung von Turmbauten in Berlin. Einer seiner Vorschläge zielt z.B. dahin, das äußerst wertvolle Grundstück nördlich des Bahnhofs Friedrichstraße mit einem Bürohochhaus zu bebauen. Das von ihm für diesen Platz ausgearbeitete Projekt, das auch, mit einigen andern Hochhausprojekten zusammen, in Nr. 7 der «Berliner Illustrierten» dieses Jahrgangs abgebildet ist, macht einen guten Eindruck. – Über die anscheinend ziemlich weit gediehenen Pläne für Wolkenkratzer in München berichtet Reg.-Baumeister Herman *Sörgel* (in Heft 6 der «Woche», 1921). Bei der Ausführung von Turmbauten in München wird man die größte Rücksicht auf die Frauentürme wie überhaupt auf das historisch gewachsene, künstlerisch so vollendete Stadtbild zu nehmen haben. Es ist daher nach Sörgel ratsam, die etwa zu schaffenden Hochhäuser in einem Abstand von rund einundeinhalb Kilometern von der Frauenkirche zu erbauen und sie nicht übertrieben hoch zu führen. Wie Sörgel hervorhebt, braucht z.B. das Münchner Kunstgewerbe schon lange ein zentrales Messe- und Geschäftshaus, auch ist nach der Fertigstellung der Walchenseekraftwerke im Jahre 1923 ein Zuzug geschäftlicher und industrieller Betriebe nach München zu erwarten, deren gewaltigen Raumbedürfnissen beizeiten genügt werden muß. Dem Sörgelschen Aufsatz sind Abbildungen von Münchner Turmhausprojekten beigegeben, die aus der Hand des Münchner Architekten Prof. O. O. Kurz stammen; nicht alle dieser Entwürfe scheinen sich dem Geist der Stadt glücklich anzupassen und ihrem einzigartigen baulichen Zusammenhang sich organisch einzufügen. Auch die Münchner Handelskammer hat sich übrigens bereits mit der Frage der Hochhäuser beschäftigt und hält deren Errichtung in München für durchführbar. (Vgl. «Münchner Neueste Nachrichten» Nr. 65 u. 66.)

Der praktischen und ästhetischen Einwände gegen die Turmbauten sind viele, nur wenige jedoch vermögen bei näherer Betrachtung stichzuhalten. Eine gründliche Widerlegung haben sich schon des öfteren die Bedenken gefallen lassen müssen, die z.b. gegen die Feuergefährlichkeit der Wolkenkratzer und gegen die angebliche Gefahr des Verrostens ihrer Eisenkonstruktionen erhoben worden sind. Andere Übelstände freilich, wie die Zusammenpressung des Verkehrs im Umkreis der Hochhäuser zu bestimmten Tageszeiten, die Überlastung des Untergrunds, die Licht- und Luftbeschränkung können nicht geleugnet werden. Ihre Erkenntnis hat, den oben erwähnten Ausführungen Prof. Möhrings zufolge, im Jahre 1916 in New York zur Schaffung einer Staffelbauordnung (Zoning Resolution) geführt, die u.a. in den sogenannten Height-Distrikts die Höhe der Wolkenkratzer nach der Straßenbreite regelt und Überschreitung der Höhengrenzen nur aus Schönheitsgründen und ganz bestimmten, gesetzlich festgelegten Fällen duldet. In den meisten amerikanischen Städten beträgt die Maximalhöhe gegenwärtig 61 Meter. Wir werden bei dem Bau von Hochhäusern, aus den in Amerika gemachten praktischen Erfahrungen, nicht zum wenigsten auch in konstruktiver Hinsicht, viel zu lernen haben.

Die übrigen, mehr ästhetischen und gefühlsmäßigen Bedenken gegen Turmbauten wiegen ungleich leichter. Wo sie nicht einfach der Seele des Spießers entwachsen, der an dem, was er gewohnt ist, um jeden Preis festhalten möchte, da gehen sie

zum Teil von der falschen Voraussetzung aus, als sollten nun in
Deutschland amerikanische Vorbilder ohne weiteres übernommen werden, zum Teil beruhen sie auch auf der verschwom-
menen Vorstellung, in den Wolkenkratzern verkörpere sich
jener selbe Geist des Materialismus und kapitalistischer Beute-
gier, den es heute mit allen verfügbaren Mitteln zu bekämpfen
gilt. Die Häßlichkeit der New Yorker City ist jedermann bekannt. Turmartige Ungetüme, die ihr Dasein dem ungezügel-
ten Machtwillen raubtierhaften Unternehmertums verdanken,
stehen dort wild und regellos nebeneinander, außen und innen
häufig mit einer prunkvollen Scheinarchitektur verkleidet, die
ihren höchst profanen Zwecken in keiner Weise entspricht. So
freilich darf in Deutschland nicht gebaut werden und so wird
auch bei uns nicht gebaut werden, dafür bürgt schon die gute
künstlerische Erziehung einer Mehrzahl unserer Architekten.
Soll das Problem der Turmbauten in den deutschen Großstädten einer glücklichen Lösung entgegengehen, so kann das allerdings lediglich unter sorgfältigster Berücksichtigung einer
ganzen Reihe von Faktoren gelingen. Zu den wirtschaftlichen
Erwägungen haben sich vor allem die städtebaulichen zu gesellen, Künstler und Techniker, Wirtschaftsführer und Kom-
munalpolitiker werden zusammenarbeiten müssen, um das
Werk zu vollbringen, das letzten Endes nur der genaue Ausdruck eben des Geistes sein wird, der die Menschen bei seiner
Ausführung beseelt. In einem Aufsatz: «Zum Problem des Wolkenkratzers» (enthalten in den beiden letzten Heften der ausgezeichneten Zeitschrift: «Wasmuths Monatshefte der Baukunst») preist Wilhelm *Mächler* das Turmhaus der Zukunft als
den *wirtschaftlichen Mittelpunkt* einer ganz bestimmten und
natürlich gegliederten Lebens- und *Arbeitsgemeinschaft*. Nicht
allein an der Schöpferkraft unserer Baukünstler, sondern auch
an dem sozialen Gewissen, dem Gemeinschaftswillen unseres
gesamten Volkes wird es liegen, ob dieser schöne Turmhaus-
Gedanke bald seine Verwirklichung erfährt.

(2.3.1921, 1. Morgenblatt; Feuilleton, S. 1)

Ein Frankfurter Hochhaus-Projekt

Wie bereits mitgeteilt, hat die Stadtverordneten-Versammlung in ihrer letzten Sitzung den Verkauf des Grundstücks zwischen *Moltkeallee, Bismarckallee und Königstraße* genehmigt.[2] Die Nürnberger Herrenkleiderfabrik Fritz Vogel u. Co. beabsichtigt, dort ein großes Geschäftsgebäude zu errichten, das zum Teil als Hochhaus ausgebildet werden soll. Da die Moltkeallee und die Bismarckallee höchst unglücklich in einem spitzen Winkel zusammenlaufen, stellt die Bebauung des Geländes den Architekten vor eine sehr schwierige Aufgabe. Um zu ihrer befriedigenden Lösung zu gelangen, will Architekt Fr. *Voggenberger*, dem die Baugestaltung und Bauleitung übertragen worden ist, die Gebäudeflucht über 60 Meter von dem Schnittpunkt der Fluchtlinie beider Alleen zurücklegen, so daß hier eine Fassade von etwa 26 Meter Länge entsteht. Die Baumassen werden *zwei Höfe* umschließen, deren einer als Betriebshof mit Zufahrten von der Königstraße her benutzt wird, während der andere, der als Lichthof ausgebildet wird, einer großen deutschen Industriefirma – es handelt sich offenbar um *Krupp* – zur Unterbringung einer ständigen Ausstellung zur Verfügung gestellt werden soll. Insoweit die übrigen Räume nicht für den Betrieb der Firma selber bestimmt sind, ist an ihre Vermietung, vermutlich für Messezwecke, gedacht.

Ohne Skizzen und Modell gesehen zu haben, läßt sich ein Urteil über die geplante Anlage nicht gut bilden. Eines aber muß schon heute gesagt werden: daß nämlich eine Bebauung des Geländes nur im *Rahmen eines Bebauungsplanes* erfolgen darf, der, von großen Gesichtspunkten ausgehend, den in der Festhallengegend städtebaulich so jämmerlich verpfuschten Straßenzügen und Plätzen nach Möglichkeit Korrekturen erteilt und dafür sorgt, daß alle Baumassen im Umkreis in *Beziehung zur Festhalle* gesetzt werden. Wir erinnern daran, daß vor nahezu einem Jahr in einer Sitzung des Architekten- und Ingenieurvereins Architekt *Röckle* an Hand eigener Vorschläge schon auf diese Notwendigkeit hingewiesen hat. Auf die Ge-

fahr hin, oft Gesagtes zu wiederholen, möchten wir schließlich
nicht hinzuzufügen versäumen, daß es unbedingt wünschenswert wäre, wenn die Künstlerschaft Gelegenheit erhielte, das
in Aussicht genommene Projekt rechtzeitig kennenzulernen.
(21.1.1922, Abendblatt; Rubrik: Frankfurter Angelegenheiten, S. 2)

Das Frankfurter Hochhaus-Projekt

Der Verwirklichung des Hochhaus-Projektes *gegenüber der
Festhalle*, von dem wir schon wiederholt berichtet haben, stellen sich in letzter Minute Schwierigkeiten entgegen. Die Nachbarn haben, soviel man hört, Einspruch erhoben und auch in
Fachkreisen macht sich Widerstand geltend. Angesichts solcher Schwierigkeiten ist es notwendig, sich der Bedeutung von
Hochhäusern im allgemeinen und des geplanten Frankfurter
Hochhauses im besonderen erneut zu erinnern, damit nicht
ein großes Werk an verhältnismäßig geringfügigen Bedenken
scheitere. In nahezu allen deutschen Großstädten ist der Hochhaus-Gedanke mit Zustimmung aufgenommen worden, da
seine Durchführung an geeigneten Stellen sich vor allem aus
praktischen Gründen, nicht zuletzt aber auch vom künstlerischen Gesichtspunkte aus empfiehlt. Wettbewerbe, die wertvolle Ergebnisse zeitigen, sind veranstaltet worden, und in
Städten wie Berlin, Danzig, Köln, Leipzig usw. liegen bereits
baureife Projekte vor. Erwähnt sei noch, daß erste Autoritäten
sich für die Hochhäuser ausgesprochen haben und auch das
Ministerium ihrer Erbauung wohlwollend gegenübersteht.
In Frankfurt selbst nun ist alles soweit gediehen, daß tatsäch-
lich zur Errichtung eines Hochhauses geschritten werden
kann. An der Stätte, auf der es erstehen soll – zwischen Moltke-
und Bismarckallee – wird es einen *Blickpunkt* abgeben, der die
Hohenzollernallee und die übrigen Straßen des Viertels vor-

trefflich abschließt, ohne die Häuser im Umkreis im mindesten zu beeinträchtigen. Durch die Nähe der Messe erlangt das Gebäude, dessen ragender Turm zu einem *neuen Wahrzeichen Frankfurts* werden mag, überdies eine praktische Bedeutung, die gewiß nicht übersehen werden darf. Daß an ein solches Projekt strenge künstlerische Anforderungen zu richten sind, versteht sich von selber und ist auch von uns immer wieder betont worden. In den Kommissionen aber sollte man sich darüber klar sein, daß nur dann, wenn wirklich schwerwiegende, unbedingt stichhaltige Bedenken zu erheben sind, ein Verbot der Ausführung gerechtfertigt ist. Unsachliche Einwände sind einem Vorhaben von diesen Ausmaßen gegenüber, dessen Durchführung unzweifelhaft für unsere Stadt als Gewinn zu buchen ist, ebenso wenig angebracht wie ein endloses Hinauszögern der Entscheidung, das schließlich die Verwirklichung des geplanten Baus ebenfalls hintertreibt.

(16.2.1922, 2. Morgenblatt; Rubrik: Frankfurter Angelegenheiten, S. 2)

Das Frankfurter Hochhaus

Obwohl sich der Hochhaus-Gedanke nach dem Krieg in Deutschland verhältnismäßig leicht durchgesetzt hat, ist er doch vorderhand nur als Gedanke anerkannt und diskutiert worden, ohne daß man bislang über den Zustand der Projektierung solcher Bauten hinausgekommen wäre. In Frankfurt soll jetzt, zum ersten Male, von der Planung zur Tat geschritten werden, und es besteht begründete Hoffnung, daß trotz mancherlei Widerstände, die sich dem Projekt noch entgegensetzen, diese doch Verwirklichung findet. Bauherrin ist die in Frankfurt ansässige Firma Fritz Vogel u. Co. Sie hat das gegenüber dem Messegelände gelegene Grundstück zwischen Moltkeallee, Bismarckallee und Königstraße erworben und den Frankfurter Architekten Fritz *Voggenberger* mit dem Entwurf und der Bauleitung des von ihr beabsichtigten Bauvorhabens beauftragt.

Erst im Verlauf der Vorarbeiten sind Bauherrin und Architekt auf Grund von wirtschaftlichen Erwägungen zu dem Entschluß gedrängt worden, einen Teil des Gebäudes als Hochhaus hochzuführen. Maßgebend hierfür war vor allem die Notwendigkeit, eine den Baukosten angemessene Verzinsungsmöglichkeit zu erhalten, ferner das zwingende Bedürfnis, in unmittelbarer Nähe der Messe eine größere Anzahl vermietbarer Räume für Industrie- und Handelsfirmen zu schaffen, die sich im Zusammenhang mit der Messe in Frankfurt niederzulassen gedenken, woran sie die hier herrschende Raumknappheit bisher stets gehindert hatte. Gerade als Bürogebäude bietet ja das Hochhaus große Vorteile. Die Zusammenlegung möglichst vieler Büroräume in ein einziges Gebäude verringert den zur Abwicklung des geschäftlichen Verkehrs erforderlichen Zeitaufwand in erheblichen Maße und trägt dadurch zu einer besseren wirtschaftlichen Verwertung kostbarer menschlicher Arbeitskraft bei. Begreiflicherweise hat in Frankfurt eine lebhafte Diskussion über das Für und Wider des Hochhauses eingesetzt. In den weitesten Kreisen ist man sich darüber einig geworden, daß seine Errichtung für die Stadt einen Gewinn bedeutet, denn abgesehen davon, daß die Baukosten rein aus privaten Mitteln bestritten werden, das Gebäude ermöglicht auch den Zuzug großer fremder Firmen und fördert so die wirtschaftliche Entwicklung Frankfurts. Hinzugefügt sei nur noch, daß die Künstlerschaft ein Hochhaus auf dem vorgesehenen Gelände prinzipiell für wünschenswert und mit ästhetischen Rücksichten für durchaus vereinbar hält.

Die Anordnung des Hochhauses an dem freien Platz vor der Festhalle ergab sich aus praktischen und ästhetischen Gründen. Der hier gelegene teuerste Teil des Grundstücks befindet sich in nächster Nachbarschaft der Messe, ein in geschäftlicher Hinsicht nicht zu unterschätzender Vorzug, außerdem spricht für seine Wahl, daß die Entleerung des Hochhauses zu Beginn

und Schluß der Bürozeiten sich direkt nach dem Platze zu vollziehen kann. Vom ästhetisch-städtebaulichen Standpunkte aus läßt sich die Hochführung des Gebäudes gerade an dieser Stelle dadurch rechtfertigen, daß der hier aufsteigende Turm als weithin sichtbarer Blickpunkt der Hohenzollernallee und als Kopf der Moltke- und Bismarckallee zu dienen vermag. *Raumverteilung* und *Grundrißlösung* sind so übersichtlich wie nur möglich. Was zunächst das *Hochhaus* selber anbelangt, so wird es rein als *Bürogebäude* in völliger Unabhängigkeit von den übrigen Gebäulichkeiten errichtet. Es wächst zu einer Höhe von knapp 60 Meter an, einer Höhe also, die sich weit unterhalb der Höhe amerikanischer «Wolkenkratzer» hält, und umfaßt 15 Obergeschosse, die bei gegebenen Achsen beliebig in Büroräume aufgeteilt werden mögen. In der großen Eingangshalle befinden sich außer den Portierlogen ein Raum für erste Hilfeleistung, ein Briefablage-Raum mit Signalvorrichtung zu den einzelnen Büros, weiterhin ein Boteninstitut, eine Telegraphenstation, öffentliche Fernsprechzellen usw. Zwischen dem 15. Obergeschoss und der Plattform hat der Architekt noch ein niedriges Zwischengeschoss eingeschaltet, das zur Aufnahme der Aufzugsmaschinerie, der Zirkulationsleitungen usw. dienen soll. Die Anordnung von Toilettenanlagen, Garderobe- und Waschräumen in jedem Geschoss versteht sich von selber. Über die Verkehrsregelung und die technischen Einrichtungen wird noch zu sprechen sein.
Die beiden Längsflügel, der kurze Verbindungstrakt zwischen den Höfen und der Querbau an der Königstraße dienen als Betriebsgebäude der Herrenkleiderfabrik. Der Verbindungstrakt ist ebenso wie die Front des Hochhauses zur Erzielung rechtwinkliger Räume in der Mitte des Grundrisses schwach geknickt. Die Raumverteilung in dem die zulässige Höhe von 18 Meter erreichenden Betriebsgebäude richtet sich nach dem Fabrikationsvorgang, der von oben nach unten erfolgt. Im Dachgeschoss, das durch gleichseitig ausgebildete Shed-Dächer Oberlicht von Norden her empfängt, sind die Stofflager untergebracht, das vierte Obergeschoss birgt Säle für die Zu-

schneiderei und eine Zuschneideakademie, und die drei übrigen Obergeschosse enthalten die weiteren Arbeitsräume. Das Erdgeschoss umfaßt Räume für Sortierung, Verpackung, Versand usw. und, nach der Bismarckallee zu, eine große Zentralküchenanlage mit Speisesälen für Arbeiter, Angestellte und Direktoren. Im Untergeschoss schließlich befinden sich die Betriebseinrichtungen, umfangreiche Garderoben und feuersichere Räume zur Aufnahme des Verpackungsmaterials. Die vier großen Treppenhäuser des ganzen Gebäudekomplexes liegen in den vier Ecken nach dem Betriebshof zu. Außerdem werden die Geschosse durch vier zweckmäßig angeordnete Lastaufzüge miteinander verbunden, die, gleich den Toilettenanlagen in jeder Etage, nahe bei den Treppenhaus-Vorplätzen vorgesehen sind. Zu dem Betriebshof gelangt man durch eine Durchfahrt in der Mitte des Querbaus, dessen Erdgeschoss in zwei Geschosse aufgeteilt ist, um noch vier Wohnungen für Aufsichtsbeamte aufnehmen zu können. Zwischen der Versandabteilung und dem Betriebshof vermittelt eine Laderampe, außerdem sind nach dem Hof zu Garagen im Verbindungstrakt und Fahrradhallen, die sich an den Querbau anlehnen, projektiert.

Die Schaffung des *Lichthofes*, in dem eine ständige Industrieausstellung unterzubringen beabsichtigt ist, wird durch das Entgegenkommen der Baupolizei ermöglicht, die eine Überdachung dieses Hofes gestattet hat. Der sich durch zwei Geschosse erstreckende Hof enthält im Erdgeschoss Arkadengänge und ist für Besucher von der Eingangshalle des Hochhauses aus zu betreten, während die Zufahrt durch den Betriebshof erfolgt.

Einige *bautechnische Einzelheiten* werden gewiß interessieren. Um Aufschluß über die Bodenbeschaffenheit und eine sichere Basis für die Berechnung der Fundamente zu gewinnen, sind unter Leitung von Geheimrat Prof. Dr. *Behrnd*, dem Vorstand des Materialprüfungsamtes der Technischen Hochschule Darmstadt, *Bohrungen* veranstaltet worden, die ein befriedigendes Ergebnis gezeigt haben. Bei den Erwägungen über

die Wahl des *Baumaterials* neigte man anfänglich zum Eisen,
weil ja auch die amerikanischen «Wolkenkratzer» in Eisen
konstruiert sind. Aus triftigen Gründen entschied man sich
aber schließlich dazu, das Gebäude in Eisenbeton auszuführen. Da das Hochhaus nicht mehr als 15 Geschosse umfaßt,
stellt sich der feuererprobte Beton billiger als das Eisen, das
eine feuersichere Ummantelung benötigt, die unter den heutigen Verhältnissen hohe Ausgaben erfordert. Hinzu kommt, daß
nicht wie in Amerika allzu ängstlich auf Raumeinsparung geachtet zu werden braucht, daß man vielmehr ruhig Pfeiler und
Stützen in einer das statische und ästhetische Gefühl zugleich
befriedigenden Weise dimensionieren darf. Schließlich kann
bei den Betonpfeilern vom Verputz abgesehen werden, was bei
der Konstruktion in Eisen nicht angängig ist. Im Betriebsgebäude sollen auch die Eisenbetondecken sichtbar bleiben.
Der gesamte Bau wird als *Eisenbeton-Gerippe* errichtet, so daß
die in Backsteinen oder Hohlsteinen auszuführende Außen-
haut einer Füllung dieses Gerippes gleichkommt, dessen Ge-
fächer an verschiedenen Stellen je nach Bedarf und unabhängig voneinander ausgemauert werden mögen. Die ganze
Bauweise veranlaßt dazu, von der bisher bei uns üblichen massiven Einrüstung des Bauwerks Abstand zu nehmen und zu
leicht beweglichen Hängegerüsten zu greifen. Das Erdgeschoss erhält, wie noch hinzugefügt sei, eine Hausteinverklei-
dung, die übrigen Geschosse werden verputzt.
Ein wichtiges Kapitel bildet die Regelung des *Verkehrs* im
Hochhaus. Je größer das Hochhaus, desto kleiner die Treppen:
von diesem Grundsatz ließ sich der Architekt bei der Lösung
des Verkehrsproblems leiten. Der Verkehr findet denn auch
nur durch Aufzüge statt: abgesehen von zwei Monumentaltrep-
pen, die von der Eingangshalle bis zum ersten Obergeschoss
führen, sind keine Verkehrstreppen, sondern lediglich Nottreppen vorgesehen. Die *Aufzugsanlage* ist zentral angeordnet und
direkt belichtet. Abweichend vom amerikanischen Prinzip, hat
man sich zu Verwendung einer neuartigen, sehr sinnreichen
Kombination von Paternosteraufzügen und schnellfahrenden

Zubringeraufzügen entschlossen. Jene, drei an Zahl, durchmessen 0,25 Meter pro Sekunde und fassen zwei Personen in
jeder Kabine. Der erste dieser Paternoster geht vom Erdgeschoss bis zum 6. Obergeschoss, der zweite vom 6. Obergeschoss bis zum 11. Obergeschoss, der dritte vom 11. Obergeschoss bis zum 15. Obergeschoss. Die Geschwindigkeit der
drei Zubringeraufzüge beträgt 1,6 Meter pro Sekunde, ihre
Fassungskraft je zwölf Personen. Sie verkehren alle vom Erdgeschoss ab, und zwar führt der erste von ihnen, der in jedem
Geschoss hält, bis zum 6. Obergeschoss, der zweite ohne
Unterbrechung bis zum 8. Obergeschoss und der dritte, ebenfalls ohne Unterbrechung, bis zum 13. Obergeschoss. Man erkennt leicht, daß die Besucher durch die sich von selbst erge-
bende abwechselnde Benutzung der Paternosterwerke und der
Zubringeraufzüge bequem in jedes einzelne Stockwerk gelangen könne. Auch die Entleerung des Hochhauses, in dem etwa
780 Personen beschäftigt sein werden, vollzieht sich bei dem
gewählten System ohne Schwierigkeit. Zwecks größtmöglicher
Beschleunigung ist außerdem vorgesehen, Beginn und Schluß
der Bürozeiten in den einzelnen Stockwerken um eine geringe
Zeitspanne voneinander abweichen zu lassen.
Besondere Sorgfalt hat man auf alle *Sicherheitsvorrichtungen*
des riesigen Gebäudekomplexes verwendet. Schon bei der Ver-
teilung der Baumassen und der Anlage der Höfe ist die Feuer-
sicherheit gebührend in Rücksicht gezogen worden. Was die
Aufzugsanlage im Hochhaus anbetrifft, so erhält sie, wie bereits erwähnt, direkte Belichtung und ist zudem gegen die
Stockwerke abgeschlossen, um die kaminartige Wirkung der
Aufzugsschächte zu verhindern. Sämtliche Zwischenpodeste
der Nottreppen des Bürogebäudes liegen – eine bauliche Neue-
rung – im Freien, wodurch eine Verqualmung der Treppen unterbunden und das ganze Gebäude gleichsam schottenartig
horizontal abgeteilt wird. Die Verkehrstreppen des Betriebs-
gebäudes münden im Erdgeschoss auf den Betriebshof aus, so
daß man, um ins Untergeschoss zu gelangen, eigene Treppen
benutzen muß. Auch werden die auf den Betriebshof blicken-

den Fensteröffnungen des Untergeschosses feuersicher verglast, damit es nicht zu einer ähnlichen Verqualmung des Hofs wie bei dem Brand der Sarotti-Fabrik kommen kann. Zur Herstellung der nötigen Angriffsflächen für die Feuerwehr erhält das Glasdach des Lichthofs umlaufende Gänge von 3 Meter Breite, die mit den anliegenden Treppenhäusern in Verbindung stehen, desgleichen dienen die Abtreppungen des Hochhauses als Rettungsplattformen.

Unnötig beinahe, noch besonders anzumerken, daß sich in jeder Etage ein Hydrant befindet. Da der Wasserdruck auf eine Höhe von 60 Meter nicht ausreicht, muß eine eigene Druckanlage angeordnet werden. Die hierfür erforderlichen Tanks finden im Gegensatz zu amerikanischen Vorbildern nicht auf dem Dach, sondern im Untergeschoss Aufstellung und sollen eine Größe erhalten, die genügt, um bei Feuerausbruch einige Stunden, in Streikfällen einige Tage den notwendigen Wasserbedarf zu decken. Es ist beabsichtigt, die Pumpen-Aggregate so zu konstruieren und zu montieren, daß sie auf die feuertechnischen Einrichtungen der städtischen Feuerwehr umgeschaltet werden können. In den feuergefährlichen Räumen des Untergeschosses wird ferner eine sogenannte Sprinkler-Anlage angebracht, die bei übernormaler Hitze eine automatische Berieselung dieser Räume bewirkt. Weiterhin ist in jedem fünften Stockwerk eine Sicherheitsdecke angenommen und die Eisenarmierung der Eisenbetonstützen in einem Mindestabstand von 2,5 Zentimeter von der Außenfläche vorgesehen. Begreiflicherweise hat man auch Vorsorge für umfangreiche Alarmanlagen getroffen. Der Portier kann durch Signale die verschiedenen Stockwerke des Hochhauses getrennt alarmieren, und ebenso vollzieht sich in umgekehrter Richtung die Verständigung durch Feuermelder über den Portier zur Feuerwache. Sämtliche Rückzugswege (Aufzüge, Treppen, Lastaufzüge, Terrassen usw.) sind durch Signale markiert, und strenge soll darauf gehalten werden, daß die Aufzugsbedienung bei einer etwaigen Panik bis zum letzten Augenblick auf ihrem Posten ausharrt. Durch Aushändigung übersichtlicher Betriebsvorschriften an alle Angestellten des Hauses hofft man, die Gefahren einer solchen Panik vollends auf ein Minimum herabzudrücken.

Die Heizkesselanlagen einschließlich der vom Betriebshof aus zugänglichen Kohlenlager werden im Untergeschoss angeordnet, die *Beheizung* des gesamten Baukomplexes selber erfolgt nach zwei Systemen. Das Hochhaus erhält normalerweise eine Warmwasser-Pumpenheizung, das Betriebsgebäude eine Großraum-Luftheizung, die entgegen dem gewöhnlichen Verfahren so geplant ist, daß statt einer einzigen Zentral-Heißluftkammer für jeden Arbeitssaal eine eigne Heißluftkammer vorgesehen wird.

Schließlich noch einige Worte über die Architektur, die durchaus folgerichtig aus dem Grundriß erwächst. Da die ungeheuren Fronten als große Masse wirken sollen, ist von jeder Vertikalgliederung und von jeder leicht ins Kleinliche verfallenden Hervorziehung einzelner Architekturteile abgesehen worden. Es entspricht diesem architektonischen Prinzip, daß die Fenster ruhig in die Fläche gesetzt werden, damit sie als ornamentales Band, als Glieder einer langen Kette in Erscheinung treten. Reicher ausgebildet ist nur das Erdgeschoss, das als tragender Sockel dient, und das durchbrochene, in betontechnischen Formen gehaltene Hauptgesims, dessen spitzenartige freie Endigungen das Abklingen der Massen gegen die Luft symbolisieren. Die offene Vorhalle des Hochhauses antwortet dem Konkav der eingeknickten Schmalfront, die an architektonisch begründeter Stelle auch plastischen Schmuck erhalten soll. Besonders günstig nehmen sich die Abtreppungen des Hochhauses aus, da durch sie Bewegung in die Massen kommt. Die Rhythmik der Architektur wird noch durch geeignete Farbgebung Unterstützung finden.

(15.4.1922, Morgenblatt;
Beilage: Das Technische Blatt, Nr. 8, S. 117–119)

Das Frankfurter «Hochhaus»

Man erinnert sich wohl noch daran, daß seinerzeit das Projekt eines Hochhauses an der Bismarckallee viel umstritten wurde. Die Nachbarn erhoben Einspruch gegen das Vorhaben der Firma Vogel u. Co., und es kam schließlich zwischen ihnen und der Bauherrin zu einem Vergleich, der die beabsichtigte Höherführung des nach dem Platz vor der Festhalle zu gelegenen Bauteils unterband. Inzwischen ist der erste Bauabschnitt des gewaltigen Komplexes, der den Flügel an der Bismarckallee, den halben Flügel an der Königstraße und den Quertrakt umfaßt, fertiggestellt worden. Da der erwähnte Vergleich auch vorsieht, daß im Interesse der guten künstlerischen Gestaltung sowohl das Hochbauamt wie die Öffentlichkeit über den Gang der Arbeiten unterrichtet werden, fand gestern nachmittag eine *Besichtigung* des Vollendeten samt der zugehörigen Pläne und Modelle statt, zu der außer den Nachbarn die Vertreter der städtischen und staatlichen Behörden eingeladen waren. Architekt *Voggenberger* wies in seiner Begrüßungsansprache mit Recht darauf hin, welche Förderung die Durchführung des Unternehmens in diesen schwierigen Zeitläuften für weite Kreise Frankfurts, nicht zuletzt für das Handwerk, bedeute und streifte auch die mannigfachen Hemmnisse, die sich infolge der politischen und wirtschaftlichen Lage immer wieder der Verwirklichung des Projekts entgegensetzten. Seine Darlegungen dienten vor allem dem Zweck, einen *Einblick* in die Tätigkeit des Baukünstlers zu gewähren. Die Notwendigkeit eines durch Instanzen und fremde Einmischungen ungehinderten freien Schaffens betonend – bei welcher Gelegenheit er zugleich dem Hochbauamt für sein verständnisvolles Entgegenkommen dankte – erklärte er doch überall dort, wo es sich um monumentale Bauaufgaben handelt, eine Fühlungnahme mit der Öffentlichkeit für ersprießlich. Er ging sodann näher auf die Natur des architektonischen Schaffensprozesses ein, skizzierte den Weg, der

von der ersten Konzeption eines Bauwerks bis zu seiner endgültigen Gestaltung zu durchmessen ist. Schließlich suchte er
das Wesen des noch normenlosen Baustils unserer Zeit zu bestimmen, der aus der gleichen seelischen Grundhaltung her-
vorgehe wie etwa die Regiekunst Tairoffs, die Plastik Archipen-
kos oder auch eine moderne Schnellzugslokomotive, und dem
es obliege, den uns bewegenden geistigen Mächten einen gewissen baulichen Ausdruck zu verleihen.[5]
Die in dem großen Erdgeschossaal gezeigte *Ausstellung*, die
gewissermaßen den gesprochenen Text illustrierte, führte gut
in die Werkstatt des Architekten ein. Man sah die ersten Vor-
studien, die in Skizzenform drei verschiedene Lösungen dar-
boten, wurde darauf zu den Werkplänen und Detailstudien
weitergeleitet, und mochte angesichts der Modelle der Fassaden, Büroräume und einzelner ausgezeichneter architektonischer Punkte die Schwierigkeit der Durchbildung eines baulichen Ganzen ahnen. Pläne und Photographien verschiedener
Nachkriegsbauten Voggenbergers veranschaulichten den mo-
dern gerichteten Bauwillen dieses Architekten und eine kleine
Sonderschau von Hochhäusern und anderer zeitgenössischer
Bauleistungen ließ deutlich gewisse überall durchgehende
Züge der gegenwärtigen Baukunst erkennen.
Der *Rundgang* durch den Torso des Hochhauses bestätigte, daß
der Bau bisher genau nach den ursprünglichen Plänen ausgeführt worden ist. Unwesentliche Veränderungen hat nur die architektonische Gestaltung erlitten, was sich zum Teil daraus
erklärt, daß wegen der Abschnürung des besetzten Gebietes
das vorgesehene Material nicht immer zu beschaffen war. Soweit man nach dem Geleisteten urteilen darf, ist es dem Architekten gelungen, den sachlichen Bestimmungszweck des Gebäudes sowohl nach außen hin wie im Innern in ästhetisch
einleuchtender Weise zur Geltung zu bringen. Es fehlt zumeist
noch die Farbgebung, die viel zur Wirkung der Fassaden, der
Höhe und der riesigen Raumfluchten beitragen wird. Die Besichtigung, die besonders deshalb sehr lehrreich war, weil sie
das Werden des Gebäudes bis in seine konstruktiven Einzel-

heiten hinein vor Augen führte, erweckte den Wunsch, daß das
Werk in Übereinstimmung mit den künstlerischen Intentionen
des Architekten weiter wachse und sich einst wirklich zum
Hochhaus auftürme.

(16.9.1923, Stadt-Blatt, S. 1)

Neues vom «Hochhaus»

Das *Hochhaus* gegenüber der Festhalle, das eigentlich gar kein
Hochhaus ist[1], erregt während der Messe-Tage durch seine originelle *Illumination* die Aufmerksamkeit der Messebesucher.
Verdeckt angebrachte Reflektoren belichten in den Abendstunden die schräg vorspringenden Dachzinnen, deren Dreiecks-
linien sich wirkungsvoll vom dunklen Himmel abheben. Die
Arbeiten an dem Fabrikgebäude nehmen im übrigen ihren un-
gestörten Fortgang. Das Erdgeschoss des fertiggestellten Flü-
gels ist jetzt bezogen, und Architekt *Voggenberger* hat für eine
stilgerechte Einrichtung gesorgt, die in jedem Detail den
großen Baugedanken widerspiegelt. Den Fabrikhof ziert ein
polygonales Betontempelchen, das sich bei näherem Zusehen
als Benzintank erweist. Wenn erst der andere Flügel steht und
die Fassaden verputzt sind, werden die architektonischen
Werte des vorläufig noch fragmentarischen Bauwerks sich
auch nach außen hin deutlicher zu erkennen geben.

(11.4.1924, Stadt-Blatt, S. 2)

Figuren und Dinge

Vom Stadtbild

Mit der Riesenarmee der *Litfaßsäulen*, deren Vortrupps vor einiger Zeit, kein Mensch weiß eigentlich wann und wie, über Nacht selbst in die friedlichsten Straßen eingedrungen sind, geht seit kurzem eine sonderbare Veränderung vor. Diese Wandlung rührt einfach daher, daß etliche mitfühlende Seelen schlechterdings nicht einzusehen vermochten, warum gerade die Litfaßsäulen gut bekleidet sein sollen, wo doch so viele Menschen in höchst reduzierter Kleidung herumlaufen müssen. Aus solcher Erwägung heraus, die noch durch das nicht minder gewichtige Argument der zu stattlicher Höhe angeschwollenen Papierpreise unterstützt wurde, rissen besagte zartfühlende Menschen den armen Säulen ihre Papierhüllen vom zylindrischen Leib und ließen sie dann frierend in der Landschaft stehen. Der Mensch will leben, nicht wahr, und das Papier, ob bedruckt oder unbedruckt, ist kostbar, die hier obwaltenden Zusammenhänge sind nicht weiter schwer zu finden. Nachdem die Säulen sich von dem ersten Schrecken erholt hatten, machten sie schnell genug Miene zum bösen Spiele. Im Grunde war es ihnen immer peinlich gewesen, so willkürhaft vor jedermann beklebt zu werden, da begab man sich schon besser in den Dienst der einen oder der anderen Firma und ging mit ihr ein Dauerverhältnis ein. Man konnte sich dann sozusagen häuslich einrichten und an Stelle des lockeren, unsoliden Papiergewandes ein gediegenes, vertrauenerweckendes Kostüm anlegen. Die städtischen Behörden mit ihrem gewohnten Taktgefühl errieten bald die geheimen Wünsche ihrer Pflegebefohlenen auf Plätzen und Straßen und stifteten zwischen ihnen und unternehmungslustigen Firmen eine Reihe von Beziehungen, die sich von regulären Ehen nur dadurch unterscheiden, daß sie nicht gerade für die Ewigkeit gelten. So sind denn heute schon mehr und mehr Säulen mit einem Anstrich versehen worden, dessen fröhliche Farben laut von glücklichen Verbindungen zeugen, die man hier abgeschlossen hat. Da überdies diese farbige Bekleidung, laut städ-

tischer Vorschrift, von *Künstlerhand* besorgt wird, ist sie meist
von so angenehmer Wirkung, daß nur noch zu wünschen
bleibt, es möchten recht viele Säulen dem Beispiel ihrer bereits
unter die Haube gebrachten Schwestern folgen.

(6.2.1923, Stadt-Blatt; Rubrik: Groß-Frankfurt, S. 1)

Der Tanzanzug
Ein Märchen

Der Reparaturschneider *Miecklowicz* bewohnt mit Frau und
Nähmaschine eine Dachkammerpoesie, die am oberen Ende
einer Wendeltreppe aufgestockt ist. Während er Hosenröhren
ausfegt, blickt er auf die Frühjahrs- und Herbstkostüme, die an
der Wand in den Schnittmuster-Alleen sich ergehen; im Hintergrund liegt Monaco. Das Töchterchen heißt Hulda, es ist jung
genug, um noch einen Vornamen zu tragen.
Eines Tages wird Miecklowicz in die Beletage bestellt. Von
Stecknadeln besät, fliegt er die Wendeltreppe herunter. Das
Zentimeterband umkringelt ihn mehrfach; eine Hausschlange,
gezähmt. Eigentlich ist sie ein Luxus, die meisten Kunden sind
verkommene Bügelfalten. In der Beletage empfängt ihn ein be-
tagter Ausgehanzug in Schwarz, den zwei ältere Damen bedie-
nen. Der Anzug, der sich noch bei Kräften fühlt, wünscht fortan
von dem jungen Etageherrn betreut zu werden, dessen Vorfah-
ren ihn bereits trugen. «Immer rüstig», sagt Miecklowicz auf-
munternd und rühmt seinen Familiensinn. Der junge Herr
kommt auf unsichtbaren Rollschuhen angesaust, aus dem Geschäft, in das Geschäft. Mitleidig streichelt Miecklowicz den
Anzug. Die Damen erzählen aus seiner Vergangenheit und ent-
blößen Verletzungen, die er bei ehrenvollen Sitzgelegenheiten
erlitt. Der Anzug schämt sich. Miecklowicz prüft seinen
Stammbaum; Marengo uralt, geht auf die Schafe des engli-

schen Hochadels zurück. Die Anwesenden sind feierlich gestimmt, denken an König Jakob I.

Nach kleiner Andachtspause wird von den Damen schlichte
Verjüngung vorgeschlagen, nur wenig auf Taille. Empört wendet sich der junge Herr gegen abgelebte Fassons. Die Zivilisation läßt sich nicht länger mehr aufhalten, neue Bars spriessen
täglich aus den Ruinen. Im Namen der Jugend fordert er allgemein: *Tanzanzug* von neuester Modernität.

Das zu Boden gefallene Zentimeterband kriecht mit gesträub-
ten Schuppen von dannen. Tanzanzüge dürfen, wie sein Herr
ihm öfters berichtet, nur von den großen Schneidern angelegt
werden. Ihre Errichtung vollzieht sich nach gewissen in den
Geheimarchiven aufbewahrten Vorschriften, die den Repara-
turschneidern unzugänglich sind; jedes Kleidungswerk wird
standesamtlich gebucht. Miecklowicz ist umso verzagter, als es
sich in diesem Falle nicht allein um eine Neugestaltung, sondern um die bei weitem schwierigere Umzeugung eines Aus-
gehers in einen Tänzer handelt. Traurig winkt er seinem Zentimeter, entschlossen, zu gehen. Seine Spezialität sind bisher
Gesäße gewesen; sollen Hoffnungen ihn verführen, die wie
Nähte zerplatzen? Auch das kleinste Hinterteil dient dem
Ganzen.

Einmütig werden Miecklowicz' Bedenken zerstreut. Man beschwört ihn, sein Genie zu entfalten, versichert ihn des unein-
geschränkten Vertrauens. Die stille Zuversicht des Anzugs
stimmt Miecklowicz um. Bewegt erkennt er seine Berufung
und gelobt, sich dem Auftrag zu weihen. Seine Stecknadeln
sprühen Funken, aus dunklen Hosengründen treibt es ihn
lichtwärts. Jetzt oder nie.

Die Hausschlange klettert eilfertig an dem jungen Herrn empor, der sich nach allen Seiten dreht und entrollt. Geschäft.
Fürsorglich unterrichtet sich Miecklowicz über seine Lebens-
gewohnheiten – unter welchem Winkel er gehe, ob er beim
Schlafen nach rechts sich krümme oder nach links. Auch
nimmt er etliche seiner Bekleidungen an sich, deren Alter auf
ihre Erfahrung zu schließen erlaubt. Mittlerweile ist der Anzug

nervös geworden, die Damen reden fortgesetzt über ihn hinweg. Miecklowicz beruhigt ihn und verläßt mit vorzüglicher Hochachtung die Beletage.

Schöpferisches, stets verkannt, drängt in ihm der Sonne entgegen. Er entschwindet ab und zu in der Wandfläche, durchstreift die Schnittmuster-Alleen und berät sich mit den Herrenkostümen vor Monaco. Seine Frau sucht ihn zu solchen Zeiten vergeblich. Dann wieder umlauert er die Geheimarchive, da ihm mitgeteilt worden, daß die Portalhüter im Besitz von Gerüchten seien. Bei seinen Gängen trägt er die Kleider des jungen Herrn; einerseits um unerkannt zu bleiben, andrerseits um ihre klimatischen Verhältnisse zu studieren. Hulda schleppt aus den Bibliotheken Ornamentbücher und Atlanten herbei, deren sinnloses Liniengekräusel ihn in musikalische Stimmung versetzt. Der Anzug verlangt vor allem, gewendet zu werden. Das Innere soll nach außen kommen; zu moralischen Zwecken. Miecklowicz scheut vor den einschneidenden Maßnahmen nicht zurück: verjüngt die Hosenbeine nach oben wie dorische Säulen, bringt Geheimfächer an, deren Ort niemand erfährt. Der adligen Herkunft des Anzugs wegen umzäunt er ihn rings mit Schnüren und Tressen. Wundersam gerät das *Blumenknopfloch* in der Höhe, ein mit Dünndraht umwobener Schlitz, dessen Konstruktion die großen Schneider ängstlich verschweigen. Miecklowicz hat das Verfahren selbsttätig ergründet. Das Loch ist für gewöhnlich verschlossen und öffnet sich nur auf ein bestimmtes Losungswort. Ein eigener Kurierdienst, den Hulda versieht, übermittelt der Beletage stündlich Meldungen aus dem Operationsgebiet. Bei entscheidenden Siegen wird festlich geflaggt.

An einem wolkenlosen Sommerabend – die Reseden blühen gerade – schlüpft die Zentimeterschlange zur Beletage herein und kündigt den Tanzanzug an. Er erscheint, von Miecklowicz in weißen Glacéhandschuhen geleitet. Die beiden Damen behaupten, ihn nicht zu kennen; mit wem sie die Ehre hätten? Der Tanzanzug empfindet Genugtuung über seine Nouveauté. Nachdem die jüngsten gesellschaftlichen Ereignisse besprochen sind, wird im Scherz die Frage aufgeworfen, ob der Gast und der Etageherr wohl zueinander paßten. Ein unverbindlicher Versuch ergibt, daß dieser dem Tänzer wie angegossen sitzt. Man beglückwünscht sich gegenseitig, Bitten um dauernde Vereinigung werden geäußert. Leutselig läßt der Tanzanzug durchblicken, daß er einem solchen Aufgebot von Liebenswürdigkeit nicht zu widerstehen vermöge. Erneuter Austausch von Höflichkeiten, die Freude ist groß. Miecklowicz richtet eigenhändig eine *Schrankwohnung* ein, die er, schnellerer Eingewöhnung halber, mit Lackstiefeln und Parkettgetäfel auszustatten empfiehlt. Da dem Tänzer Rührszenen zuwider, zieht er sich sofort in seine Gemächer zurück.

Der Abschied verwirrt Miecklowicz' Geist. Er erklärt den Bewohnern der Wendeltreppe, daß er zu den großen Schneidern gehöre, und verlangt den ihnen zukommenden Gruß. Bügelkundschaft wirft er hinaus. Seine Frau nagt am Hungertuch, während die Reseden drunten verblühen. Sie bemüht sich, ihn zu den Hosenböden zurückzulocken, die er früher mit Stickereien schmückte. Wütend schreibt er mit Kreide auf einen: «Kann sich selbst». Nur noch Marengo erkennt er an, die Sonne ist ihm die von Austerlitz. Hulda, deren Vornamen er vergessen hat, muß ein Türschild malen: «Miecklowicz, Schöpfer von Kreationen». Da infolge des statistischen Geburtenrückgangs immer weniger Anzüge sich zeugen lassen, läuft er stundenlang allein und unbeschäftigt zwischen den Schnittmuster-Alleen umher. Die Seeluft von Monaco schlägt bei ihm an; seine Gesichtsfarbe bräunt sich, ein Bauch entsteht. Der Verkehr mit den mondänen Kostümen festigt in ihm die Überzeugung, daß er ihresgleichen sei. Er verwechselt sich mit dem Tanzanzug und lebt als dieser. Seine Schritte sind geziert, er speist im Schrank. Abends sagt er zu seiner Frau: «Hänge mich über den Bügel!» Sorgfältig läßt er sich von ihr in Seidenpapier einhüllen, dann schläft er auf dem Kopfe stehend, um sich zu schonen.

In einem seltenen Anfall von Klarheit beschließt er zu sterben. Miecklowicz ist ein Hochgenie, Miecklowicz macht nicht mehr mit. Nur will er einmal noch vor dem Ende seinen Tanzanzug sehen. Hulda erfährt, daß der Tänzer sich allnächtlich in den Tanzpalast *Orion* verfüge. Furchtlos schleicht ihm Miecklowicz nach, einzig von seiner treuen Schlange gefolgt. Er hat sie über und über mit Stecknadeln bespickt, damit ihre Umarmung späterhin tödlich sei.

Der Palast wird von einer Livree bewacht. Miecklowicz poliert ihr die Knöpfe, worauf sie zur Seite entweicht. Das Zentimeterband weigert sich, in der Garderobe zu bleiben, niemand wagt es zu halten. Man verweist es mit seinem Herrn auf die Zuschauertribüne, unmittelbar hinter der Barriere. Verschiedene Anzüge erregen das Mißfallen Miecklowicz'. Graue Wollwaren tummeln sich in Menge, es fehlen noch Trikotagen. Seinen nahen Tod vergessend, nimmt er sich vor, bei dem Direktor Beschwerde zu führen. Endlich gewahrt er den Marengotänzer. Das Gesäß duftig, wie von einer leichten Brise gebläht, diskrete Manieren, jeder Zoll taylor-made. Der Tanzanzug bemerkt ihn nicht, er hat sich mit einem Kostüm eingelassen, Jugendfeuer durchströmt ihn. Recht so, nickt Miecklowicz und stößt entzückt seine Nachbarn an, die durch gewaltige Operngläser starren. Seine Berührungen werden als peinlich empfunden, man droht ihm mit Räumung.

Ernüchtert ruft Miecklowicz seinen Tanzanzug zu sich, um zur Dauertrennung zu schreiten. Der aber tut, als höre er nicht, und kehrt der Barriere den gutsitzenden Rücken. Kleine Leute, nicht von heute ...

Miecklowicz, von Schöpferbitterkeit erfüllt, gibt der Schlange das verabredete Zeichen. Schon schwingt sie sich zum letzten Liebesdienst kuppelan. Doch es kommt nicht zum Schlimmsten.

Zufällig weilt in Miecklowicz' Nähe ein großer Schneider der im dunklen Sakko sich auf einer *Inspektionsreise* befindet. Die großen Schneider, muß man wissen, kontrollieren persönlich die Bewegungen sämtlicher Tanzanzüge der Welt. Der Inspekteur ist nicht wenig überrascht, im Orion-Palast einen ungebuchten Tänzer zu treffen. «Man wird ihn melden müssen», sagt er vor sich hin und notiert die Zeit der Begegnung. Im übrigen kann er ihm die Achtung nicht versagen; sind auch leichte Regelwidrigkeiten festzustellen, die Gesamterscheinung hat erste Rasse. Aus gewissen Anzeichen folgert er, daß der Tanzanzug zu Miecklowicz in Beziehung stehe. Er fällt zur rechten Zeit der Schlange in die Windungen und verhindert so den frühen Stecknadeltod.

Hinter den Vorhängen einer Wandnische zieht der Inspekteur den Geretteten ins Gespräch. Gütig erkundigt er sich nach seinen lokalen Umständen, nicht ohne Marengos tänzerische Eigenkultur zu loben. Die aus einfachen Reparaturen geschöpften Ansichten Miecklowicz' über schwierige Detailfragen setzen ihn in berechtigtes Erstaunen. Er verspricht, bei dem nächsten Schneiderkongreß vorstellig zu werden. Zum Abschied streichelt er den Zentimeter, der ihn dankbar umwickelt.

Miecklowicz' Geschick nimmt nun seinen Höhenflug. Sogleich nach Fertigstellung des Kongresses – seine Frau hat gerade das Hungertuch zernagt – wird er zum großen Schneider ernannt. Auch erhält er einen besonderen Ausweis, der ihn zum Besuch der Geheimarchive ermächtigt. Die Zeitungen bringen sein Bild; ihm zu Füßen Hulda, die mit der neu angestrichenen Schlange spielt. Unter den *Gratulanten*, die auf der Wendeltreppe anstehen, findet sich als einer der ersten der Tanzanzug ein. Miecklowicz, wortlos verzeihend, bügelt ihn auf. Über kurze Frist wird ihm die Dachkammerpoesie zu eng. Er siedelt samt ganz Monaco in ein Kellerlochatelier um, wo er ein großes unterirdisches Reich errichtet. Schmucke Tänzer mit Revers und Galons strömen täglich dort ein und aus.

(21.5.1926, 2. Morgenblatt; Feuilleton, S. 1)

Die soziale Lage der Tintenfässer

Vor Zeiten führten die Tintenfässer ein weithin geachtetes Dasein. Sie wohnten auf besseren Schreibspinden, deren manche zu verschließen waren, und betrieben mit Wohlanstand ihre Geschäfte. Die meisten von ihnen neigten zu rundlicher Fülle; wenn sie älter wurden, entwickelten sie einen Hang für üppige Schnitzereien. Anmut und Würde strömten von ihnen aus. Abends vor dem Schlafengehen setzten sie sich ein Käppchen auf und erbauten sich an dem Gedanken, daß die Strebsamen niemals der Tinte ermangeln. In der Zeit der Romantik wurden sie um ihres inneren Wertes willen geschätzt. Damals quollen sie von Liebesbriefen über, die in die Literaturgeschichte eingegangen sind, und erfreuten sich reichlicher Erträgnisse aus ihrer Schriftstellerei. Kummer bereitete ihnen einzig ihr Name. Konnte ihre Öffnung mit einem Spundloch verwechselt werden? Pflegten sie achtlos auf dem Boden zu rollen? Der Ausdruck Tintenkelch, so meinten sie in aller Bescheidenheit, wäre ihrer Bedeutung angemessener gewesen, er gemahnte an Lilien. Nur das Beispiel der Geusen bewog sie dazu, die Benennung Fässer als Ehrennamen zu tragen.

Es ist der Allgemeinheit bekannt, wie sehr sich die Lage der Tintenfässer mittlerweile verschlechtert hat. Umfassende Untersuchungen sind angestellt worden, um die Ursachen dieser sozialen Veränderung zu erforschen; teils der Vollständigkeit unserer Erkenntnisse wegen, teils aus soziologischen Gründen. Die Enqueten erlauben den Schluß, daß die Unterdrückung der Tintenfässer mit dem Vordringen der *Schreibmaschinen*[5] zusammenhängt. Diese bieten unleugbar einen komischen Anblick: sie gleichen Polypen, die ans Land geschleudert worden sind und nun hilflos um sich schlagen. Indessen verhehlen sich die Kelche nicht die Gefahr, die ihnen von den lächerlichen Ungetümen her droht. Sie wissen, daß der Siegeszug der mechanischen Kunstkästen eine Folge der Nationalökonomie ist, ja, sie gestehen sich freimütig ein, daß der von den Tasten erzeugte Lärm die Verrichtung untergeordneter Arbeiten erleichtern mag. Aber es ist ein anderes, eine schlichte kaufmännische Berechnung hervor zu klappen, und ein anderes, auf den Gebieten des höheren Innenlebens schöpferisch tätig zu sein. Tinte muß fließen, wenn die Seele es tut; denn es kommt dann nicht mehr allein auf den Inhalt des Geschriebenen an, sondern auf die Besonnenheit, mit der die Feder sich in das Feuchte vertieft und den Luftweg zwischen Kelchrand und Papier durchmißt. Zur Aufklärung der von den Polypen verhetzten Massen haben die Tintenfässer einen Preis für das beste lyrische Gedicht ausgesetzt, das nachweislich unter Benutzung mindestens eines der Ihren vergossen worden ist. Auch haben sie an etlichen kleinen Universitäten Lehrstühle gestiftet, deren Inhaber verpflichtet sind, in der Jugend die Überzeugung von dem vaterländischen Sinn der Stahlfederschwänge zu wecken. Durch diese und andere volksbildnerische Maßnahmen hoffen sie eine neue Blüte des Handschriftenwesens zu erzielen.

Verheerender als der Einbruch der Schreibmaschinen, denen es zuletzt doch an der geistigen Überlegenheit gebricht, ist das Umsichgreifen der *Füllfederhalter*, die von innen her die alte Ordnung zerstören. Sie sind nichts weiter als gemeine Federn, die sich mit einer Art von Röhre versehen haben, in der sie sich die meiste Zeit über wie die Schnecken verkriechen. Die Tintenfässer wollen weder nachprüfen, ob sie wirklich aus Gold bestehen, noch ob die blaugefärbte Flüssigkeit in der Röhre echte Tinte ist. Es genügt ihnen festzustellen, daß diese abenteuerlichen Existenzen das seßhafte Leben fliehen und die Federn der entlegensten Länder zum Abfall von der heimischen Art erregen. Sie halten sich in der Regel in dunklen Rocktaschen auf oder schmarotzen gar in den Westen. Am liebsten produzieren sie sich in der Eisenbahn und auf tintenfreien Feldern, um aller Welt ihre Unabhängigkeit von den Tintengefäßen zu beweisen. Dem Vernehmen nach sollen sie bei solchen Gelegenheiten durch frei erfundene Schnörkel nach dem Beifall der Menge haschen. Häufig ziehen sie an Schreibpulten, deren Einrichtung nichts zu wünschen übrig läßt, mit betonter

Gleichgültigkeit vorüber, ohne auch nur aus ihrer Röhre herauszusehen; ein Verhalten, das die ortsansässigen Kelche besonders verstimmen muß. Immerhin, man würde ein Auge zudrücken, handelte es sich lediglich um Unarten, wie sie in der jungen Generation heute verbreitet sind. Aber leider verstößt das Betragen der Füllfedern auch wider jede öffentliche Moral. Statt in die gewiß gerne zur Verfügung stehenden Behälter einzutauchen, lassen sie sich die in ihrer eigenen Röhre enthaltene Flüssigkeit einführen; nicht nur von Fall zu Fall, sondern im stetigen Fluß. Das Peinliche des Hergangs wird noch durch die Windungen erhöht, die sie vor und nach dieser Manipulation vollführen. Überträfen sie wenigstens die der Scholle treu gebliebenen Federn durch die Qualität ihrer Leistungen! Gerade die Mitnahme des Proviants jedoch, von der man sich anfänglich viele Vorteile versprochen hat, übt eine erschlaffende Wirkung auf die Füller aus. Sie werden bequem und versäumen die Amtsstunden. Unparteiische Berichterstatter haben schon wiederholt beobachtet, daß die Ehrlichkeit ihrer Arbeit sich verringert hat.

Wie dem auch sei, die Tintenfässer jedenfalls haben unter der Entwicklung zu leiden. Sie, die in dem höchsten Mittelstand Fuß gefaßt hatten und dort oben wichtige Dokumente aus sich entließen, werden seit längerem systematisch verfolgt; ungeachtet der Tatsache, daß sie auch im Falle des Nichtgebrauchs jederzeit gewissenhaft auf ihrem Posten standen. Die große Mehrzahl findet sich zu den niedrigsten Tätigkeiten verdammt. Eine herabgesunkene Klasse, deren Angehörige keine individuellen Züge mehr tragen, sondern sich wie ungelernte Reservoire zum Verwechseln ähnlich sehen. Kaum daß sie noch an jene edel geformten Kelche erinnern, die früher nicht selten in Prunksälen ihre Unterschriften verliehen. Man hat sie aus Glasabfällen gerundet, um ihre Arbeit in jedem Augenblick kontrollieren zu können, und beschäftigt sie an den unwürdigsten Stätten, wo ihnen die Möglichkeit zur Persönlichkeitskultur fehlt. In der Hauptsache liegt ihnen die Bedienung der Füller ob, die so hochmütig sind, daß sie sich vor jeder unmittelbaren Berührung mit ihnen scheuen und ihre Aufträge nur durch die Spritze erteilen. Derart ist den Tintenfässern der Einfluß auf den Ausbau der Schriftzüge, vor allem aber auf die Wahl der Papiersorte nahezu völlig entzogen.

Die Gipfelhöhe der Kränkung dünkt den Kelchen nicht einmal die Lohnsklaverei; vielmehr: ihre Verwendung als *Zimmerschmuck*. In der Tat entblödet man sich nicht, ihrer manche mit einer würfel- oder kugelförmigen Ziergestalt zu begaben und, bis zur Neige geleert, auf polierten Schreibplatten an den Pranger zu stellen. Ihrem eigentlichen Lebenszweck entfremdet, mögen sie hier in der Gesellschaft von Pfauenwedeln und Vasen die Lichter zurückwerfen, die auf sie aufprallen. Daß man ihnen nicht eine Tafel mit der Aufschrift: «Tintenfässer sind überflüssig» umhängt, ist alles. Ohnmächtig müssen sie den Hohn ihrer Feinde erdulden. Hält sich eine Schreibmaschine in der Nähe auf, so läßt sie sich nicht etwa auf der Platte, sondern auf einem eigenen Tischchen nieder und entfacht ein brausendes Geräusch, als ob sich niemand sonst in der Stube befände. Die Füller schreiben absichtlich in ihrer Gegenwart, auch wenn sie gar nichts zu sagen haben. Dann und wann senken sie sich wie aus Versehen in die tintenlosen Gefäße ein, um sie ihrer Trockenheit wegen zu beschämen. Den Verspotteten gereicht es nur zum geringen Trost, daß die Peiniger selber ihre Flüssigkeit oft nicht bei sich behalten können.

Auf einer vor kurzem veranstalteten Jahrestagung haben die Tintenfässer über die notwendigen Gegenmaßnahmen beraten. Sie sind dort zu einer einstimmigen Resolution geschritten, in der die mangelnde Daseinsberechtigung der Füllfedern wissenschaftlich nachgewiesen worden ist. Es bleibt abzuwarten, wie der Beschluß sich auswirken wird. In ihrer Verzweiflung haben sich die Kelche auch an die großen *Tintenflaschen* gewandt, deren dicke Bäuche im Geruch einer besonderen Heiligkeit stehen. Sie waren immer und werden immer sein. Die Flaschen, die ihrem frommen Beruf im Verborgenen nachgehen, haben in der von ihnen gewährten Audienz erklärt, daß die Welt ohne Flaschentinte nicht bestehen könne. Die Tintenfässer, so äußerten sie zürnend, werden einen Teil der Schuld bei sich selber suchen müssen; ihnen zur Strafe sind die Schreibmaschinen und Füllfedern geschickt. Diese freilich – hier glätteten sich die Etiketten der Flaschen wieder – sind als wesentliche Erfindungen der Vergänglichkeit geweiht. Die Schreibpolypen werden in die Meeresgründe gebannt und versiegen werden die Röhren, wenn die Kelche sich von neuem zu dem Glauben an die Unerschöpflichkeit der Flaschentinte bekennen. Die großen Flaschen sind schon im frühen Mittelalter die Hüter der Tinte gewesen und haben daher einen ausgedehnten Überblick über die Geschichte. Ihre Prophezeiung söhnt die Tintenfässer ein wenig mit dem Elend der Alltage aus. Sie harren und vertrauen, und wenn ein Füller zerspringt, preisen sie die Weisheit, die aus den Flaschen spricht.

(7.8.1926, 1. Morgenblatt; Feuilleton, S. 2.)

Die Frau vor dem Café

Vor dem kreisrunden Mamortischchen eines Cafés der Cannebière steht abends eine Frau. Ihre nackten Arme sind über dem Bauch verschränkt, der vorgeworfen ist, als habe er viele Kinder getragen. Um den Körper hängen Lappen, die den Anschein eines modisch ausgeschnittenen Kleides erwecken. Die Haarsträhnen verwirren sich zum Zopf, ein zernagter Pelz möchte den Hals decken.

Die Tischchen vor dem Café sind elektrisch beglänzt. Gegenüber, nach dem Alten Hafen zu, auf dem Cours Belsunce, überall sitzt man an solchen Tischchen, auf bunten Stühlen, um blaue Syphons. Die Frau hätte die Wahl unter den Glanzpunkten, aber sie weicht nicht von dem Café, das sie sich zum Schauplatz ihrer monotonen Betrachtungen auserkoren hat. Regungslos stiert sie in die Helle. Die Gäste kümmern sich nicht um sie.

Die Straße, auf der sie steht, ist keine gewöhnliche Straße, sondern ein Jahrmarkt, ein Panoptikum, ein Weltversammlungsort. Marokkaner in Burnussen wallen, Bündel weißer Tücher, durch die bevölkerte Wüste. Negergents führen ihre Stehkragen spazieren, über ungerodete armenische Bärte fuchteln Hände. Ein Mann hält Kanarienvögel in Blechringen feil. Er bringt den Ring zum Kreisen, der nun als Kugel erscheint, ein durchsichtiger Käfig, in dem das Vögelchen schmachtet. Die neuesten Pariser Journale stoßen in kurzen Abständen artikulierte Schreie aus. Eine rotglühende Cognac-Marke zittert in Wonnen.

Die Frau hat der Straße den Rücken gekehrt. Hinter ihr tummeln sich die Taxis, lustige mechanische Tierchen, die hüpfen und pfeifen; ein Schutzmann mit seinem Hirtenstab hütet sie. Hinter ihr kommen Huren vorbeigeweht, farbig eingewickelte Bonbons aus dem Basar. Eine kreuzt die Straße, es leuchtet rosa zwischen den Trams, den Cabs und Chinesen, das Wagnis gelingt, sie landet am anderen Ufer.

Die Frau dreht sich nicht um, sie hat sich an diesem Café versehen. Mitunter läßt sie sich, als sei sie ein Gast, auf einem der Stühle nieder. Der Kellner jagt sie auf, einmal, zweimal, die Stühle sind zum Trinken, nicht zum Sitzen bestimmt. Sie bleibt. Nicht als ob sie auf und ab ginge, wie andere es tun, die jemanden erwarten oder einfach zu schlendern belieben. Nein, unnachsichtig behauptet sie ihren Posten, eine graue Mahnfigur, mit verschränkten Armen. Der Glanz hier bannt sie in seine Zirkel. Wie eine Fliege ist sie ins Licht gefallen.

Das Hafenviertel muß sie ausgebrütet haben. Ihresgleichen entwächst den Ritzen der Hauswände dort, blüht mit dem Gassenkehricht, der, wie in Neapel nur, sich zu vegetativen Gebilden entfaltet. Die Gassen in ihrer Mehrzahl sind Treppen. Auf Podesten und Stufen vollziehen sich im Halbdunkel Improvisationen vor dem Nichts. Ein Knabe spritzt Wasser von oben, in der Pfütze unten – kaum sieht man sie noch – lassen Kinder ihre Borkenschiffchen treiben. Aus den Schiffsleibern lebt sich's in die Bars herein und entleert sich wieder in die Schiffe.

Vorhänge, die Zeichen geschmückter Dauer, böten den Durch-
ziehenden ein Zuviel an Behagen; neben den aneinandergereihten Instituten der Liebe hat hygienische Fürsorge erst ein
öffentliches Hospital für Geschlechtskranke errichtet. Lichtet
das Dickicht für Augenblicke sich, so scheint als Vorhut eines
gesicherten Erbteils die Kirche Notre-Dame de la Garde herab.
Den Hafengassen nur kann das Weib entstiegen sein. Nicht immer spielen in ihnen sich die Kinodramen auf der Leinwand
ab, nicht immer wird in den Schießbuden auf die bleichen Kügelchen geschossen, die über einer Miniaturstadt wie Wunder-
sterne hin und wieder fliegen. Zu süß ist das Lächeln der bläulich getünchten Burschen, die Schwüle zu drückend, in der die
Banden, schaukelnde Flotillen, das Viertel bestreichen. Manche werden nach dem fünften Akt mit galoppierenden Pferdchen auf den Friedhof kutschiert. Besser noch, als zum Überfluß in die Wandelhallen des Lebens gestoßen zu sein.
Die Frau harrt, ein schmales Riff in dem Glanz des Cafés. Vergeblich müht sich ein Fremder, ihr ein Geldstück zu reichen.
Sie blickt empor, ohne die Arme aus der Beschränkung zu lösen. Noch sind ihre Züge nicht alt, aber eine konfuse Bilder-
schrift steht in den Augen. Die Münze rollt auf das Pflaster.

(13.9.1926, Abendblatt; Feuilleton, S. 1)

Straßenrausch und -ruhe

Das Straßenbild

Im Vergleich mit der Herbstmesse scheint die Reklame auf den Hauptverkehrsstraßen sich dieses Mal etwas weniger lebhaft zu entfalten. Freilich, der große Bär auf dem Platz der Republik beherrscht noch immer eifersüchtig, um nicht zu sagen bärbeißig das Aufmarschgelände zur Messe, aber zum Glück fehlen heuer die beiden fragwürdigen Riesengestalten, die bisher noch immer am Bahnhofsplatz die *Kaiserstraße* flankierten. Diese selber gibt auf der Strecke zwischen Frankfurter Hof und Roßmarkt deutlich kund, daß sie der wichtigste Fangarm des Messepolyps ist: wohlbeleibte Reklamekästen einer Frankfurter Firma umklammern hier sämtliche Leitungsmasten und verleihen dem Straßenzug das für die Messewoche geziemende Aussehen. Daß nicht mehr geschehen ist, hängt wohl mit den schwierigen Zeitverhältnissen zusammen. Noch ist indessen nicht aller Nächte Morgen, und manches am Samstag noch ungeborene Reklamefähnlein mag am Sonntag lustig im Winde flattern. Am meisten für die Belebung des Straßenbildes werden, wie stets in solchen Fällen, die Menschen selber zu sorgen haben. Zu wünschen bleibt nur, daß auch die Sonne der Verschönerungspflichten nicht vergesse, die in den Messetagen ihr zufallen.

(15.4.1923, Stadt-Blatt; Rubrik: Groß-Frankfurt, S. 1)

Sommerlicher Vergnügungstaumel

Die *Vergnügungswut*, die im Winter schon groß genug war, ist im *Sommer* keineswegs abgeebbt. Der Betrieb in Dielen und Bars geht lustig weiter, «Lissi, die Kokotte», «Die kleine Sünderin» und andere Persönchen dieses Schlags tragen das Ihre dazu bei, die Gemüter in noch größere Hitze als die zur Zeit schon herrschende zu versetzen, mondäne Paare benutzen die Sommerpause, um sich für den Winter auf die neuesten Tänze vorzubereiten, und zu alledem gesellen sich noch die üblichen Sommervergnügungen, als da sind: Feste im Freien mit Feuerwerk und bengalischer Beleuchtung. In diesem Jahre wurden mehrmals solche Unterhaltungen geboten, wobei es außer sonstigen Genüssen auch an bunten Raketengarben nicht fehlte. Etliche Zuschriften aus unserem Leserkreise zeigen, daß ernster Denkende an dieser geräuschvollen und weithin sichtbaren Art, sich zu erlustieren, Anstoß genommen haben. Für uns ein doppelter Anlaß, uns mit dem *Übermaß* der *Vergnügungen* im allgemeinen und mit dem sommernächtlichen Feuerspuk im besonderen auseinanderzusetzen.

Es sei ferne von uns, den gestrengen Sittenrichter zu spielen und als Abraham a Santa Clara zürnend Mahnpredigten in Knittelversen zu halten. Im Gegenteil, viel eher möchten wir versuchen, etliche Gründe *für* die heute allgemein herrschende Sucht nach Amüsement und Zerstreuung aufzudecken. Wenn man zur Zeit in Deutschland nicht nur wie besessen tanzt, sondern noch dazu den Untergang des Abendlandes bengalisch beleuchtet und mit Raketengeknatter begleitet, so rührt dies in der Hauptsache sicherlich daher, daß man schon seit Jahren sozusagen *auf Abbruch* lebt. Unserem unglücklichen Geschlecht ist jeder Ausblick auf dauernde Zustände versperrt, wir haben quasi das spontane Phantastenmilieu verloren, das eine ruhige und stete Entfaltung aller Neigungen und Planungen ermöglicht, und sind statt dessen dazu verdammt, punkthaft von Tag zu Tag zu leben. Eine solche geradezu widernatürlich zu nennende Einengung des Horizontes, ein solches Ausgestoßensein aus jeder festeren Lebensordnung bringt begreiflicherweise leicht jene Instinkte zum Verkümmern, die sonst auf die richtige Regulierung von Anspannung und Abspannung, von Berufsarbeit und Vergnügen abzielen. Wer nicht weiß, was der Morgen mit ihm vor hat, wird gerne, wenn er nicht besondere Widerstandskräfte in sich entwickeln kann, am heutigen Tage alles erraffen wollen, was

nur irgend an einem Tage sich erraffen läßt. Uns erscheint dieser Zusammenhang zwischen dem Mangel einer Ordnung auf
weite Sicht und dem übersteigerten Drang nach Zerstreuung
offenbar genug – so offenbar, daß wir mehr auf jenen Mangel
als auf die heutzutage soviel beklagte besondere Schlechtigkeit
der Menschen das nicht einzudämmende Amüsierbedürfnis
zurückführen möchten.

Zu dieser «Après nous le déluge»-Stimmung, die vielfach auf
dem Grunde der hohlsten Larven und der schalsten Vergnügungen schlummert, gesellt sich zumeist auch eine schauerli-
che *innere Leere*, die ausgefüllt zu werden verlangt. Weder stehen die Menschen heute in einem festen Zusammenhang,
noch vermögen sie irgendwelche Zusammenhänge zu überschauen; die Maschinerie, deren Sinn es ist, beherrscht und
dienstbar gemacht zu werden, rast entfesselt weiter, und keiner ist mehr, der das Hexentreiben zu bändigen vermöchte.
Die Frage nach dem Sinn, die notwendig sich einstellen muß,
bleibt ohne Antwort, chaotisch werden die Menschen umhergewirbelt, sie sind Werkzeug ihrer Werkzeuge, und alles Denken stößt bald, allzu bald auf einen Widerstand, der schlechterdings nicht zu besiegen ist. Was Wunder, daß man sich
schließlich des Denkens überhaupt begibt und, ganz nach
außen gewandt, einfach in den Tag hinein lebt, weil über den
Tag hinaus kein Leben mehr möglich scheint. Was an der
Oberfläche wie Leichtsinn und ekler Zeitvertreib aussieht, ist
im Grunde ein Nichtmehrsehenwollen, entspringt der Platz-
furcht vor einem Leerraum, wie er sich fürchterlicher kaum
denken läßt.

Verstehen und Erklären heißt allerdings nicht zugleich rechtfertigen, wenn wahres Verständnis auch hindert, leichthin Mo-
ralpauken zu halten. Solche Standreden sind ja heutzutage im
Schwang, es ist sogar vermutlich nicht allzu schwierig, sie ab-
zufassen und mit ihnen emphatisch vor die Menge zu treten.
Indessen nützt diese tugendhafte Zorngebärde im allgemeinen
nur sehr wenig; Tanzpaare und Feuerwerke zucken vielmehr
die Achseln und betreiben ihr beanstandetes Gewerbe ruhig

weiter. Etwas anderes ist es, wenn man, ohne sich in den Mantel der Tugend zu hüllen *Gründe sachlicher Art gegen* eine Fortführung jenes «löblichen» Treibens geltend machen kann. Uns scheint zum mindesten in Frankfurt an solchen Gründen kein Mangel zu herrschen. Der gesunde Menschenverstand allein sollte uns sagen, daß in unmittelbarer Nähe des besetzten Gebietes Äußerungen des Vergnügens, obwohl sie zum Teil sicherlich einer an sich durchaus berechtigten Lebenslust entspringen, auf ein gewisses Maß herabzudrücken sind. Vor allem werden sie nicht eine Form annehmen dürfen, die in den vor den Toren stehenden Franzosen den ja sicherlich törichten Glauben erwecken muß, daß man im Weichbild der Stadt in Saus und Braus lebe. Ein schönes Feuerwerk in Ehren – aber seine freudigen Lichterscheinungen wirken jenseits der Grenze nur aufreizend und verdüstern darum unsere Nacht, statt sie zu erhellen. Zudem wäre auch zu bedenken, daß in den Mauern unserer Stadt Tausende von Flüchtlingen aus dem Rhein- und Ruhrgebiet weilen, die für solche Kundgebungen zur Zeit sicherlich nur wenig empfänglich sind. Aus derartigen wirklich dringenden Rücksichten täte man besser daran, vorerst auf festliche Schaugepränge und laute Amüsements zu verzichten. Wir glauben bestimmt, daß diese Erwägungen zu denen sich auch noch der Hinweis auf die Pflicht zur Sparsamkeit gesellen möge, hinreichen werden, um die Notwendigkeit einer Abdämpfung der bei den verschiedenen Lustbarkeiten zu entsendenden Licht- und Schallwellen zu erweisen. Was zum Schlusse noch das Moralische betrifft, so versteht es sich entweder von selbst und bleibt dann besser unberedet, oder es versteht sich nicht von selbst, dann aber hilft es auch nicht viel, wenn man nur große Worte von ihm macht.

(2.8.1923, Stadt-Blatt, S. 1)

Notgeld und Kleingeld

Die mit der Geldentwertung wachsende Kompliziertheit und Mannigfaltigkeit unserer Zahlungsmittel macht sich im täglichen Leben immer störender fühlbar. Was zunächst das Notgeld betrifft, so mag jeder sich glücklich schätzen, der es nicht mehr besitzt. Sonst kann es ihm leicht ergehen wie einem Mitbürger, der, wie er uns mitteilt, jüngst eine wahre Leidensgeschichte mit Zehnmillionenscheinen der *Reichsbahndirektion Cassel* erlebte. Da die Annahme solcher Scheine in hiesigen Geschäften verweigert wurde, versuchte er sein Glück im Hauptbahnhof, in der Erwartung, daß die Direktion Frankfurt das Geld der Direktion Cassel ohne Anstand umwechsele. Die Kasse der Reichsbahndirektion, an die er sich zuerst wandte, schickte ihn an einen Fahrkartenschalter, wo ihm erklärt wurde, daß man zwar solche Scheine «in Zahlung» nehme, aber den ganzen Betrag, der sich auf 250 Millionen belief, nicht umtauschen wolle. Man wies den irrenden Ritter an die Wechselstube, die ihm zumutete, sich an den Ausgabeort der Scheine zu begeben. Wäre er dem freundlichen Rat gefolgt, so hätte er eine Hin- und Rückfahrt nach Cassel dranwagen müssen, um das Papierbündel loszuwerden – und noch etliche Scheine dazu. Die Geschichte ist ein besonders krasses Beispiel dafür, daß das Notgeld nicht nur aus der Not stammt, sondern auch Not erzeugt. Man sollte es sobald als möglich ganz aus dem Verkehr zurückziehen. Denn abgesehen von den empfindlichen Unbequemlichkeiten, die es mit sich bringt, symbolisiert es auch die Zerrüttung unseres Staatswesens in allzu eindringlicher Weise.

Daß in einer Zeit, in der die Million den Bruchteil eines Pfennigs gilt, Tausendmarkscheine oder gar noch geringere Beträge nur unter dem Mikroskop wahrnehmbar sind und einen rein theoretischen Wert, oder besser: Unwert haben, scheint längst nicht überall gebührend gewürdigt zu werden. Der bei uns herrschende Sinn für Genauigkeit kennt offenbar auch nach unten hin keine Grenzen und der Respekt vor gewaltigen

Zahlen ist so gewaltig, daß man darüber ganz vergißt, wie scheinhaft ihre Gewalt ist. Wäre dem anders, wie könnten größere Firmen noch immer die Gehälter ihrer Angestellten bis auf die *Tausender und Hunderter* mit einer Peinlichkeit errechnen, die in gar keinem sinnvollen Verhältnis zu dem durch sie erzielten Ergebnis steht? Statt die Summen nach oben oder unten abzurunden, scheut man weder Arbeitskraft noch Mühe, um auch den letzten Stellenwert sorgfältig auszumitteln und zahlt dann Beträge aus, die sich nirgends mehr sehen lassen können. Die Liebe fürs Kleine in Ehren – aber dieser Triumph der Mathematik ist denn doch zu teuer erkauft. Man wird sich auch in der Buchführung daran gewöhnen müssen, vor Nullen weniger Ehrfurcht zu hegen als bisher, da man sonst wie überall auf den Hund kommt und *aus Sparsamkeit zum Vergeuder* wird. Zur Gewinnung des richtigen Größenmaßstabs empfiehlt es sich vielleicht, das so erziehliche wie ökonomische Sprichwort: «Wer den Pfennig nicht ehrt, ist des Talers nicht wert» entweder in Gold umzurechnen oder mit der jeweiligen Indexzahl zu multiplizieren.

(12.10.1923, Stadt-Blatt; Rubrik: Groß-Frankfurt, S. 1)

Die Ärzte stehen an ...

In einem geräumigen glasüberdachten Hof der Schäferstraße erlebt man seit einigen Wochen an jedem Freitagmorgen ein merkwürdiges Schauspiel.[6] Die *Frankfurter Kassenärzte* – vierhundert an der Zahl – stauen sich hier vor einem kleinen Schalterraum und warten lange Stunden – nicht etwa auf die Vorführung eines interessanten medizinischen Falles, sondern auf die Auszahlung ihrer Gelder. Erhebend ist das Zeitbild just nicht; es bestätigt sehr sinnfällig die klägliche Lage der Bildungsschicht und zeugt beredter, als Worte es vermögen, von dem Elend unseres alltäglichen Lebens. Viele Kollegen, alte und junge, sind selber zur Stelle, andere haben ihre Frauen geschickt. Man raucht, plaudert und benutzt auch wohl eine der umherstehenden Kisten als Sitzgelegenheit. Alles geht still und ohne Erregung her, wie es bei vernünftigen Leuten zu geschehen pflegt. Die Wartenden kennen einander, sie ermessen durchaus die mit solchen Zahlungen verknüpften organisatorischen Schwierigkeiten und fügen sich als *geduldige Patienten*, die sämtlich an dem einen gleichen Übel leiden, gefaßt ins Unvermeidliche. Nur gedämpft werden Klagen und Abänderungsvorschläge laut – man weiß ja ohnehin, woran man ist und spart seine Worte. Als drückend empfunden wird zumal, daß die Festsetzung der Beträge nach einem *längst überholten Index* erfolgt, auf Grund irgendeiner ministeriellen Vorschrift, die nicht minder überholt anmutet. So hinkt man stets nach, und wenn einer der Herren resigniert äußert, daß die Summen, die man da empfängt, kaum die Höhe eines Dollars erreichen, mag dies schon seine Richtigkeit haben. Das Verfahren der Auszahlung selber erträgt man wie so manches Unerträgliche; immerhin meinen etliche – und gewiß nicht mit Unrecht –, daß durch bessere Einteilung die scheußliche Prozedur des Anstehens für die einzelnen Geldempfänger etwas abgekürzt werden könnte.

Um ½ 11 Uhr soll die «Entlohnung» beginnen. Die Zeit verstreicht und der Schalter bleibt noch geschlossen. Kurz danach verkündet ein Herr, daß wegen des späten Eintreffens der Gelder die Fertigstellung der Listen sich verzögert habe; doch seien sie jeden Augenblick zu erwarten. Man telefoniert, tröstet einander und harrt still weiter aus. Genau wie bei einer militärischen Musterung. Derweilen regnet es draußen unaufhörlich.

(4.11.1923, Stadt-Blatt, S. 1)

Messe-Beginn

Die Messe, die heute eröffnet wird, ist die erste im Zeichen der Stabilisierung. Man hat behauptet, daß sie keine Existenzberechtigung mehr besitze, wenn der Inflation ein Ende gesetzt sei; aber sie denkt nicht daran zusammenzuschrumpfen, sondern blüht trotz oder vielmehr gerade im Schutze der Rentenmark ruhig weiter. Als Beweis hierfür mag genügen, daß mindestens *zweitausend Ausstellungslustige abgewiesen* werden mußten, unter denen allein tausend sich für die Festhalle meldeten. Was nicht hinderte, daß dennoch ein Teil der Bewerber zugereist ist, um sich irgendein Plätzchen zu erobern. Nun ist der Raum so ausgenutzt, daß kaum die bekannte Stecknadel noch zu Boden fallen kann, und dem starken Zugang entspricht, wie allgemein beobachtet wird, die optimistische Stimmung der Aussteller.

Außerordentlich zahlreich sind die Anmeldungen der *Einkäufer*, die dieses Mal in gleich gewaltigen Schwärmen anrücken werden wie zur Zeit der bestbesuchten Messe, der Frühjahrsmesse 1923. Die Besucher rekrutieren sich zumeist aus dem Inland, das ein großes Kaufbedürfnis zu hegen scheint; aber auch das Ausland ist befriedigend vertreten. Welches Interesse man von behördlicher Seite der Messe entgegenbringt, geht hinreichend deutlich aus den angekündigten Besuchen der Minister hervor. Ob ihre Anwesenheit nur der Messe gilt, bleibe dahingestellt; jedenfalls verdient die Tatsache verzeichnet zu werden, daß am zweiten Messetag der *Reichskanzler* mit den *Ministerpräsidenten* zusammentrifft. Auch andere illustre Gäste: so der Hamburger Oberbürgermeister Dr. *Petersen* und Geh.-Rat Dr. von *Mendelsohn*, der Präsident des Industrie- und Handelstages, beehren übrigens die Messe mit ihrer Gegenwart. Schließlich ist der *Kongresse* zu gedenken, die sich in zunehmenden Maße der Messe angliedern. Die Schuhhändler, Optiker und andere Verbände tagen hier, und der *Radiotag* gar gibt der Messe ein besonderes Gepräge. Alle diese Zurüstungen, Besuche und Veranstaltungen deuten darauf hin, daß sich die Frankfurter Messe bereits sicher eingebürgert hat und zu einem lebenswichtigen Element der deutschen Wirtschaft geworden ist. Als Anzeichen dafür, daß der Organismus noch im Wachsen begriffen ist, diene der von der Messeleitung ausgeschriebene *architektonische Wettbewerb*, der am 1. Mai ausgetragen werden soll. Er bekundet nicht zuletzt, daß sich die Leitung ihrer kulturellen Pflichten dem ihr anvertrauten Gebilde gegenüber bewußt ist, und läßt neue Bauten ahnen, über deren Ausführung freilich erst die Zukunft entscheiden kann.

***

Vortag der Messe ... es ist, als träte man eine Reise an. Man hat das Kursbuch befragt, den Führer studiert und befindet sich nun mitten im Aufbruch. Koffer stehen umher, und im Vorblick erhebt sich schon bald die fremde Gegend. Ob sie dem Bilde gleichen wird, das man von ihr in sich trägt? Vorbereitungen und Hinweise versetzen in Spannung, und die Erwartung ist groß.

In der *Stadt* bereits kündigt sich das Kommende an. Reklame-Aufbauten werden gezimmert und Kandelaber umgürten sich wie im Vorjahre mit dem Halskragen eines Margarinewerkes. Auch hinter den Schaufenstern vollzieht sich manche Umwandlung; man räumt aus und räumt ein und trifft alle Anstalten, um sich ins günstige Licht zu setzen. Verhältnismäßig weit vorgerückt sind die Arbeiten am *Bahnhofsplatz*. Über den Eingangspforten des Hauptbahnhofes prangen, weithin sichtbar, die großen Plakate der Frankfurter Societäts-Druckerei mit dem ornamental vortrefflichen Verlags-Signet; zur Linken zeigt das «Illustrierte Blatt» sich an und zur Rechten meldet sich die «Frankfurter Zeitung» als das «Blatt für Wiederaufbau durch Arbeit und Kultur». Gleich in der Nähe, gegenüber dem Schumann-Theater, wächst die Reklame einer Schokoladenfabrik auf, eine angenehme Neuerscheinung unter den alten Bekannten. Überhaupt hat man die Empfindung, als mache sich im Reklamewesen eine ganz leise Wendung zum Besseren bemerkbar; ein Urteil hierüber wird man allerdings erst in einigen Tagen gewinnen können.

58

In der *Nähe der Messe* nimmt das Gewimmel zu. Die Autos führen vollgewichtige Last und die Trambahnen sind mit geheimnisvoll verschnürten Gegenständen jeden Formates besetzt, die von ihren Begleitern sorgfältig behütet werden. Schilder hier und dort erklären breit, daß ihre Inhaber den Messebesuchern zu mancherlei nützlichen Zwecken zur Verfügung stehen. Buden erheben sich im Rohgerüst und Farbflecke wagen sich an die unwahrscheinlichsten Orte vor. Gelassen liefert der Platz der Republik sich dem Treiben aus. Auch an den Eingängen zur Messe überwiegt noch der Fuhrverkehr. Vehikel aller Art stauen sich hier und laden ab, was das Zeug hält. Ein krasses Durcheinander, das Methode hat und sich zusehends entwirrt. Von den oberen Arkaden der Freihalle grüßen schreiend die Papageientöne der Reklametafeln und auch andere profane Geräusche mengen sich ein. Erhaben über das Stimmenchaos, recken sich auf dem Haus Werkbund, der Festhalle und dem Radiohaus drei *Riesenantennen* empor. Sie sind der aufdringlichen Nähe nicht hold und entsenden, wenn schon gesprochen werden muß, ihre Wellen lieber in die Ferne.

Auf dem *Messegelände* selber und in den *Hallen* gähnt zumeist ein bares Nichts, das erst zum Etwas werden möchte. Man ist geneigt, an Zauberei zu glauben, wenn man sich vor Augen hält, daß binnen vierundzwanzig Stunden Kauf- und Sehleute auf ihre Kosten kommen werden. Freilich sind viele Heinzelmännchen bei der Arbeit, um die Kisten zu schmeißen. Das «Haus der Bücher» ist vorerst ein Haus ohne Bücher und auch in der Schuh- und Lederhalle harrt die Mehrzahl der Kojen noch ihrer Füllung. Fragmente fast überall. Und doch verzweifelt man nicht an der rechtzeitigen Vollendung, denn die tausend Hände, die anstreichen, montieren, auspacken, dekorieren, Zigaretten entzünden und nach dem Frühstück greifen, bieten Trost und Beruhigung. Man weiß: die kahlen Flächen im Werkbundhaus sind morgen nicht mehr kahl und der Rupfen, der heute in der Festhalle ausgemessen wird, dient morgen als Hintergrund für Textilien ohne Zahl. Es muß doch Frühling werden!

So wandert man unbeachtet gestoßen und selber stoßend zwischen halbentschälten Dingen und beflissenen Menschen von Raum zu Raum und fühlt sich sehr überflüssig in dem Getriebe. Über den freien Platz wird man zum «Haus der Technik» getrieben, in dem man sich vorsichtig vom Fleck tasten muß, um nicht erdrückt, zerschlagen, oder gerädert zu werden. Unheimlicher Eifer ist hier am Werk. Aus den Kisten kriechen eiserne Ungeschöpfe hervor, monströse Gebilde von phantastischem Aussehen türmen sich auf, die blitzen und funkeln und sicherlich technisch sehr wohlgeraten sind, und über dem allem waltet der ungeheure Laufkran seines Amtes, der die Maschinenteile so behutsam an Ort und Stelle befördert, als seien es Säuglinge, die zartester Schonung bedürfen. Man kommt sich selber wie ein Säugling vor und entflieht dem Lande Bobdrignag.

Ein letzter Blick gilt dem *Radiohaus*. Dünne Drähte baumeln von der Decke herab und suchen den ihnen zubestimmten Empfänger. Vorderhand übt man sich noch in der Kunst der Hintergründe, aber wenn nicht alle Anzeichen trügen, wird man hier rechtzeitig hören können, was auf dem Kontinent sich begibt. Vor der Halle dehnt sich ein Schalltrichter wie ein Lindwurm blinzelnd in der Sonne, die der Messe anscheinend ihre Gunst bezeigen will.

(6.4.1924, Stadt-Blatt, S. 1)

Berlin:

Lange vor Silvester hat sich die Erregung angestapelt, weil die Leute rechtzeitig für ihren Betrieb sorgen müssen. Ihr Beruf als Berliner zwingt sie dazu, auch wenn sie einen anderen nicht haben. Die Theater erwecken alte Possen durch die neuen Stars zu Premieren – im Staatstheater das «Weiße Rößl» mit der Straub, die Bergner in der Königsgrätzer Straße in einem Nestroy-Schwank. Seit vorigem Silvester bereits alles ausverkauft, das Publikum ist es sich schuldig; es lebt nur einmal. Man beginnt also mit dem ungefüllteren Varieté, an dessen Fassade der riesige Weihnachtsbaum immer noch leuchtet. Er soll auch in Silvester-Stimmung versetzen, die Direktion beutet ihn aus. Jongleure jonglieren, Argentinier sind feurig, Japaner schlagen Räder durch die Luft bis nach Amerika. Es ist gar nicht wahr, daß sie immer lächeln; auch nicht stereotyp. In den großen Hotels wird zu größeren Preisen weiter gefeiert: das trockene Kuvert zwischen dreißig und vierzig Mark. Irgendwo muß man hingehen können. Den minderen Schichten läuft ein Gruseln über den Rücken, das ihnen die Freude an ihrer weltstädtischen Existenz erhöht. Als Familien und paarweise türmen sie sich in den Lokalen, die Paläste sind. Eifrig bemühen sie sich um ihr Amüsement, so schwer es ihnen auch wird; niemand hielte sie für Berliner. Sie sind einzig in der Provinz, in der sie sich allein glauben, weil sie zu klein ist. Der Verkehrsturm hat die ganze Nacht hindurch Arbeit, Silvester gibt seinem Dasein erst Sinn. Um zwölf Uhr reißen die Privatgesellschaften vom Wedding bis zum Kurfürstendamm die Fenster auf und beschwören das neue Jahr ohne Unterschied der Dividende. Ein junges Mädchen im Bayrischen Viertel versichert, daß man sich auf der Friedrichstraße jetzt küsse – alle Menschen würden Brüder. Man traut ihrer Unschuld nicht und rollt über Lichtreklamen dorthin; auf Lichtschuhen, amerikanisch. Fastnachtstreiben herrscht, von der Leipziger Straße über die Linden hinaus. Die Bürger mittleren Geblüts stauen sich kostümiert, um sich an ihrer Menge zu ergötzen und unvorsichtige Zylinder zu beglückwünschen. Auch die Schutzleute werfen Papierschlangen von den Säulen und erbauen sich an der Ordnung, nicht von ihnen gestiftet. Bekümmert gedenkt man der Provinz. Wo ist sie hingeraten? Keiner weiß es. Rechts und links der Friedrichstraße sind die Straßen leer. Wie in Neapel, wo nur die ihrem Heiligen geweihte Gasse an seinem Namenstag jubiliert. Jede für sich. Das junge Mädchen fühlt sich bestätigt, dem Gassenheiligen wird mit innigem Knallen gehuldigt. Wieder zurück zum Bayrischen Viertel, mitten in ein Künstlerfest hinein. Fasching auf Vorschuß, über allen Wipfeln Boheme. Auch in den Ecken. Das Lokalkolorit, das je nach dem Zirkel verschieden ist, bleibt sich überall gleich. Die Autos erleben Triumphe, man zerrt sie sich aus den Händen. Oft platzt ein Reifen vor Stolz, aber auch die Untergrundbahn ist da. Gegen fünf Uhr wird es populär, lauter Bevölkerung auf dem Potsdamer Platz, Jünglinge von Tietz. Josty hat sich zurückgezogen, in den anderen Cafés döst man sich durch. Eine Königin im Similidiadem tanzt mit einem Schlafburschen, sie ist rosa, er asphaltiert. Die Familien brechen auf, zufrieden, daß sie sich amüsiert haben und es jetzt nicht mehr brauchen. Auf den Straßen werden heiße Würstchen improvisiert. Es ist worden spät, selbst die vereinzelten Damen trifft man nur noch vereinzelt. Auch der Betrieb muß einmal ausspannen. Allein die Lichtreklamen, von allen verlassen, kreisen mit einigen Betrunkenen unverdrossen dem Aschermittwoch entgegen.

(2.1.1926, Abendblatt; Feuilleton, S. 1)

Die Mainbeleuchtung

Vorspiel

Es ist noch hell, zwischen sechs und sieben Uhr, doch schon ist ganz Sachsenhausen an seinem Ufer versammelt, und auch auf der Frankfurter Seite baumeln die Beine. Der Eiserne Steg hat beträchtliche Lasten zu tragen, seit den Nachmittagsstunden harrt man dort unentwegt. Die Schiffe liegen geduldig, ihre Lampions und Papier-Aufbauten lassen zauberische Effekte vermuten.

Das Neugeborene selber, dem die Festlichkeiten gelten, blickt

heiter-unschuldig in die Welt. Sanft leuchten die Sandstein-
flächen, fast violett. Alles noch unberührt, kaum trocken gelegt. Man wünscht dem Kind, das so freundlich glänzt, Jubiläen
in Menge und hält ihm einstweilen den Daumen.

Wasserkünste

Während des Wartens belebt sich der Fluß. An der Insel wird
Schifferstechen geübt, Männer plumpsen ins Wasser, es lacht
von den Ufern. Dem Main huldigen Schwimmer, die von dem
Eisernen Steg sich entschlossen in die Fluten stürzen. Gruppen
in Schwimmwesten halten Cercles im Wasser ab. Kleine Kähne
kreuzen privat im immer belebteren Strom, streifen die Wan-
gen der Schiffe. Vergnüglich paddelt man in Badehosen zu
zweit, viel Volk fährt dicht aneinander gedrängt vorüber. Alles
ist noch verkapselt und bewahrt sein Geheimnis.

Die Fahrstraße

Nun ist es dunkel, setzen sich die Schiffe in Bewegung. In einer
langen *Kavalkade* ziehen sie von Brücke zu Brücke. Ein einziges Wandelbild entfaltet sich vor den Augen. Die Schwimmbä-
der sind in Budenstädte umgewandelt, Zeltdörfer bauen sich
am Mainkai auf. Jede Fensterluke ist mit Gesichtern gefüllt.
Langsam bilden sich Lichtreihen, feine rote und blaue Linien,
die an den imaginären Hausfronten bis zur Schönen Aussicht
sich entlang ziehen und verschwinden. Das Übereinander der
venezianischen Glimmerstriche schließt einen Tummelplatz
ein, der sich selbst genügt.
Ja, ein einziger *Tummelplatz* ist jetzt aus dem so stillen Main
geworden. Nichts steht mehr fest auf ihm, Tausende von Vehi-
keln schwimmen auf und ab. Rheindampfer tauchen auf, aus
Koblenz, aus Neuß. Mehr Schiffe scheinen vorhanden, als das
Wasser zu tragen vermag. Man grüßt und winkt, dreieckige
Wimpel erfüllen die Luft, ein gewaltiger Korso. Die Planken
berühren sich, es wäre ein Leichtes, von Ufer zu Ufer unbe-
netzt zu entschreiten.

Buntes Leben

Allmählich wird das Geheimnis der Lampions gelüftet. Gelbe, grüne, rote Farbenbälle gondeln im Dunkel. Sie entzünden sich aneinander, kein Ende der Buntheit ist abzusehen. Gleißende Liebesinseln nähern sich, ein Fisch schwebt dahin, eine winzige chinesische Dschunke strahlt silbern. Mit der Entfaltung des Lichtspektakels mehrt sich das Gebrause der Menschenstimmen. Jedes Schiff spielt seine Valencia, aus ihrer Vermischung entsteht ein neuer Jazz. Auf einem leuchtenden Wasserfleck stauen sich Schwimmer, mit einem Neptun an der Spitze, ihre Unterlage ist ein unsichtbares Floß. Frankfurter Firmen verkünden glühend ihren Namen. Nun kommt herrlich auf einem Riesenkahn die *alte Brücke* selber angeschwommen, in strahlender Röte, ein Phantom. Es jauchzt, es klatscht, es tanzt sogar, die ganze Bevölkerung begeht das Geburtsfest, mitten im Licht.

Feuerwerk

Eine Detonation eröffnet das Luftgefunkel. Lichtgarben knallen nach oben und schütten feurige Blumenbüschel in die Tiefe. Vor der Insel drehen sich weiße Räder, kreisen Schnecken, die zischend versprühen. Die Brückenmühle, ein Bild der Vergangenheit, ersteht in hellen Konturen, ihr Rad kommt in Schwung. Orchideen, Palmbäume und Pfauenfedern bilden sich für Augenblicke, gleich einer Fata Morgana.
Auch die *neue Brücke* schreibt ihren Willen mit Feuerschrift in die Luft «Nord und Süd verbunden», so leuchtet es von ihr auf. Dann stürzen glänzende Bäche von ihr nieder, die auf dem Wasserspiegel verlöschen. Die Schiffssirenen erheben Beifallsgebrüll.
Eine Pause, und der *Dom* gewinnt rotes Leben, seine Strebepfeiler wachsen sichtbar aus dem dunkleren Grund hervor. Von drüben grüßt ihn sein Gegenbild, die *Dreikönigskirche*, und auch zwischen den Inselbäumen glänzt es bengalisch. Die Menge auf dem Fluß singt das Deutschlandlied.
Das Ganze ein schönes Volksfest, für dessen Gelingen man

dem Frankfurter Verkehrsverein mit seinem Direktor Max
Bachenheimer dankbar sein muß. Nächst ihm der Windstille
des Abends. Wenn er ein Omen ist, so stehen der Brücke gute
Jahrhunderte bevor.

(15.8.1926, Stadt-Blatt, S. 1)

Sonntagmorgen

Wundervoll gekleidete Herrschaften promenieren am Sonntagmorgen zum Bois immer auf der einen Seite der Avenue, so
verlangt es der Brauch. Warum es ein Brauch ist, wissen sie
nicht. Während sie gruppenweise hinschlendern, betrachten
sie sich und flirten ein wenig, wohlerzogen wie auf Porzellantellern. Über die Bräuche nachzudenken, wäre ihnen zu
beschwerlich. Winzige Herrchen und Dämchen schreiten würdig im Zug. Kinder ohne Zweifel. Sie sind in Pelzmänteln und
Galoschen geboren, niemals werden sie schmutzig. Die Rasenflächen leuchten grün, und dahergeritten kommt ein General
aus der Schulgrammatik, wo er das Subjekt in Hauptsätzen ist,
ein stolzer General mit seinem Fräulein Tochter. Er verschmäht es, um sich zu blicken, die Welt ist in Ordnung.
Es ist noch früh, vor Mittag. Neben die Straßen im Bois hat der
liebe Gott Gebüsche und Bäume gestellt und ihnen ein besonders gesittetes Benehmen zur Pflicht gemacht, weil die beste
Gesellschaft sich unter ihnen ergeht. Täglich werden sie frisch
gebürstet und zurechtgestutzt wie die Schoßhündchen in den
Salons. Der Lieblichkeit wegen sind auch Seen angebracht, die
sich mit unbefangener Natürlichkeit winden, längliche und
runde, für jeden Geschmack. Die Ruderpärchen auf den Seen
flüstern in Alexandrinern. An den Ufern liegen entzückende
Pavillons, in denen berühmte Schauspielerinnen zu dejeunieren pflegen. Hinter den Spiegelscheiben sieht man den Gene-

ral vor einem gedeckten Tischchen sitzen, seine Tochter ist
von Verehrern umringt. Draußen schnauben ungeduldig die
Rosse. Bald sprengt die Kavalkade davon.

Über die Hauptalleen rollen elegante Autos, die sich ohne Unterbrechung an dem schönen Morgen erfreuen. Sie kennen
einander und nicken sich zu. Die Püppchen in ihren Fenstern
sind kleine Idole, die vor Unfällen schützen und die Insassen
erheitern. Wenn es den Alleen zu anstrengend ist, geradeaus
zu laufen, krümmen sie sich sanft. Das Naturempfinden der
Limousinen ist so fein ausgebildet, daß sie bei malerischen
Punkten von selber stoppen. Die Herrschaften steigen aus und
wandern auf verschlungenen Pfaden durch die Waldnischen,
die für solche Aufenthalte vorgesehen sind; die Pfade leiten
wieder zum Ausgangspunkt hin. Nach dem Genuß der Wälder
sinken die Herrschaften befriedigt in die Polster zurück.

Die Lichtungen sind als Tennisplätze und Rennbahnen ausgebildet, auf denen sich die große Welt in modischen Kostümen
begegnet. Vornehm schlafen die Tribünen in den Morgen hinein, sie empfangen erst später. Von jenseits der Seine glänzen
weiße Häuschen auf den Hügeln; die ganze Natur hier ist hoch-
herrschaftlich. Selbst ein Kammerdiener könnte sich ohne
Anstand in ihr bewegen.

Dem Bois entlang dehnen sich die Villen und Wohnpaläste.
Manche haben sich in Privatstraßen zurückgezogen, die nur
mit Ausweis benutzt werden dürfen. Das Personal hat seinen
eigenen Aufgang, man ist unter sich. Eine mild abgetönte Ruhe
herrscht in dem Viertel. In der Palmenhalle eines Blumenge-
schäfts bespricht die Frau des Generals mit der schmucken
Verkäuferin ein Arrangement.

Um die Mittagsstunde kehren die Limousinen aus dem Bois zu
den Wohnpalästen zurück. Aus der einen hüpfen leichtfüßig
zwei junge Mädchen in Kornblumenblau, die sich mit ihren
Begleitern einem schmiedeeisernen Portal zuwenden: Wie
hübsch, daß man im Grünen zusammen war, morgen abend
trifft man sich im Theater. Sie winken sich Abschied zu, und
das eine Paar fährt davon, nur wenige Schritte weit, zu einem

der Nachbarpaläste. Vor allen Portalen halten die Autos, die gleichen, die im Bois gehalten haben. Die Herrschaften sitzen oben, speisen und plaudern gewählt. Sie werden dann etwas schlafen wollen. Der General muß nicht um sich blicken, seine Tochter hat sich verlobt, die Welt ist in Ordnung.

(20.1.1927, Abendblatt; Feuilleton, S. 1)

Chemie im Hotel

Eine Dame und ein Herr sitzen in der Hotelhalle. Es ist ihnen nichts Besonderes anzumerken, sie plaudern über Familienangelegenheiten, wenn sie nicht vorziehen zu schweigen. Die Hotelhalle gleicht dem Wandelgang eines Kurhauses in einem kleineren Badeort für frühere Fürstlichkeiten und dem heutigen Mittelstand. Gemalte Vögel zwitschern auf den Staketen, im Hintergrund öffnet sich ein Muschelbassin. Bald ist es Ostern. Vor den Kurhäusern finden dann mittags Promenadenkonzerte statt.

Durch die Hotelhalle wird ein blaues Flämmchen getragen. Man sieht es dem Kellner an, daß er noch nicht viele Flämmchen getragen hat, das Flämmchen ist ihm anvertraut worden. Eine wunderbare Erscheinung, wie es vorbeizieht und leuchtet. Viele Herrschaften unterbrechen ihre Gespräche und drehen sich nach dem Flämmchen um. Es leuchtet in seiner Bescheidenheit nicht im geringsten heller.

Das Flämmchen wird auf den Tisch gestellt, an dem der Herr und die Dame sitzen. Sie bekümmern sich nicht um seine Gegenwart; nur die Dame blickt mitunter schräg aus den Augenwinkeln herüber. Der Herr trägt einen Smoking. Er stammt von der Ostsee, in der er angelt. Wenn ihm die Dame jetzt wegstürbe, veranlaßte er das Nötige und ginge gefaßt in sein Zimmer.

Das Flämmchen ist nicht allein auf der Welt, sondern erhitzt ein chemisches Laboratorium, das aus mehreren Glaskugeln besteht. In der höchsten Kugel liegt eine schwarzbraune Masse, in der unteren, die mit jener durch eine Röhre verbunden ist, brodelt Wasserdampf. Drei Kellner umstehen die Retorten und machen sich flüsternd auf Einzelheiten aufmerksam. Die Szene gemahnt an ungewohnte Vorgänge in einem Herren-Friseurgeschäft. Läßt sich ein Herr etwa den Kopf elektrisch massieren, so strömen die Gehilfen hinzu und lassen die Funken springen. Auf den Glaskugeln spiegelt sich das Muschelbassin. Die Dame spricht sächsisch.

In der Halle ist vom Orient die Rede. Ohne Zweifel handelt es sich bei den Glaskugeln um Kaffee, nach türkischer Art. Ein deutscher Chemiker hat vielleicht in der Türkei den Kaffee liebengelernt und später die Kugeln erfunden. Die Türken sind trotz ihrer Reformen bei der altmodischen Kaffeebereitung stehengeblieben. Nun ist die Herstellung des türkischen Kaffees wissenschaftlich gesichert.

Oben liegt noch immer unverändert die schwarzbraune Masse. Die Kellner reden dem Flämmchen gut zu, das Publikum erwartet nervös den Ausgang des Experiments. Am Ende ist die Masse gar nicht Kaffee, und die Glaskugeln dienen anderen Zwecken. Der Herr, der Auskunft geben könnte, schweigt, seine Dame erzählt von Onkel Paul. Man hört den Namen deutlich, weil alles den Atem anhält. Der von einem Kellner gerufene Direktor erscheint und winkt kalt mit der Hand. Behutsam wird das Flämmchen wieder herausgetragen. Das Experiment ist mißglückt.

Zum zweiten Male schwebt das Flämmchen durch die Halle. Die Gäste fühlen sich beschämt und blicken angestrengt von ihm fort. Ein leises Zischen rüttelt sie aus ihrer künstlichen Gleichgültigkeit auf. Der Direktor muß ein Hähnchen gedreht haben, denn der Dampf in der unteren Glaskugel steigt nach oben, erweicht die dunkle Masse zur Flüssigkeit und holt sie nach unten zurück. Alle Glaskugeln sind schwarzbraun. Es war doch Kaffee. Er ist chemisch entstanden.

Die Spannung in der Halle löst sich. Zwei früher nicht bemerkte Mokkatäßchen vor dem Herrn und der Dame werden von zwei Kellnern gefüllt. Eigenhändig kommt der Direktor an den Tisch und gibt beruhigende Erklärungen ab. Der Apparat ist seiner ausgeklügelten Einrichtung wegen schwierig zu handhaben, aber erzeugt auch dafür auf rationelle Weise Kaffee. Wir leben im Zeitalter der Rationalisierung. Der Herr und die Dame führen zeitgemäß Tassen zum Mund. Der dritte Kellner löscht das Flämmchen vorsichtig aus, montiert nach genauer Anweisung des Direktors die oberen Glaskugeln ab und entfernt sich mit diesen aus der Halle. Niemand weiß, warum der unteren Kugel die Vergünstigung gewährt wird, noch auf dem Tischchen zu weilen. Wie hübsch wäre es, wenn Goldfische in ihr schwämmen. Auf den Staketen zwitschern die Vögel.

(21.3.1927, Morgenblatt; Feuilleton, S. 1–2)

Nachträgliche Fragen

Seit er eingetroffen, am Landungsmast befestigt und in der Halle untergebracht worden ist, hört man gar nichts mehr von der Atmosphäre; obwohl eben noch besorgte Bulletins über sie veröffentlicht wurden, als sei sie ein hoher Patient. Das Konsilium der Wetterwarten verfolgte sie durch sämtliche Schichten hindurch, gab ihre Temperaturen, ihre Böen und Unregelmäßigkeiten bekannt und enthielt dem Publikum auch die Depressionen nicht vor, an denen sie ununterbrochen litt. Vielleicht hatte das viele Gefunke sie besonders nervös gemacht, man weiß es nicht ganz genau. Gewiß ist nur, daß sie während der Überfahrt so empfindlich war wie Minister bei inneren Krisen: Hat sie die Gefahren glücklich überstanden? Wie geht es ihr jetzt?

Solange er teils niedrig, teils höher die Luft durchkreuzte, wurden Namen von Orten, Kaps und Inseln verbreitet, die kein Mensch vorher vernommen hatte. Sie entsprangen dem Nichts mit einer Plötzlichkeit, die sich nur durch die Bedeutung des Ereignisses erklären läßt, das offenbar auch der geographisch ungeläufigen Gebilde zu Zeugen bedurfte. Für die Dauer von annähernd 111 Stunden brachten sie es zu einer weltgeschichtlichen Berühmtheit, wie sie in der letzten Zeit allein Finnland durch Nurmi erlangt hat. Alles blickte auf ihre Bewohner, die ihrerseits in die Luft blickten, um etwas zu erblicken. Manche fuhren auch in Fischerkähnen hinaus. Womit beschäftigen sich nun die Leute? Was geschieht bis zum nächsten Flug mit den vielen Inseln und Kaps?

Als er noch über dem Ozean schwebte, war das Hinterland wieder mit *Kriegsberichterstattern* bevölkert. Sie faßten ihn als einen Feldzug auf, den sie mit glorreichen Gefühlen umwoben. Hatten Siege stattgefunden, so feierten sie die Überlegenheit ihrer Waffen und nahmen den endgültigen Triumph schon vorweg. Kam es zu einer Niederlage, die nicht verschwiegen werden konnte, so war sie in Wahrheit keine gewesen, sondern womöglich ein noch größerer Sieg. Die Stimmung des Kanarienvogels war glänzend, die Kommandobrücke bewahrte stets ihre Zuversicht. Je schwärzer die Wolken, desto wolkenloser der Horizont – vier Jahre lang haben wir das gelesen. Kriegsberichterstatter anderer Länder stellten natürlich auch dann einen bedeckten Himmel fest, wenn er vielleicht strahlte. Nach Friedensschluß priesen sie alle die Völkersolidarität, die sie inzwischen gelernt haben; aber wahrscheinlich meinen sie mit ihr nur wieder einen neuen Krieg. Wann sterben sie endlich aus? Wird der Friede immer so aussehen?

(17.10.1928, Abendblatt; Feuilleton, S. 1)

Darbietungen mit Publikum

Schumann-Theater

Im *Dezember-Programm* nimmt die Leichtathletik einen großen Raum ein. Trampolin-Akrobaten vollbringen Wunderdinge im Luftraum und scheinen den Erdboden nur noch zu berühren, um wieder von ihm emporzuschnellen. Mit leichtbeschwingten ikarischen Spielen wechseln waghalsige Produktionen zweier Künstler, die einen Gleichgewichtssinn von seltener Entwicklung bekunden. Eine dazwischen eingestreute Vorführung zeigt, in welch verblüffende Lagen ein elastischer Körper gebracht werden kann. Wohltuende Beruhigung spenden russische Volkslieder, von einem Männer-Quintett gesungen, die für einen Augenblick den Hauch der Steppe in den Raum tragen. Im übrigen sind alle gangbaren Nummern der Varietékunst hervorragend vertreten nicht zuletzt der Humor in seinen verschiedenartigen Ausmünzungen. Sportleute namentlich wird der Film interessieren, der den Boxkampf *Carpentier–Dempsey* in allen seinen Phasen zeigt.

(4.12.1921, 1. Morgenblatt; Rubrik: Frankfurter Angelegenheiten, S. 3)

Im Zirkus

Vor dem Tor, auf der Ostendstraße, dort, wo die häßlichen Backsteingebäude der landwirtschaftlichen Hallen stehen, staut sich in der Dämmerung die Menge. Dahinter, das weiß sie, verbirgt sich das Geheimnis, eine *fremde Welt* öffnet sich hinter dem Zaun, die schlechthin anders ist als das ewige Einerlei auf den grauen Straßen. Man passiert die Kontrolle, die jedem Unberufenen den Zutritt streng verwehrt, und steht nun unmittelbar vor dem Geheimnis. Wagen breitet sich neben Wagen, eine ganze Wagenburg bedeckt die Fläche, lauter kleine fahrende Häuser, deren manche von innen erleuchtet sind, und da ist auch das Riesenzelt, das die vielen Wunder umschließt. Helligkeit blendet die Eintretenden, die Kinder brechen in Rufe des Entzückens aus, und die Erwachsenen staunen wie die Kinder, alle sind hier einander gleich. Man sollte es nicht glauben: *zwei Manegen* enthält dieses unwahrscheinliche Zelt, zwei große Ringe, die von den ansteigenden Zuschauertribünen gleichmäßig umfaßt werden; in der Mitte, wo sich der Eingang befindet, ist es leicht eingebuchtet, und gegenüber dem Eingang tut sich ein schwarzer Schlund auf, der bald die verborgenen Herrlichkeiten aus seinem Dunkel entlassen wird. Masten tragen schwer und bedächtig ihre Zeltlast, Strickleitern und Taue, die irgendwo in den oberen Regionen befestigt sind, hängen lose im Raum und harren ihrer Bestimmung. Dann spielt die Hauskapelle, während die Tribünen allmählich sich füllen, ihre Märsche und Tanzweisen auf, unter den Klängen der Musik quellen aus dem geheimnisvollen Schlund zwei Reihen gallonierter Zirkusdiener hervor, die feierlich Aufstellung nehmen und die Akteure tänzeln eilig in die Manegen.

✳✳✳

Man müßte überall Augen haben, um alles wahrnehmen zu können, was gleichzeitig in den beiden Manegen sich vollzieht. Die *Darbietungen*, um die es sich hier und dort handelt, sind zwar einander stets sehr ähnlich, aber stets sind auch Abweichungen vorhanden, die man für sein Leben gern genau beobachten möchte. Das geht nun nicht, denn man kann ja nur das richtig erfassen, was in der Nähe im eigenen Ring vorgeführt wird; und so ergreift die Überneugierigen ein eigentümliches Schwindelgefühl, sie drehen und wenden sich und geraten in einen Taumel, der die Dinge noch illusionärer macht, als sie es an sich schon sind.

Schreckliches begibt sich in der Manege. Gitterartige Holzwände sind aufgerichtet, die zu einem Riesenkäfig sich runden. In diesem Käfig kreist ein Mann auf dem Rad, von einem Knaben gefolgt, die Wände hinan; beide rasen immer höher, immer im Kreise herum, ganz horizontal wirbeln sie durch den Käfig, dann senken sie sich mählich herab und begrüßen, als sei gar nichts geschehen, mit lässiger Gebärde das jubelnde Publikum. Wir andern gehen senkrecht über die Straße und denken, das müßte so sein, weil die Gesetze der Schwerkraft es angeblich gebieten. Aber was haben diese Gesetze noch viel zu besagen! Der Mann in dem Holzring hebt sie einfach auf, auf einem Rad, ja sogar auf einem Motorrad, äfft er die sogenannte Wirklichkeit und knattert über ihre Gesetze hinweg Wände empor in andere Bezirke, in denen die gewohnten Bestimmungen nicht mehr gelten.

Viel, sehr viel muß sich überhaupt diese unsere so vertraute Welt hier gefallen lassen, alles, was sie trägt und im Gleichgewicht erhält, scheint hier ganz und gar umgestürzt. Junge Damen mit zierlichen Sonnenschirmen tanzen auf dem Drahtseil, das doch gewiß kein Parkettboden ist, einen Step, der sich wahrlich sehen lassen kann. Hüte, drei, vier, fünf an der Zahl, fliegen weit fort durch den Raum und kehren gehorsam wieder in die sie auswerfende Hand zurück, hoch oben in der Luft sitzt ein Herr gemütlich auf einem Stuhl, raucht seine Zigarette und liest bei dem Licht der Bogenlampe die Zeitung, Spiralen, aus Menschenkörpern gebildet, winden sich zur Decke empor, man weiß nicht, wo sie eigentlich befestigt sind, Luftschaukeln dienen als unsolide Grundlage für noch unsolidere Kletterkünste, Herkulesse treiben mit ungeheuren Stahlfedern und Zentnerlasten ihre gewichtigen Späße, ein Fakir verspeist mit dem größten Appetit Flammen wie Butterbrote – und das alles geht vielfach gleichzeitig vor sich. Der Kopf dreht sich einem förmlich, man glaubt selber auf dem Kopf zu stehen. «Leipziger Allerlei», sagt der lange Emil.

**

Der lange *Emil*, der kleine *Fritze* und der weißgepuderte *Corty* sind ein besonderes Kapitel. Ihre Kleidungsstücke sitzen entschieden nicht so, wie es sich gehört, die Weste ist zu lang, die Hose zu kurz, das Hemd zu weit und die fuchsroten Haare des langen Emil sträuben sich ruckartig und ganz unwahrscheinlich gräßlich, so daß der winzige Fritze erschreckt hintorkelt und drollige Purzelbäume schlägt. Auch gehen die drei durchaus anders wie andere Leute, sie stoßen überall an und unnennbare Schwierigkeiten bereitet es ihnen etwa, die niedere Manegen-Schranke zu überschreiten. Während des Aufräumens feuern sie die Diener zur Arbeit an, sparen nirgends an lehrhaften Ermahnungen und beeilen sich sogar, selber zu helfen, aber freilich das ist nicht so einfach, der gute Wille allein tut es nicht, unsichtbare oder im Eilen selbstbereitete Widerstände verhindern jede nützliche Tätigkeit, man kann eben nicht, wie man gern möchte, und treibt nur, was man nicht treiben will. Einsam und ernst verfolgen die drei alle Darbietungen und versuchen hinterher auch ihr Glück – daß es nicht glückt, ist sicherlich nicht ihre Schuld, denn sie strengen sich ordentlich mit Verbissenheit an; Schuld daran, daß ihr ehrlicher Ernst so lächerlich wirkt, tragen stets kleine, fatale Umstände, die alle ihre Bemühungen vereiteln. Die *richtigen* Akteure heben die Bedingungen des uns gemäßen Lebens auf, der lange Emil und seine Freunde, zu denen übrigens auch ein faßdicker Engländer auf Rollschuhen und noch manche andere merkwürdige Typen gehören, heben wiederum durch ihren abseitigen Ernst die Unwirklichkeit jener Akteure auf – man sollte meinen, dass sie selber nun wieder die normale Wirklichkeit herstellten, aber weit gefehlt, sie sind nur Karikatur der Karikatur, man glaubt in einem Spiegelkabinett zu weilen, aus dessen hintereinander befindlichen Spiegeln dem Beschauer das eigene Antlitz immer verzerrter entgegenleuchtet.

***

In der Pause ist *Stallbesichtigung*. Löwen, Bären und andere Ungetüme sitzen, selber jetzt Zuschauer, brav und gesittet hinter ihren Gittern und die schön aufgezäumten Pferde und Ponys lassen sich, von dem stolzen Attila an bis herab zur kleinen Liesl, geduldig von vielen tausend Händen streicheln. Direktor *Straßburger* benutzt die Pause, um ein wenig von seinen Unternehmungen zu plaudern. Seine Besitztümer mit den Tierparks und Dressuranstalten liegen in Strehlen bei Breslau. Der eine seiner drei Zirkusbetriebe ruht jetzt völlig, der zweite, von seinem Schwager geführt, durchreist die Tschechoslowa-

kei und mit dem dritten befindet er selber sich unterwegs.
Zwei Lokomotiven dampften dem über vierzig Wagen starken
Sonderzug voran, der Truppe und Menagerie mitsamt all den
wilden Tieren aus dem zahmen Darmstadt hierher beförderte,
wo man nun annähernd vier Wochen bleiben will.

***

Was wäre ein Zirkus, in dem nicht die Tiere als Hauptdarsteller
agierten? Auch sie benehmen sich anders als gewöhnlich, vereinen sich, kraft guter Dressur und hoher Intelligenz, mit ihren
Herren und Herrinnen zu einem Tun, über das vermutlich ihre
in Freiheit herumlaufenden Brüder befremdet den Kopf schüt-
teln würden. Richtige *Bären* z.B. fahren Rad und trinken aus
Flaschen und ein kleines *Hündchen* in Tirolertracht stolziert
unnatürlich selbstbewußt durch die Manege. Man fragt sich
wirklich, ob nicht die Schöpfung eines Tages aus ihren Fugen
gehen kann, wenn solche Dinge geschehen. Dann ist da die
Berberlöwen-Familie, die mit ihrem Dompteur allerlei praktische Tätigkeiten verrichtet. Man hockt etwa auf Schemeln,
blickt starr vor sich hin, oder ringt mit dem Dompteur und lieb-
kost ihn dann. Wenn auch das Löwenjunge manchmal knurrt
und die Mama nicht eben angenehm gelaunt scheint, so ist
doch die Familie im allgemeinen ganz uneuropäisch friedlich
gesinnt; der Löwenvater zumal ist ein die Ruhe liebender älterer Herr, der mit dem Dompteur auf gutem Fuße steht und in
ihm offenbar den Gentleman ehrt.
Viel verwendbar, sehr gelehrig und von kunstgerechtem Betragen sind vor allem die *Pferde*. Sie springen rings um die Manege, führen niedliche Tanzreigen auf mit Figuren, wie man
sie schwieriger kaum erdenken kann, arrangieren, unter des
Direktors Leitung, ein lebendes Karussell, ordnen sich zur langen Reihe, und verbeugen sich zuletzt mit einem Kratzfuß oder
richten sich hoch auf, als Zweibeiner rückwärts den Raum ver-
lassend. Während sie unentwegt dahinrasen, fliegen Lassos
um ihre Häupter. Herren und Damen springen auf und ab und
führen erstaunliche Tänze auf ihrem Rücken aus, aber das
kümmert sie nicht sonderlich viel, sie rasen nur hin und freuen

sich ihrer Rasse. Auch die «hohe Schule» wird natürlich geritten. Direktor Straßburger, sein Sohn und seine Tochter verstehen ihr Handwerk, es ist wahrlich kein Spaß, wie sie ihre Pferde zu bewegen wissen. Während der Direktor und sein herrliches Tanzpferd sich noch produzierten, gerät alles in Aufruhr. Der lange Emil und seine Konsorten singen: «Herr Direktor, wir brauchen einen Vorschuß», ein Herr aus dem Publikum bittet den Direktor um einen Schieber, der Direktor gibt den Wunsch an sein Pferd weiter, das Pferd nickt «Ja», der Kapellmeister ist auch damit einverstanden, und dann tanzt das Pferd eben einen Schieber und das Publikum klatscht dazu im Takte mit. Wirklichkeit mischt sich mit der Unwirklichkeit und man weiß oft nicht mehr, ob das *Leben ein Zirkus* oder der *Zirkus das Leben* ist. Später geht man dann durch die dunklen Straßen aus der Fremde in die Fremde nach Haus.

(8.6.1923, Stadt-Blatt; Feuilleton, S. 1)

Hölderlins deutsche «Antigone»
«Antigone» von Sophokles, Übertragung von Hölderlin, Textbearbeitung von Wilhelm Michel. Uraufführung im Hessischen Landestheater zu Darmstadt.

Die Tragik menschlichen Existierens enthüllt sich grundhaft in dem Verhalten der Menschen zum Gesetz, das ihnen um ihrer Unvollkommenheit willen gegeben ist. Sie müssen sich dem *Gesetz* beugen, weil sie im Bedingten stehen und ihr Zusammenleben nur durch die unverbrüchliche Innehaltung der sanktionierten Gebote gewährleistet wird; und sie dürfen sich ihm wiederum nicht schlechthin unterwerfen, weil sie über das Gesetz hinaus sich ausrichten sollen auf das Unbedingte, das nimmermehr in starre Formeln sich bannen läßt. Das ist die Paradoxie des Gesetzes: daß es unantastbare Geltung beansprucht und doch zugleich nach steter Selbstaufhebung drängt. Wenn es als Letztes sich setzt, wird es zum Frevel, und wenn es sich preisgibt, zerfällt die Gemeinschaft, für die es besteht. Seine Doppelnatur mag der betrachtende Weise durchschauen oder der Heilige, der über die Bezirke des heiligen Lebens sich erhebt; die in der Mitte wirkenden Menschen aber müssen immer wieder an ihm schuldig werden. Denn nehmen sie es fraglos hin, so verfehlen sie sich wohl wider das, was höher ist als geprägte Satzung, und gehorchen sie, schlechtes Gesetz beiseite schiebend diesem Höheren, so treten sie aus den Grenzen heraus, die niemand ungestraft mißachten kann. Gnade allein vermöchte den Widerspruch zu tilgen und die Versöhnung zu stiften.

***

Die «Antigone» des Sophokles packt die wesenhafte Tragik menschlicher Existenz an der Wurzel. Sie entfaltet die Dialektik des Gesetzes zum Drama, in dem Thesis und Antithesis[7] ihre personhaften Vertreter finden, die das durch sie verkörperte Prinzip bis zur Entscheidung austragen. Kreon, der Herrscher Thebens, ist Hüter des selbstgeschaffenen Gesetzes, aber er setzt es unbedingt und zerbricht darum hilflos mit ihm, wenn er seine Bedingtheit erfährt. Recht und Unrecht sind in dem König eng gepaart. Gewiß, Verrat lauert umher, die Stadt bedarf des strengen Herrn, und doch: das Gesetz verdorrt, wenn es sich unnachgiebig zu behaupten sucht. Die Aufrührerin Antigone, die «den Geist des Höchsten *gesetzlos* erkennt», spielt das genaue Gegenspiel, sie bestattet, einzig der Schwesternliebe folgend, den Leichnam ihres Bruders Polynikes wider des Königs Geheiß. Da dieser nur das herzlose Gesetz kennt und sie nur den ungesetzlichen Zug ihres Herzens, durchleben beide nicht eigentlich den tragischen Konflikt, sondern stellen ihn lediglich unbewußt dar. Seelisch erlitten wird er viel eher von den Mittlern: von Ismene und Hämon, in denen der in Kreon und Antigone Gestalt gewordene Gegensatz nachhallt und zum Bewußtsein seiner selbst gelangt. Jene scheitert daran, daß sie das Königswort weder einzuhalten noch zu brechen vermag. Kreons Sohn dagegen stirbt in der Gruft bei Antigone – aus Liebe zu ihr, aber nicht allein aus Liebe – den selbstgewählten Tod, nachdem er vergeblich versucht hat, den Vater zur Umkehr zu bewegen. Erst der blinde Seher Tiresias, kein magisch zwingender, der reine Mund des Gottes vielmehr, macht den Verblendeten sehend. Doch zu spät. Das ungewendete Schicksal entrollt sich gnadenlos und das Ende des Dramas ist wirklich das Ende, dem nichts mehr folgt – es sei denn die frommwissende Ergebung in den unergründlichen Ratschluß der oberen Mächte.

Gelenkt von einem geheimen «kalkulablen Gesetz», dem Hölderlin nachgespürt hat, halten sich die Figuren der «Antigone» unerbittlich das Gleichgewicht. Das Tragische in seiner Reinheit ist hier ganz Stil geworden und zu abschlußhafter, nicht mehr verletzlicher Gestalt gediehen. Wundersam aber ist zumal dies: Trotzdem alles Zufällige aus dem Gang der Handlung ausgeschaltet wird, Prinzip dem Prinzip hart entgegensteht, bleibt weiter Raum für das Menschliche, das die spröden Härten erweicht, sich einschmiegt in die Abgründe und zart aufsteigt aus den gebrochenen Seelen. Es gewinnt Sprache in Antigones Klage um ihr einsames Scheiden und erfüllt die Wechselreden des Chors, die das Geschehen nachdenklich, zweifelnd, fordernd und immer fühlend begleiten. Der dunkle Ausblick am Schlusse bezeugt, daß der Dichter ein Grieche gewesen; doch harrt seine Seele auch nicht auf Erlösung, so weiß sie die Menschen doch in göttlicher Hut.

***

Hölderlins Übertragung entstammt der Zeit, da sein Geist schon an der Grenze stand. Grenzhaft ist auch die Sprache; sie verleibt das Sagbare fremd und schön und ertastet dem Unsagbaren scheu die Form. Kaum zu ergreifender Sinn bleibt unfaßlich in der dünnen Hülle und zwischen Satzgebilden von unwiderstehlicher Klarheit breitet sich Schweigen und Nacht. Tief neigt sich die Sprache ins Griechische hinein; eignes Wort sucht das fremde anzusprechen und möchte seinen vergrabenen sinnlichen Gehalt an die Oberfläche zwingen. So entstehen Formen und Wendungen, die Ungehörtes in sich einpressen und Kunde aus ungeahntem Reich zu bringen scheinen. Die Ferne wird in ihnen zur fühlbaren Nähe und ein Licht, das bald wieder verschwindet, erhellt den Umkreis.

Wilhelm *Michel* hat sich in seiner Bearbeitung treu an den Text angelehnt. Geringe sachliche Verstöße Hölderlins, die ihren Grund in der Bearbeitung ungenauer alter Ausgaben haben, sind getilgt, grammatikalische und lexikalische Irrtümer beseitigt worden. Im übrigen ist, von unwesentlichen Streichungen und der Klärung mancher allzuschwer durchdringlichen Stelle abgesehen, die ursprüngliche Fassung rein erhalten geblieben. Die Aufführung erbrachte ihren vollen Beweis für ihre Büheneignung.

***

Der starke Eindruck der Vorstellung war nicht zuletzt der Regie Eugen *Kellers* zu danken, der den Rhythmus zu bändigen, die Zäsuren einzuhalten verstand. Spieler und Gegenspieler traten sich einander klar entgegen, die Prinzipien wurden Gestalt und das Wort ging ein in die stilisierte Gebärde. Nur der Chor vermochte sich nicht einzugliedern. Seine Bewegungen folgten allzu schwach dem Zug des an ihm abprallenden Geschehens, und so trat er aus der Rolle des passiven Zuschauers kaum hervor. Freilich: er ist ein fremdes Element unserer Bühne und fraglich bleibt, ob ihm überhaupt ein volles Leben zugeteilt werden kann. – Die Bühnenarchitektur hat *Pilartz* geschaffen. Niedere Stadttore, das unendliche Rund eines graublauen Himmels – sonst nichts. Aber gerade diese spärlichen Andeutungen waren der richtige Hintergrund für die Figuren, die in ihm plastisch und von Einsamkeit umflossen standen, wie die zugespitzten Sätze des Dialogs. Auch die Farben der (gleichfalls von Pilartz entworfenen) Gewänder führten eine deutliche Sprache. In ihre matten, braunen, grauen, grünen Töne brach allein das Rot des Königsmantels mit grellem Klang herein. – Frl. *Kersten* schenkte der Antigone die längst schon abgeschiedene Seele und die Wehmut der Klage; nur die Konturen waren wohl zu weich gezogen. Den harten

unbeugsamen Kreon spielte Herr *Valk* sehr überzeugend. Er
sprach die Worte ohne Milde und gestaltete wirksam auch die
jähe Erschütterung des Endes. Ihm ebenbürtig hielt sich der
mahnvolle Tiresias des Herrn *Ritter*. Die übrigen Darsteller,
unter denen wir nur noch die Ismene Frl. *Sparrens*, Herrn
Reymer als Hämon und Herrn *Kulisch* als Boten nennen, fügten
sich dem Ensemble gut ein.

(10.12.1923, Abendblatt; Feuilleton, S. 1)

Die Astoria-Bühne

Da wir den Faschingsdienstag noch in den Knochen spürten, be-
suchten wir am Aschermittwoch die *Astoria-Bühne*. Hauptsächlich aus Pflichtgefühl gegen die Naturgesetze. Denn, so
heißt es doch, die Natur macht keine Sprünge, sie kennt nur die
sanften organischen Übergänge. Wie also? Wäre es nicht Frevel
gewesen, zu plötzlich aus unserem Lebenswandel herauszu-
springen? Wir zogen es vor, natürlich zu bleiben und auf dem
Umweg über das Kabarett organisch ins Bett überzugehen.
Die Sache begann damit, daß der Conférencier eigentlich kein
Conférencier ist, was nicht, wie wir anfänglich vermuteten, auf
Sinnestäuschung beruhte, sondern schlichte Wirklichkeit war
und bleibt. Nein, Henry *Lorenzen* ist eigentlich etwas ganz anderes als ein Conférencier, aber er kann auch, was er nicht ist,
und zerrt den Klepper Publikum nett und lustig von Nummer
zu Nummer fort. Das Amt wächst eben mit dem Verstand, und
wer den Faschingsdienstag im Blut hat, treibt den Aschermittwoch aus den Gliedern.
Ria *Rieck*, die den Reigen eröffnet, stellt mehrere Tänze auf die
Beine, oder vielmehr sie stellt nicht, sondern hüpft wie ein Füllen jung und ungebärdig auf der Weide umher. Unser Kater,
der offenbar an Füllen nicht seine Freude hat, kommt dabei

ganz auf den Hund und schleicht sich betrübt davon. Man lernt
in der Zoologie nie ganz aus.

Dem Vorhang entsteigt dann gravitätisch der Lautensänger
Paul *Roland*, und uns wird balladesk zu Mute. Er ist Wander-
bursch und Landsknecht in einer Person und beschwört den
Geist sämtlicher Zecher von den Kavalieren auf Elböe bis zu
Frank Wedekind herauf. Wir lassen durch seine bösen Bei-
spiele unsere guten Sitten nur allzu willig verderben.

Woldemar *Sacks* ist den Frankfurtern auch in diesem Monat
treu geblieben. Der Flügel ist mit ihm verbunden wie ein Lebewesen dem anderen, sie scherzen zusammen und verstehen
sich in jeder Lebenslage. Auf freundlichen Zuspruch des Mei-
sters hin verwandelt sich das Zauberinstrument in einen Lei-
erkasten, oder in eine menschliche Singstimme, oder gar in
eine Nähmaschine, die Melodien an Melodien flickt. Die beiden Gefährten sind noch etwas von der vergangenen Nacht
mitgenommen, und da ist es kein Wunder, daß in eine ungari-
sche Rhapsodie von Liszt mit einem Male als «deus ex fa-
schina» Walzerklänge hineingeraten. Sie lieben überhaupt den
Walzer, die beiden Junggesellen, zumal den altmodischen Wiener, und werden ganz sentimental, wenn sie seiner gedenken.
Aber das Gespräch gleitet schnell weiter, und bald mokiert
man sich einträchtig über eine kleine Klavierschülerin, die
sich beflissen müht, oder über ein verstimmtes Piano, das in
irgendeiner Bierstube zu Leipzig Abend für Abend zu neuen
Missetaten und -tönen aufgereizt wird.

An das Duett schließt sich ein Tanztrio der beiden *Don Alfonsos*
und der Loni *List*. Das ist nicht Schlesien, sondern innerstes
Rußland: Liebeswerben im Kaukasus, Nationaltracht so echt
wie Gebärde, wildester Rhythmus verkörpert mit slawisch un-
erschütterlicher Miene. Gewiß, so geht es in der Steppe zu, und
man möchte ein Gogol sein, um auszudrücken, was man fühlt.

Die Vortragskünstlerin Toni v. *Bukovics* versetzt wieder nach
Westeuropa in die Gefilde der Großstadt zurück. Sie verfügt
über das grelle Lachen des Clowns gleich sehr wie über die
leichten, um nicht zu sagen frivolen Töne der Dame von Welt.

Auch das urbayrische Idiom bringt sie ohne Hitlerschen Nachgeschmack heraus.

Nach der Pause führt Henry *Lorenzen* sich selber ein und zeigt endlich, wie er in Wahrheit ist. Er ist aber jedesmal der, in den er sich verwandelt. Zunächst ein junger Mann in einem Restaurant, der mit der Gabel in den Zähnen stochert, einem unsichtbaren Hündchen unsichtbare Knochen zuwirft und Kirschkerne, die nicht vorhanden sind, graziös in die Luft spuckt; dann ein Chansonnier, ein Tänzer und der Superlativ eines Komikers; schließlich ein Zauberkünstler, der etwa seine Finger hinter der Handfläche versteckt und zu dem Bekenntnis zwingt, daß dieses höchst natürliche Ereignis ein Wunder sei. Jeder Zoll ein Bojaz, empfindet er ersichtlich selber das größte Vergnügen darüber, daß er so drollige Gestikulationen vollbringen kann und darf.

In Annemarie *Hase* ersteht Zille und Groß-Berlin. Sie berichtet der Provinz auf echt Berlinisch von Fräulein Raffke und erzählt eine Moritat aus der Gegend der Ackerstraße, bei der es den redlichen Bürgern kalt überrieselt. Auch Ringelnatzens «Gefeires einer Aftermieterin» wird durch die Monotonie ihres Vortrags zum Ereignis.

Die letzte Steigerung bringt Karlchen *Ettlinger*, der längst Bekannte und Vertraute, der eigene Produktionen rezitiert. Wenn man, wie er behauptet, eine Frau daran erkennt, daß sie unweigerlich die Pointe einer Geschichte verfehlt, so beweist er selber sein Mannestum jedenfalls dadurch, daß er stets ins Schwarze des Punktes trifft. Anfänglich noch gleichsam mit Vor- und Zunamen behaftet, enthüllt er nach und nach immer reiner seine Karlchen-Natur. Unverfälschte Frankfurter Klänge entringen sich seinem Organ, wenn er die Vaterstadt preist, und wer freute sich nicht innig, daß Schneewittchen in unseren Mauern geboren ist und den Prinzen von Offenbach zum Manne gewinnt?

Zum Schlusse beweisen die Don Alfonsos noch, daß sie nicht nur Russisch können, sondern auch mit Step und Shimmy auf vertrautem Fuße tanzen. Dann beginnt die allgemeine Tanzerei, vielmehr: sie beginnt nicht, denn alles ist müde und zerstreut sich schnell nach Haus. Die Natur fordert, wie es an dieser Stelle heißen mag, gebieterisch ihre Rechte, und der übergangene Aschermittwoch läßt nicht mit sich spaßen.

(7.3.1924, Stadt-Blatt; Feuilleton, S. 2)

Die Weinklause

Trotz der Julihitze läßt es sich in der Weinklause durchaus leben. Eisgekühlte Erdbeerbowle, sehr zu empfehlen, sorgt als wohltätige Isolierschicht dafür, daß die innere Hitze durch das heiße Draußen nicht an ihrer Entfaltung gehindert werde; man trinkt und trinkt, spießt die Erdbeeren mit einem Zahnstocher auf und kommt sich wie eine Thermosflasche vor. Rolf *Ronar* erweist sich als Conférencier und Wiener von Geblüt. Er plauscht mit Nonchalance über die entlegensten Themen, gibt Auftakt und Abgesang, wird unversehens selber zu einer jener Nummern des Programms, die er mit Recht als «gigantische Darbietungen» zu bezeichnen pflegt und stellt zwischenhinein philosophische Betrachtungen an, die einen sehr unverheirateten Eindruck machen. Da wir gerade bei der Vortragskunst sind, darf *Nell Marco* nicht unerwähnt bleiben, die dämonische Leidenschaft personifiziert; sie trifft den Ton der Balladen Klabunds und setzte die «Nonge et noir»-Verse eines Anderen, so grell und düster hin, daß man darob zum Satanisten werden möchte. Lilian *Grays* Chansons sind weniger erhaben denn prickelnd, man weiß schon, so von einer gewissen Art, daß … auch die Blicke übrigens, die sie wirft … man muß Bowle trinken und Erdbeeren stochern. Im gleichen Genre gefällt sich Gretel *Schwab*, die einige neue Schlager ihres Begleiters Fredy *Raymond* frisch, keck und verführerisch zur Kenntnis gibt. Mit den Darbietungen des Wortes wetteifern die der Instrumente.

Lajos *Rigo* ist ein König unter den Geigern, denn er kann nicht nur mit dem Bogen, er kann auch mit den Fingern den organisierten Aufruhr der Saiten entfesseln; virtuose Technik der Hornhäute, Sache des Gefühls und der Fingerspitzen. Seine Kollegin von der Harfe, Hilde *Dittmann*, ist weniger stürmisch, sanft schwellen die Töne an und ab, ganz Solo allein und mit Zartsinn, wie es sich für eine Harfe gehört. Nun kommen die Beine an die Reihe. Vorab das gitarrespielende, singende und tanzende Hawaiian-Trio mit Miss *Milissa*, einer reizenden exotischen jungen Dame, deren Wuchs und Gebärde nicht nur ihre beiden ebenso exotischen Partner zu stimulieren vermag. Ich werde von meiner Begleiterin angelegentlich gebeten, ihr einen Zahnstocher für die Erdbeeren zu präparieren. Ästhetische Steigerung noch bringen Jo *Larte* und *Roy*, die einen Wiener Walzer stilgerecht zelebrieren – es war doch eine gute alte Zeit – und auch spanisch sich zu bewegen wissen. Olga *Smirnova*, zart, biegsam, grün und silbern gewandet, sei Russin, versichert der Conférencier. Man braucht nicht russisch zu können, um sie zu verstehen, oder vielmehr: das Russische versteht sich von selbst, wenn man sie tanzen sieht. Ich muß wieder Erdbeeren stochern. Aber die Sprache der Beine ist ein natürliches Esperanto, wofür ich schließlich nichts kann. Zuletzt exzentrische Stepduette von Mabel *White* und Ted *Burns*, ein Geklirr und Geklapper im prestissimo, dessen Rhythmus, ohne Musikbegleitung zumal, durch seine unerhörte Genauigkeit bezwingt. Die Bowle ist leer, die Erdbeeren sind aus Pflicht und Neigung vertilgt, und nun mischen sich draußen innere und äußere Hitze doch.

(9.7.1924, Stadt-Blatt; S. 3)

Künstlertheater
«Die deutschen Kleinstädter» von Kotzebue

Das *Frankfurter Künstlertheater* für Rhein und Main, das unter Direktor *Meißner* auch als hessische Landeswanderbühne seine Tätigkeit ausübt, brachte vor dem Antritt einer längeren Kunstreise im Frankfurter Volksbildungsheim *Kotzebues* Lustspiel: *«Die deutschen Kleinstädter»* heraus. Wie antiquiert immer die Fabel des Glückes sei, die Komik im einzelnen bleibt unverwüstlich, und sichere Theaterroutine verleiht dem abgeblaßten Inhalt eine Form, die ihn nicht ganz in die Vergangenheit zurücksinken läßt. Ja wirklich, er ersteht hier leibhaftig wieder, jener harmlose Mikrokosmos der kleinen deutschen Stadt von anno dazumal, und lächelt man auch überlegen, so lächelt man eben doch, wenn all die typischen Figuren und Situationen für kurze Weile lebendig werden, die einstens die Physiognomie Krähwinkels bestimmen mochten und heute in den «Fliegenden Blättern» allenfalls ein bescheidenes Dasein noch fristen: der Dorfpoet, die titelsüchtigen Weiber, die Klatschbasen und alten Jungfern, die biederen Honoratioren und als sprengende Macht der junge Herr aus der Residenz, der das sittsame Töchterlein zur Braut sich erkiest. Nichts bleibt vergessen, weder der Nachtwächter noch der Mond, die Borniertheit nicht und die Langeweile – ein ergötzliches Drum und Dran, das der schlafmützigen Welt das Gepräge gibt, durch die sich die magere Handlung vier Akte lang windet. – Der als Regisseur verpflichtete Dichter Herbert *Kranz*, dessen Prolog einen guten Auftakt bildete, bemühte sich mit Erfolg um die schwierige Aufgabe, das neue Ensemble zusammenzuschweißen. Gusti *Forst* bestimmte als Frau Unter-Steuer-Einnehmerin mit ansehnlicher provinzieller Würde das Milieu, in dem sich auch die anderen Damen: Elfriede *Schrader*, Gert *Andersen*, Charlotte *Scheier*, Käthe *Waldau* ihrer Rolle entsprechend bewegten. Ihnen traten unter Führung von Heinz *Rudorf*, der den Bürgermeister mit der erforderlichen krähwinkelischen Hochachtbarkeit ausstattete, die Herren Alois

Herrmann, Otto *Dierichs* und Hans *Deppe* zur Seite. Das Publikum kargte nicht mit Beifall.

(22.9.1924, Abendblatt; Feuilleton, S. 2)

Kabarettabend Josma Selim

Ein Kabarettstar ersten Ranges, der Sentimentalität mit Schnödigkeit entzückend zu mischen versteht, das Wienerische in allen Gefühlslagen beherrscht und über Mannigfaltigkeit des Ausdrucks und der Gesten mit selbstsicherer Koketterie verfügt: das ist Josma *Selim*. Am Flügel begleitet sie Dr. Ralph *Benatzky*, Autor und Komponist der von ihr vorgetragenen Couplets, die zum Teil wahre Zugnummern sind – ein wenig harmlos freilich, aber das mochte an der Auswahl liegen, die dem Geschmack eines guten bürgerlichen Publikums zu entsprechen suchte und entsprach. Folgte man anfangs willig, so ließ man sich bald hinreißen, als die Selim zart-vulgär und frech-verschämt *Alt-Wien* hervorzauberte, wie es sich im Paradiesgart'l erging, wo Lanner und Strauß ihre Kompositionen vom Blatt weg aufführten, oder wie es, ein Gemisch der Nationen und Dialekte, an der Frühjahrsparade teilnahm, und sich den Liebesgefühlen so hingab, wie der Begeisterung über die Kavallerie und den alten Kaiser Franz. Damit zur Munterkeit sich auch Ergriffenheit gesellen, las die Künstlerin unter den leisen Klängen der für diesen Zweck eigens zurechtgestutzten «Mondscheinsonate» Beethovens Brief an die unsterbliche Geliebte, und war es nun der Vortrag, der Text oder die Musik oder dies alles zusammen – die Traurigkeit überrieselte einen ordentlich, und wer weiß, ob nicht Tränen in das Geriesel sich einmengten. Von dieser unziemlichen Verkitschung abgesehen, blieb indessen die Künstlerin durchaus in ihrer Sphäre und pointierte die zeitgemäßeren Anzüglichkeiten, die sie im zweiten Teil des Abends zum Vortrag brachte, in einem gleich hübschen Gewande und mit dem gleichen Charme wie jene Wiener Miszellen. Der Beifall steigerte sich zwischen den «Stammbuchversen» und der «billigen Annette» zu ansehnlichen Bekundungen, und der Walzer: «Ich muß wieder einmal in Grinzing sein», der den Abend beschließen sollte, war noch lange nicht das Ende, so viele Zugaben erklatschten sich die in Stimmung versetzten Hörer.

(21.10.1924, Stadt-Blatt, S. 3)

Zauberabend

Versteht man unter *Zauberei* die Beschwörung von Geistern, die Verwandlung von Menschen in schreckliche Tiere, so ist einleuchtend, daß diese schwarze Magie in unseren fortgeschrittenen Zeiten nichts mehr zu suchen hat. Wer wollte in einer Epoche der Eisenbetonbrücken und des Rundfunks dem Manne mit der spitzen Mütze und dem Zauberstab noch Glauben schenken, wenn er seine Kreise zieht und in ihnen unerklärliche Phänomene produziert? Nein, er begegnet der Skepsis überall und seine Künste vermöchten zivilisierten Menschen nur ein Lächeln zu entlocken.

Bestünde die Zauberei aus jenem Hokuspokus, sie wäre füglich erledigt. Indessen sie hat sich modernisiert, sie hält mit dem Zeitgeist Schritt, sie ist zur Technik geworden. Obgleich es als Widerspruch erscheint, daß das Hexen ohne Hexerei vor sich gehen solle, so ist ihm doch nichts übriggeblieben, als der modernen Ungläubigkeit Rechnung zu tragen und sich genau so zu vollziehen wie irgendein industrieller Prozeß. Nur eben mit einer solchen Geschwindigkeit, daß man die einzelnen Phasen des Prozesses nicht verfolgen kann, und lediglich das glorreiche Endergebnis der Manipulationen erfährt. Dieses Ergebnis ist wahrhaft wunderbar, und diese Geschwindigkeit ist die moderne Hexerei. Sie rein als Technik zu bezeichnen, wäre frivol; wie jede hohe technische Leistung beansprucht sie bereits den Rang der Kunst, und der Name Handkunst bezeichnet sie gewiß am genauesten. Wer weiß, auch die Circe war lediglich eine Handkünstlerin, und die in sie verliebten Genossen des Odysseus bildeten sich nur ein, als Schweine herumzuwühlen. Irgendein Trick wandelte ihre Phantasie, und das Gegrunze rührte am Ende gar nicht von ihnen selber her. Heute jedenfalls berührt die Zauberei durchaus auf der Geschicklichkeit in der Anwendung rational einsichtiger Mittel und der Intellekt wundert sich nur über seine eigenen Wunder.

Zu solchen und anderen Betrachtungen gab die *Zauber-Privat-Soiree* Anlaß, die am Mittwoch abend von der *Frankfurter* Sektion des *magischen Zirkels Leipzig* veranstaltet worden war. Man versammelte sich in einem Sälchen von bescheidenen Ausmaßen, und daß man den Künstlern auf die Finger sehen konnte, erhöhte noch den Genuß an ihrer Fertigkeit, die trotz der Kontrolle wieder und wieder erstaunte. Es begann mit *Bällen*, die ein junger Zauberlehrling, Herr *Gutelli*, nach Gutdünken auftauchen und verschwinden ließ, ohne daß man wußte wohin. Ein beruhigendes Intermezzo führte dann sozusagen ins natürliche Leben zurück: Herr *Essenheimer* zeichnete *Karikaturen*, oder vielmehr, die Karikaturen flogen von selber auf das Blatt, kaum daß er mit der Kohle darüberfuhr. Wußte man auch woher, so wußte man es doch erst nachher, da das Ganze schneller als ein Gedanke zu Ende geriet.

Zauberkünstler *Lamari*, der Veranstalter der Sitzung, begleitete mit munteren absichtsvollen Reden Wunderwerke der Hexerei. Kein Wort sei verloren über zauberhafte Richtigkeiten, die nur zum Spiel, zur Übung gewissermaßen unternommen wurden: also etwa das Hervorlocken von Geldstücken aus der Weste des ahnungslosen Zuschauers – eine beneidenswerte Fähigkeit, deren Besitz jede andere eigentlich unnötig machen sollte – oder die Verwandlung einer Karte in eine andere. Wesentlicher schon ist eine Produktion wie diese: man steckt in einen Lampenzylinder aus Glas drei Tücher – ein rotes in die Mitte und rechts und links davon je ein grünes. Dann schlenkert man den Zylinder ein wenig, und siehe, oder siehe nicht – das rote Tuch in der Mitte ist fort. Einfach fort. Hexerei. Der Gipfel ist entschieden die Verzauberung eines lebendigen Vögelchens, das in einem grünen Käfig piepst. Noch war es existent und fröhlich, nun eine Bewegung, und der Käfig hat sich in Nichts aufgelöst, und das gleichfalls nicht mehr existente Vögelchen taucht plötzlich unter dem Hut einer fremden Dame wieder auf, piepsend, als ob nichts inzwischen geschehen sei. Woher, wohin? Es ist entzückend, daß man darüber nicht nachdenken muß, sondern schlicht sich sagen darf, daß die moderne Magie Handkunst sich nennt.

Auch ein Zuschauer und Dilettant übrigens meldete sich zu den Karten, ein Liebhaber freilich, der es mit manchem greisen, erfahrenen Zauberer aufnehmen mag: Herr Dr. Bruno *Fürst*, dessen Künste schlechterdings nicht mit Stillschweigen zu übergehen sind. Er waltet mit den Kartenspielen unbeschränkt, und glaubt man, vierzehn Karten abgezählt zu haben, so sind es in Wahrheit siebzehn gewesen, wovon man sich zu seinem Leidwesen überzeugen muß. Herr Dr. Fürst hat eben vierzehn in siebzehn verwandeln wollen, und da er sich niemals irrt, hat man sich selber geirrt. War man schon früher im Kopfrechnen schwach, so traut man in Zukunft seinen simpelsten Additionen nicht mehr und zweifelt ernsthaft daran, ob zwei mal zwei wirklich vier ergebe. Alles die Folge der Hexerei, die vor lauter Logik die Gesetze der Logik verwirrt.

Zum Schlusse trat der Meister der Zauberer auf, Herr Fritz *Meixler*, der mit gutem Grunde *Hata Yoga* heißen darf. Schmerzlich es zu bekennen: doch er überstrahlte noch seine Vorgänger, die ihm denn auch bereitwillig ihre Huldigung erwiesen. Ein distinguierter Herr, der mit nachlässiger Eleganz Unbeschreibliches erwirkte. Leichte Handbewegungen, einmal so, dann wieder so – und aus der Leere des Raumes blättert sich ein ganzes Kartenspiel auf, legt sich auf den Tisch, wird von neuem ergriffen und verliert sich im Leeren. Die

Handfläche faßt die Karten nicht, auch auf dem Handrücken
sucht man sie vergeblich, und zwischen den Fingern sie zu
vermuten, wäre ein Wahn. Sie sind vorhanden und doch nicht
vorhanden. Basta. Dann wird ein Beutelchen vorgewiesen, ein
schwarzes Beutelchen, von dessen Inhaltslosigkeit sich jeder
überzeugen mag. Ein kleiner Schnick: und aus dem Beutelchen kriechen Bananen hervor – ausgerechnet vier, es können
auch fünf gewesen sein. Man steht nahe dabei, man verfolgt
die lockeren Gebärden, aber es bleibt dabei, die Bananen, die
nicht sein sollten, sind. Wunderbare und zwecklose Ereignisse,
die sehr angenehm berühren, weil ihr magischer Effekt dem
Geiste der Technik entstammt.

(5.12.1924, Stadt-Blatt, S. 5)

Schumann-Theater

Nach der Revue ist wieder ein *Varieté* eingezogen, eine bunte
Folge kunstreicher Angelegenheiten, die an alle Sinne appel-
lieren. Da sind die fünf *Asthons*, gewandte Damen, die den Zu-
schauern gewiß nicht Luft sind, obgleich sie sich vorwiegend
in der Luft bewegen, auf schwierige Weise sich emporschrau-
ben und hoch über dem Erdboden sich unbefestigt gruppieren.
Die vier *Rougbys*, Trampolin-Akrobaten, bewegten sich mit der
gleichen Sicherheit in dem gleichen Medium. Zwei stehen
oben auf schwankem Gerüst, die beiden andern lassen sich
von ihnen schleudern, auffangen und durchwirbeln zwi-
schendrein mit Präzision des Nirgendwo. Irdischer Natur sind
die spanischen Tänze der *Sevilla-Truppe*, deren Evolutionen
den fernen Süden magisch zu beschwören suchen, ist die Ge-
sangskunst der Zenaida *Pawlowa*, die selbst verwegene Kolo-
raturen nicht scheut. Als einen Clou des Varietés wird man entschieden *Splendid* und Partnerin zu preisen haben. Daß der

Mann dieses mysteriösen Namens Rollschuh auf einer mäßig großen Tischplatte läuft, besagte noch wenig, wenn er nur harmlos rollte und liefe. Aber er tanzt rollend, rollt tanzend, steht auf dem Kopf, dreht sich wieder, stolpert scheinbar, taumelt künstlich – ein exzentrischer Gleidermann, der, was er auch mit sich anstellen mag, zuletzt doch stets in Rollen kommt. Seiner Eleganz halten das Gegengewicht die beiden drollig-bäurischen *Meers*, die mit einem entzückenden Pferdchen und gefügigen Hündchen eine lärmende Szene aufführen, deren vertrackte Komik unwiderstehlich zum Lachen reizt. Eine Sensation – ja, man kann es wirklich nicht anders bezeichnen – sind die beiden kühnen Weltumsegler, die sich *Mirano Bros* nennen. Der eine in einem veritablen Luft-Auto, der andere auf einer wenig stabilen Schaukel – so umkreisen die zwei im Prestissimo-Tempo die Spitze eines Eiffelturms en miniature und verfehlen natürlich nicht, bei ihren planetarischen Kreisläufen die unmöglichsten Positionen einzunehmen. Ernst *Petermann* erringt sich durch den graziös pointierten Vortrag etlicher Couplets im Nu den Beifall des Publikums, das sich, entgegen der Mahnung eines Lied-Refrains nicht die geringste Zeit zum Klatschen läßt, und die *Elliot-Savones* feiern auf Blas- und anderen Instrumenten akustische Orgien. Last not least ein originelles Fußballspiel auf Rädern, ausgeführt von *Harvard*, *Holt* und *Kendrick*, die, schnell dahinfahrend, mit ihrem großen Ball virtuos manövrieren.

(5.2.1925, Stadt-Blatt; Rubrik: Das Varieté, S. 5)

Schumann-Theater

Das Lebendige wird dem Mechanischen angenähert, das Mechanische gebärdet sich lebendig: auf dieser Fusion von Menschen und Dingen beruht das Varieté. Das *März-Programm*

bringt wieder eine Auslese solcher schwierigen Verwechslungs-
künste. An *Reifenspiele*, die unter Sichteffekten vor sich gehen,
schließt sich Leiter-Akrobatik der *Friemaren-Truppe* an, eine
Produktion, die mit den Gesetzen der Statik auf charmante
Weise sozusagen Schindluder treibt. Eine Vereinigung eng-
lischer Ladys, das *Femina-Quartett*, ergötzt sich und das Publikum durch musikalische Darbietungen, deren englische Harmonien durch die Scheinwerferbeleuchtung in das rechte Licht
gesetzt werden. Die *Vier Dorris* betreten die Bar nicht, um ame-
rican drinks zu konsumieren, sondern schleudern sich noncha-
lant durch die Lüfte, unterstützt durch den Kellner, der sich als
ihr clownhafter Genosse erweist. Auch der Tanz fehlt unter der
Bewegungs-Mannigfaltigkeit nicht. *Mado Ninty* und *Spanover*
von der Komischen Oper in Paris verschlingen sich rhythmisch
und lösen sich wieder; bei den Evolutionen spielt ein gelber
Schleier eine gewisse Rolle, den die Partnerin so verschieden zu
falten versteht, daß sie aus einem Tenagra-Figürchen im Nu zur
Spanierin sich verwandelt. Aus diesen oberen ästhetischen
Sphären entführen die drolligen Dressur-Akte von *Hickeys
Zirkus* in die angenehmen Niederungen der Burleske, in denen
Jonny *Clark*, «der Trunkenbold», ein Meister ist. Heilige Nüch-
ternheit in Ehren – aber eine Trunkenheit, die sich so traum-
wandlerisch geschickt manifestiert, hat ihre großen Verdienste.
Man wird nun wissen wollen, wer *Mewu* sei? Ein mechanisches
Wunder, l'homme machine, der menschliche Automat. Auf einem Kasten erhebt sich ein Kopf, zu diesem Kopf gehören
Hände, und die Hände trommeln, zirpen Mandoline usw. Ge-
hirn überflüssig, Apparatur denkt. Ein Homunculus, empfeh-
lenswert für Ford. Damit der schöne Luxus nicht fehle, tritt aus
einer schwarzen Öffnung auch ein Mädchenkopf hervor, der
singt. Er singt und ist doch nur ein Teilgebilde ohne Rumpf.
Vielleicht singt jemand anders irgendwo hinter der Szene, aber
das Haupt tut so, als sei es selber mit einer Lunge begabt und
man glaubt an die Macht des Gesanges und der Technik. – Illu-
sionistisch ist auch der *plastische Farbenfilm*. Auf der Leinwand
tanzen körperhafte Figuren, und wäre die Lautlosigkeit nicht,

die sich hörbar um sie verbreitet, man meinte sie greifen zu
können, so stereoskopisch durchbrechen sie ihre Fläche. – Der
Gipfel schlechthin aber ist *Rastelli*, der mit Recht «der Unvergleichliche» heißt. Ein spielender Ephebe, pierrothaft anzuschauen und Gaukler von Geblüt. Er hantiert mit Stäbchen, denen ein Eigenleben innezuwohnen scheint. Er läßt eins, zwei
Bällchen über seinen Körper gleiten, auf die Stäbchen sich
schwingen, in den Lüften paradieren, mit den Fußsohlen sich
vereinen, und man weiß nicht, wer das Bällchen ist: das Bällchen oder er. Unendlich graziös verfährt er mit diesen leichten
Dingen, deren Zahl vielfach ist und deren abgezirkelte Bewegungen zu den seinen in dem anmutigsten Verhältnis stehen.

(4.3.1925, Stadt-Blatt, S. 4)

Die Revue im Schumann-Theater

Was ist eine *Revue?* Etwas, das man Revue passieren läßt, etwas
sehr Buntes, Zusammengesetztes, jedenfalls eine Berückung
der Augen, ein schwelgerisches Kaleidoskop, mit dem sich ein
Sinn nicht weiter verbindet, da es der Unterhaltung der Sinne
dient. Vor phantastischen Hintergründen führen Kostüme miteinander Dialoge, in denen schwingende Beine die Pointen sind.
Früher, zu Giampietros Zeiten, gab man der politischen Satire
größeren Raum, heute meidet man dieses gefährliche Gebiet
nach Möglichkeit und begnügt sich mit Tanz und Mode. Das
Thema ist unerschöpflich, es wird in tausend Abwandlungen be-
arbeitet. Völker, Zeiten, Stile leihen der Augenweide sich her.
Ein prunkhaftes Vielerlei, das allen etwas bietet, weil es von allem etwas enthält. Es beruhigt die tagsüber strapazierten Nerven der Bürger und spiegelt ihnen eine pompöse Äußerlichkeit
vor. Am farbigen Abglanz haben sie in der Revue das Leben.

***

Die Revue des *Wiener Ronacher-Theater-Ensembles* erhebt sich
über die bisher in Frankfurt gesehenen durch die geschmackvolle Pracht der Kostümszenen, die sorgfältige Auswahl der
mitwirkenden Kräfte und die Mannigfaltigkeit der Arrange-
ments. Ihrem Namen «*Der... Die ... Das ...!*» macht sie Ehre.
Die, die die Dies sind, beherrschen das Das der zauberischen
Kulissenwelt und entfalten sich malerisch und beweglich mit
Unterstützung der Ders. Sie sind von schönem Wuchs und zeigen ihn mit sympathischer Offenheit, sie haben rhythmisches
Empfinden und leben es aus. An Gelegenheit dazu ist kein
Mangel. Man trifft sich etwa auf dem Dachgarten des New
Yorker Piccadilly-Hotels und boxt, ficht, tanzt dort oben, wie es
in Hotel-Dachgärten nun einmal zu geschehen pflegt; man versetzt sich in die Zeiten Dornröschens zurück und spielt das
Märchen von ihrem Erwachen; man führt eine Piraten-Pan-
tomime auf, nach venezianischen Fresken gestellt; man feiert
eine Farbenorgie in Blau, dann wieder schimmert man golden;
man verlegt den Schauplatz in eine Straußenfarm und treibt
auf bestrickende Weise Vogel-Strauß-Politik; man verwandelt
sich in eine üppige Vegetation, ein lebendiges Treibhaus aufeinander abgestimmter Pflanzen. Der Verschiedenheit der Orte
entspricht die der Gruppen, andere Farben, andere Sitten, für
Abwechslung ist gesorgt. Was sich immer gleich bleibt, ist der
Reiz des Ewig-Weiblichen, das sich auszieht und umzieht.

***

Gipfelhafte Ereignisse sind die Produktionen der Tiller Girls.
Es mag lokalpatriotisch klingen, doch es hat darum nicht min-
der seine Wahrheit: diese amerikanische Einrichtung nimmt
von Frankfurt ihren Ausgang. Die ersten Tiller Girls nämlich
waren jene Mädchen, von denen Friedrich Stoltze singt:
«Verrzeh Döchter is e Sege,
Verrzeh Döchter is e Wonn!
Verrzeh Barblee[8] for de Rege!
Verrzeh Schermcher[9] for die Sonn!»
Nachfahren dieser vierzehn Töchter sind auch die *12 Lawrence
Tiller Girls* in der Revue; sogar die «Schermcher» haben sie bei-

behalten. Was sie leisten ist unerhörte Präzisionsarbeit, entzückender Taylorismus der Arme und Beine, mechanisierte
Grazie. Sie rasseln mit dem Tamburin, sie exerzieren nach
Jazzmusik, sie kommen als blaue Jungens daher: alles auf
einen Schlag, die reine Zwölfeinigkeit. Technik, deren Anmut
verführt, Anmut, die geschlechtslos ist, weil sie auf die Freude
an Exaktheit sich gründet. Eine Darstellung amerikanischer
Tugenden, ein Flirt nach der Stoppuhr. Wenn eine der Girls
heiratet, sind es nur noch elf. Aber es müßte das Dutzend eigentlich immer voll sein.

***

Andere Darbietungen auch ragen über den Durchschnitt hervor. Ilona *Karolewna* verfügt über Verwandlungsfähigkeit und
tänzerischen Charme, Leo *Ethoff* macht zumal als Reklame
eine gute Figur, und Eugenie *Nikolaiewa* weiß durch Schmieg-
samkeit zu überzeugen; ihnen gesellt als ebenbürtiger Tanz-
partner Conny *Alexiew* sich bei. Ein amüsantes Trio sind die
drei *Crastonians*, die eine schottische Dudelsackmusik vollführen. Das Berliner Element wird durch Lissy *Jungkurth* verkörpert; sie zelebriert mit dem unvermeidlichen Harry *Stoll-
berg*, dessen exzentrische Behendigkeit an Harold Lloyd
gemahnt, den Schlager «Frau Lissy sagen Sie ...», der ein Kern-
stück des Ganzen bildet. Unter den Ensemble-Szenen verrät
die der weiblichen Gents einigen Esprit.

***

Wer es jedem recht machen will, wie es für eine Revue sich
gehört, muß wohl auch dem Ungeschmack Rechnung tragen.
Es geschieht dies verhältnismäßig selten, aber es geschieht.
Man erlebt, daß Königin Luise eigenhändig in historischer Ge-
wandung die Treppe hinabwallt, empfangen von den Huldi-
gungen der Tiller Girls und der blauen Donau. Auch erspart
uns das Wiener Gemüt nicht die Darstellung einer Mutter mit
ihrem Kind und eines feldgrauen Kriegers, die das hohe Lied
der Liebe dem Publikum nahebringen sollen.
Von solchen Entgleisungen abgesehen, befriedigt jedoch «Der,
Die, Das» die Schaulust auf legitime Weise. Amerikanischer

Einfluß macht sich in dieser Revue vorteilhaft geltend, wie
nicht nur die Mitwirkung der Tiller Girls beweist. Wer das Ge-
pränge buntbemalter Seidengewänder und das Flittergewoge
von Kostümfesten liebt, den wird sie nicht enttäuschen.

(19.5.1925, Stadt-Blatt; Feuilleton, S. 1)

Frankfurter Neues Theater

Man sah Frau Maria *Orska* gestern wieder in Verneuils «*Cousine aus Warschau*» als Cousine: exotisch vogelhaft und katzen-
gleich, große Abenteurerin östlicher Provenienz und petite
gosse in eins. In Grün, in Weiß, in Schwarz bewegt sie sich tau-
sendfältig; sie stelzt wie ein Flamingo, das Spiel der Hände ist
Verführung, der grazile Körper kapriolenreich. Das Zynische
liegt ihr ungemein, aber sie kann auch moralisch, da der Autor
nun einmal es will; und mit ihrer erfahrenen, rauhen Stimme,
beherrscht sie jede Situation zwischen Warschau und San Se-
bastian, zwischen Hubert und Archibald. Diesen spielte, den
Frankfurtern zur Freude, Otto *Wallburg* mit dem Tempo, das
ihm eigen – eine einzige Wortkaskade, überstürzt und ge-
hemmt, und die Trottelhaftigkeit des Ehemanns ins unwiderstehlich Burleske erhebend. Zu den Gästen gesellte sich Gerda
Maurus, die blond und sympathisch ihren Liebhaber den dä-
monischen Fängen der Cousine entriß, sowie Oskar *Karlweis*,
der durch liebenswürdige Passivität in Pumps und Pyjama die
beiden Frauen zu bestricken verstand. Das Zusammenspiel
war gut gelaunt, der Beifall unsommerlich groß.

(13.8.1925, Abendblatt; Feuilleton, S. 2)

Heiterer Abend Josma Selim

Das in Frankfurt wohlbekannte Künstlerpaar Josma *Selim* und Dr. Ralph *Benatzky* erbaute am Sonntag eine zahlreiche Zuhörerschaft. Mit Recht, denn die Lieder und Chansons Benatzkys sind die geeignete Kost für das großstädtische Bürgerpublikum, das leichte Ware zu seiner Erholung verlangt. Es läßt sich gern ein wenig verhöhnen, aber nicht zu sehr; es liebt die Gefühle, wenn sie das Dasein recht poetisch verklären; es atmet bereitwillig die Luft der Boheme, vorausgesetzt, daß es die Mansarden nicht betreten muß, und es zieht Erinnerungen an die schönen Maientage peinlichen Novemberstimmungen vor. Benatzky kennt seinen Geschmack, er versteht sich darauf, die Ingredienzien so zu mischen, daß sie der Verdauung nicht schaden. Gedämpfte Schnödigkeit und diskrete Sentimentalität ergeben das gemeinhin Beliebte, der Variationen sind eine Unzahl. Frau Selims abgewogene Vortragskunst wird den Nuancen gerecht, durch die Sorgfalt der Gesten und des Ausdrucks verschafft sie der geringsten Pointe die äußerste Resonanz. Am besten kleidet sie *Alt-Wien*, die Süße überhaupt ist ihre eigentliche Domäne. Karl Kraus sollte ein Einsehen haben, mit einem so liebreizenden Dialekt läßt sie über der Weanerstadt die Sonne auf- und untergehen. Das *Berlinerische* liegt ihr weniger, es wird durch die Niedlichkeit seiner Schärfe beraubt. Immerhin besitzt sie genug Verwandlungsfähigkeit, um auch das Gebiet der modernen Parodien mit Erfolg zu betreten; die Modepassion des Kreuzworträtsels gar hat sie in Fassung gebracht. Das begeisterte Publikum erklatschte sich mehrere Zugaben.

(18.11.1925, Stadt-Blatt, S. 3)

Eishockey im Sportpalast

Die Eisfläche ist spiegelglatt und von einem unirdischen Glanz, wie nur Kältemaschinen ihn erzeugen. Grenzenlos dehnt sich ihr Oval. Rund um sie schichten sich Ränge an, über denen Galerien schweben, die in den Himmel wallen, der eine rötliche Wölbung ist. Ränge und Galerien sind eingefrorene Auswandererschiffe mit achttausend Passagieren an Bord. Sie hängen über die Fallreeps, stauen sich an den Geländern, recken sich auf den Tischen und Stühlen. Harmonien dieser Sphären, von einem Orchester im Weltraum geliefert, toben sich aus.

Die achttausend blicken auf die Eisfläche, die trotz der Hitze ungerührt glänzt. Was hat sie hergetrieben? Was sie bewogen, sich als Riesenschlangen vor den Billettschaltern lange Stunden zu krümmen?

Ein Nichts. Ein einziges schwarzes Scheibchen, ein abstraktes Etwas ohne jede innere Bedeutung. Es könnte der Knopf eines abgeschabten Mantels sein, den man demnächst verschenkt. Der Verlust des Knopfes hätte keinerlei Folgen.

Aber vermöchte ein Nichts achttausend Menschen zu bannen? Es muß ein Zauber sein, ein böser oder ein guter, man weiß es nicht. Tatsache ist: kaum wird das Scheibchen behutsam auf die Eisfläche gesetzt, so ertönt ein Pfeifen, und zwei Parteien streiten sich um seinen Besitz. Sie tragen der Kälte wegen bunte Sweaters und suchen mit seltsam geformten Stöcken das unscheinbare Ding zu erjagen. Aus Gründen der Schnelligkeit haben sie Schlittschuhe angeschnallt; auf einer Wiese ginge es leichter.

Die achttausend sind von der Kampfwut gepackt. Sie empfinden so wenig Mitleid mit dem Scheibchen, als sei es ein Stier. Dabei ist das Scheibchen viel zarter, ein Däumling, in seiner Winzigkeit kläglich. Seine Bemühungen, sich dem Kesseltreiben zu entziehen, sind vergebens. Ob es sich, seine Kleinheit nutzend, unsichtbar macht, ob es mit einem Satz durch den Äther fliegt – die Weißroten und die Schwarzweißen sind unerbittlich hinter ihm her.

Die achttausend jubeln: es ist eingefangen. Gefangen in einem der beiden mächtigen Tore, ihm zum Gefängnis bestimmt. Das Schicksal hat es gewollt; der Sachverhalt wird aufgeklärt werden. Man wird ihm nun keine Ruhe lassen, es zähmen vielleicht.

Schlimmeres begibt sich. Im Übereifer der Kämpfenden setzten die Peiniger das Scheibchen von neuem inmitten der glänzenden Leere aus. Achttausend Augenpaare sind auf das Ding gerichtet, es möchte vergehen vor Scham. Schläge und Gegenschläge wiederholen sich, die Katzen spielen mit der Maus. Geschrei auf den Galerien, die Ränge schwanken, der Himmel stürzt ein.

Warum die Erregung? Wo doch nachgerade die Gewißheit sich befestigt, daß das Scheibchen kein Zauber ist, weder ein guter noch ein böser. Es hätte sonst die achttausend geneckt, Wirrsal zwischen den Parteien gestiftet und zuletzt sich heiter von dannen getrollt. Nein, ein Kobold kann es nicht sein, seine Ohnmacht liegt an dem Tag.

Wenn es aber nur ein abstraktes Etwas ohne jede innere Bedeutung ist: was in aller Welt haben die Weißroten und die Schwarzweißen mit ihm zu schaffen? Noch dazu auf einer Kunsteisbahn, die so viele unnötige Schwierigkeiten bereitet? Von den achttausend zu schweigen, die an der Fahrt nicht einmal unmittelbar beteiligt sind. Geschieht das alles, weil Sonntag ist und an einem Sonntag etwas geschehen muß? Niemand weiß es. Die Harmonien dieser Sphären tönen fort und fort.

(8.1.1926, Abendblatt; Feuilleton, S. 1)

Premiere im Schumann-Theater
Seelöwen, Nymphen, Akrobaten und anderes

Das große Ereignis sind Kapitän *Winstons tauchende Nymphen und Seelöwen*. Der Kapitän, ein ältlicher Herr in Marine-Uniform, durch Zeichen und ein wenig Futterzufuhr mit seinen Tieren sich verständigend. Ein Hofmeister gleichsam, der ihnen den letzten Schliff erteilt; nicht mehr. Sie sind die wohlerzogensten Seelöwen der Welt. Ihr Element ist das Wasser, das ein großes, innerlich erleuchtetes Bassin erfüllt. Das Bassin liegt in einer romantischen Landschaft, damit es nicht so vereinsamt sei. Rechts und links von ihm ragen Ruinen hoch, dahinter erglänzt weit hinaus, im Abendsonnenscheine, das Meer. Schwimmen können andere Seelöwen auch; diese hier sind Künstler, deren Leistungen sich über die trivialen Wassergebräuche beträchtlich erheben. Wenn die Vorstellung beginnt, kriechen sie aus dem Becken heraus und versammeln sich auf dem platten Land, wo sie sich auf kleinen Bänkchen gruppieren. Um sich die Zeit zu vertreiben, unterhalten sie sich, in ihrer Muttersprache offenbar, die im allgemeinen an Hundegebell erinnert, aber in lyrischen Augenblicken zum Schmelz des Vogelgesangs sich läutert. Der Kapitän verlangt, daß eines der Tiere sich als Akrobat produziere. Es tut ihm den Gefallen, die Seelöwen lieben ihren väterlichen Freund. Der Auserwählte watschelt die Stufen zum Bassinrand hinan und wirft ein Bällchen hoch, das er geschickt wieder erschnappt, trägt einen Riesenball durch die Wogen, ohne ihn zu benässen. Ein Tausendkünstler; seine Genossen begrüßen ihn mit Flossengeklatsch, sie sind höfliche Leute. Um das Letzte an Kunst aus ihnen herauszutreiben, wird die Anziehungskraft benutzt, die das weibliche Geschlecht auf die Männerwelt nun einmal ausübt. Zwei *Wassernymphen* erscheinen, grün und lieblich anzuschauen. Auch sie Meisterinnen der Fluten, echtbürtige Nixen, die sich märchenhaft unter Wasser bewegen. Das Bassin ist ihr Salon, sie lassen sich in ihm nieder und betreiben in ihm mit beneidenswerter Atemkunst ihre gepflegten Angelegenheiten. Nun muß einer die Seelöwen sehen, wie sie sich in Salonlöwen verwandeln und das Treiben der Damen sich zum Vorbild nehmen. Man steigert sich wechselseitig in seinen Leistungen. Das Tollste wird ausgeführt, als sei es ein Spaß: man schlägt Räder unter dem Wasser, man vollbringt den Handstandsprung gar. Zweifel sind möglich, wer die überlegenere Gruppe sei. Sie werden dadurch getilgt, daß ein Seelöwe eine ertrinkende Nymphe mit dem Tau ans Land zieht. Kraft und Intelligenz vereinigen sich zu solchem Tun. Daß auch diese im Spiel sei, erhellt aus der Selbstverständlichkeit, mit der sie außer der Reihenfolge ihre Spezialitäten wiederholen.

Nicht leichthin sei behauptet, daß Menschliches sich auf der gleichen Höhe hält. Aber die *Original Asgards Truppe* benimmt sich geradezu seelöwenhaft. Männliche und weibliche Akrobaten verwenden zwei Schaukelbretter, um durch die Lüfte zu schnellen, hoch da droben sich zu begegnen und schließlich in schönen Positionen zusammenzutreffen. Manche der Evolutionen gehen so mählich und geschickt vonstatten, als seien sie unter der Zeitlupe aufgenommen. Ein Mimiker, der geschwinder noch als der geübteste Schnellzeichner arbeitet, ist Ludwig *Amann*. Er wendet sich vom Publikum ab, stülpt sich etwas über den Kopf, macht sich mit ein paar Handgriffen an seiner Kleidung zu schaffen, eins, zwei, drei: Hindenburg steht vor seinem Volk. Nach etlichen Sekunden spricht Briand von der Tribüne herunter. So wandelt es sich von Ebert zu Eckener, von Friedrich dem Großen zu Bismarck. Die ganzen illustrierten Zeitungen werden lebendig. Das Publikum klatscht überall: bei der Republik und bei der Monarchie, es weiß nicht recht.

Die Jongleurkunst ist auch gut vertreten. Ein *Ritter* tritt mit seinem *Knappen* auf, der die Kraftleistungen des Gebieters drollig verhöhnt. Der Hüne läßt schwere Kugeln auf seinen Rücken poltern, wirft mit einem Riesengeschoss und verleiht, was immer er Nützliches unternimmt, dem Gewichtigen den Anschein der Bagatellenhaftigkeit. – Ein anderer, *John Olms Co.*, der Uhrenkönig genannt, läßt Uhren der verschiedensten

Größe und Konstruktion verschwinden und zaubert sie dann wieder an abgelegenen Orten hervor. Das reinste Fundbüro. – Zauberhaft sind auch die fliegenden Funken und elektrischen Erscheinungen, die *Lanti und Melitta* erzeugen. Sie walten über den Hochspannungen und verschicken knatternd Lichtkräfte durch den Raum. Man kommt mit dem Leben davon. In den musischen Künsten exzelliert die Soubrette Eda *Harloff*, ein pfiffiges Wesen, das sich einfach aufs Kunstpfeifen verlegt, wenn es nicht mehr singen mag. – Das Ballett *Skaskas* entfaltet sich mit Spitzenschritt im Farbenrausch. Am besten ein zierlich ausgeführter Pizzicato, dünn und genau.

(4.2.1926, Stadt-Blatt, S. 3)

Revue Confetti

Ins *Schumann-Theater* ist das Münchener Deutsche Theater mit seiner Revue eingezogen. Sie geleitet eine Art von Faust durch etliche gleißende Wunder unserer Zivilisation zwischen München und Berlin. Der gute Mann wird mit Unterstützung von Rudolf *Nelsons* schmissiger Musik gehörig verführt. Vor allem durch die *Violet-Girls*, die in immer neuen Kostümen ihre schönen Beine geometrisch entfalten. Weniger abstrakt gebärdet sich eine andere Mädchenreihe, die ersichtlich aus München stammt. Wo man nur hinblickt: überall Girls. Gleich zu Anfang im *Kabarett* machen sie von ihrem Hausrecht ausgiebig Gebrauch. Tänzerisches strömt in Massen hernieder. Man freut sich hier und später einer weiblichen Grotesktänzerin; auch Alfred *Jackson* kommt exzentrisch daher. In einer anderen Szene wird zeitgemäß Sport betrieben. Weibliche Turnerriegen suchen Wege zu Kraft und Schönheit; sie üben mit Eifer vor gemalten antiken Statuen und einem Gobelin, der auf Verlangen durchsichtig wird. Der so begrenzte Raum ist zugleich der Kosmetik geweiht. Eine strenge Dame leitet ihn: vorne ist sie bis an den Hals schwarz bekleidet, den Rücken jedoch hält sie sich frei. «Wie Stresemann», bemerkt Faust alias Willi *Schaeffers*, der in die Schaugerichte unentwegt das Salz seines Witzes pfeffert. Es ist mehr berlinisch als attisch. Er läßt sich drollig massieren und unterhält als Stütze des Ganzen einen lebhaften Verkehr mit dem Publikum. Sein Partner ist Leo *Peukert*, der Regisseur, der sich kaum minder als Lebenskünstler erweist. Die beiden wandern von Bild zu Bild, es ist köstlich, sie immer wieder zu finden. Zaubert dieser als Fakir, so ist jener gewiß sein Impresario; verwandelt sich der eine in einen Salontiroler, so singt auch der andere seine Schnadahüpferln. Ein Duett, das durch Christl *Mardayn* ergänzt wird, die gar liebreich Gesangshöhen erklimmt, sei es als moderne Frau oder duftig als eine Vision. Mit ihr vereint sich zuweilen Oscar *Sachs*, dessen Oberbayerisch sich graunzend ergeht und viel zu schollenhaft ist, um aus Wien zu sein. Zwischen den Couplets produziert sich wiederholt das Tanzpaar *Karinska* und *Dolinoff;* dieser, der athletisch geraten ist, schwingt seine Partnerin zu schönen Stellungen rhythmisch empor. In einer originellen Szene «*Zeitlupe*» scheint sie einsam durch die Luft zu schweben, wie es sonst nur auf der Leinwand geschieht. Dann wieder begibt sich das Paar in die Wüste; er verduftet mit ausdrucksvollen Gebärden, sie umtanzt ihn als Fata Morgana. Andere Szenen geben dem ganzen Ensemble Gelegenheit zu bunter Prachtentwicklung. Man beliebt etwa quicklebendiges Badetreiben am heimischen Starnberger Strand, oder veranstaltet eine Schau erlesener Diamanten. Schmücken diese sonst Hälse und Hände, so ziert hier rosiges Fleisch im Ausschnitt die glitzernde Fülle. Auf die *Ausschnitte* überhaupt kommt es an, wie sie frei gelassen sind, wie sie sich zeigen. Man bringt die bewährten Mischungen, die Kostüme selber wechseln kaleidoskopartig im üblichen Revuestil. Die Girls in Jacken und Hosen sind von netter Linienhaftigkeit, wenn sie sich schräg aneinander schmiegen. Als Zigaretten-Allegorien machen sie einen Dunst vor, der nicht blau ist.

Grünlich winden sie sich in den *brennenden Wald* herein – eine
lebendige Schlange, deren Auf- und Abgleiten zu den besten
Tanzmustern gehört. Das Bild selber, das, wie es heißt, zum ersten Male in Deutschland aufgeführt wird, ist von einer optischen Wildheit, die durch wer weiß welche Maschinerien
hier eingefangen ist. Tannenbäume, innerlich rotglühend, purzeln zu Boden und begraben mehrere Leichen. Dazwischen
lodern niedliche Feuersbrünste, der Horizont auch ist illumi-
niert. Lauter visuelle Ausschweifungen, die gewöhnlich in
Apotheosen endigen. Als Ruhepunkte sind einige Wortszenen
eingestreut. Ein *Sketch* etwa, dessen Sprachfügungen dem
Publikum anheimgestellt sind. Dieses kann einen beliebigen
Buchstaben vorschlagen, mit dem nun alle Worte beginnen
müssen. Die alteingebürgerte Improvisation glückt stets. Es
bewegt sich vielerlei zu Walzer- und Jazzmusik, die Hintergründe sind zahlreich wie die Beine, und man hat wieder einmal einen Querschnitt durch die Vordergründe unseres
bewegten Daseins. Daß das Publikum ihn als amüsant empfindet, ward durch den Beifall des vollbesetzten Hauses bewiesen.

(17.4.1926, Stadt-Blatt, S. 5)

Gastspiel Tilla Durieux in Frankfurt

Im Frankfurter Neuen Theater spielte Tilla Durieux mit eigenem Ensemble einen (von Harry Kahn verdeutschten) Drei-
akter des Italieners *Nicodemi: «Der Schatten».* Das Stück beschwört mit ganz geschickt geführten Dialogen einen
Seelenkonflikt herauf, aus dem es sich dann nicht zu helfen
weiß. Eine seit langem gelähmte Frau hat einen kerngesunden
Künstler zum Mann, der bei aller Zärtlichkeit für sie mit ihrer
Freundin eine geheim gehaltene Beziehung eingeht, wie sie
seiner Gesundheit zukommt. In dem Augenblick, da die Legali-

sierung dieser Beziehung sich als notwendig erweist, wird die Kranke wieder gesund und entdeckt das hinter ihrem Rollstuhl betriebene Liebesleben. Was nun? Wird eine der Überzähligen beiseite geschafft? Empfiehlt sich Wiedervereinigung oder Scheidung? Der in seiner eigenen Schlinge gefangene Autor kann sich vor lauter Seelentum zu nichts entschließen und läßt darum die arme Frau an der Seite ihres Mannes als resignierten «Schatten» weiter leben; woraus die Schattenhaftigkeit dieser Sorte von Psychologie drastisch erhellt. Die große und bewußte Kunst der Frau *Durieux* indessen vermag auch Schatten das Leben zu schenken. Sie gab die Gelähmte in einem unerhört gesammelten Spiel, das von den leisesten nervösen Regungen bis zu den schnell gehemmten Entladungen des gebrochenen Wesens über jedes darstellerische Zeichen gebot. Wie sie im Krankenstuhl mit dem spiegelhaften Gesicht die Schwingungen des Unterbewußten mit einbezog; wie sie beim ersten Gebrauch der fremd gewordenen Hände genau die Töne zwischen Lachen und Weinen traf; wie ihr Gang am Krückstock sprach und ihre Stimme nach der Entdeckung des Liebesverhältnisses sich ins Dunkle verkroch – dem bleibt nichts hinzuzufügen mehr. Aus der wundersamen Kälte des großstädtischen Intellekts stammt dieses Spiel; es ist unmythisch schlechthin. Umso ergreifender, wenn zuletzt doch die arme, ferne Natur durchschlägt und in den Bereichen des Durchsichtigen, Gläsernen sich manifestiert. Der seriöse Arzt Ernst *Karchows* und Ernst *Stahl-Nachbaur* als der durch den Autor in immerwährende Verlegenheit gesetzte Gatte hoben sich aus dem Ensemble hervor. Frau Durieux mußte oft erscheinen.

(26.5.1926, Abendblatt; Feuilleton, S. 2)

Zirkus Hagenbeck

Er ist mit seiner großen Menagerie in *Frankfurt* eingezogen; eine Internationale der Tiere. Unter der Zeltleinwand in der Riesenmanege entfalten sie sich, nach ihren Arten geschieden. Pferde aus allen Zonen, in allen Farben, von Trakehnen bis Arabien ist nur ein Schritt. Alaska hat seine Seelöwen beigesteuert, Indien Wasserbüffel und Elefanten entsandt. Aus Afrika die Dromedare, Kamel und Tigerpferde halten in der Fremde gute Kameradschaft. Die Berberlöwen und bengalischen Königstiger sehen wie aus den Kinderbilderbüchern aus, plötzlich und furchtbar. Wo die Kontinente beisammen sind, dürfen die Pole nicht fehlen. Sie geben, auf einen Wink Amundsens hin, ihre Eisbären her und einen *See-Elefanten*, der wie eine wabbelige Monumental-Schildkröte auf seinem Piedestal sich ausbreitet und in Melancholie versinkt. Er ist durch eine eigene Südpolar-Expedition nach Deutschland gebracht worden. Es gefällt ihm hier nicht.

***

Die Fauna bewegt sich rhythmisch und bildet geometrische Muster. Da ist von Dumpfheit nichts mehr geblieben. Wie das Anorganische zu Kristallen zusammenschießt, so fährt der lebenden Natur die Mathematik in die Glieder, und Klänge regeln die Triebe. Die Tierwelt auch bekennt sich zum Jazz. Unter Hackanson Petolettis Schenkeldruck tanzt ein Vollbluthengst die Valencia und glänzt in Synkopen; obwohl er aus Hanover stammt. Die Elen-Antilope und das hochbeinige *Guanaco* haben ihre Springtalente ausgebildet. Jedes Tier wirkt nach seinem Vermögen an dem Aufbau des Figurenreichs mit. Fromme Brahminen-Zebus, schwarze tibetanische Kragenbären und Elefantenmassive: alle fügen sich den Gedanken, die sie nicht gedacht. Sie harren still auf Bütten als lebende Bilder, stellen die grade Linie dar, sammeln sich zum Punkt und rollen sternengleich auf. Das dickste Fell wird von der dünnsten Idee durchdrungen, die Macht des Geistes bewährt sich wunderbar. Mitunter scheint er die Natur nicht nur hinterrücks zu überwältigen, sondern in ihr selber offenbar. Die Seelöwen jonglieren, als seien sie von Vernunft beseelt. Ihre spitzen Schnauzen werfen hoch und fangen wieder, was immer sie von Kapitän von Borstel, ihrem Erzieher, erhalten: Fackeln, Bälle, Zylinderhüte. Dazwischen fressen sie Fische zur Stärkung der Halsmuskulatur; durchaus vernünftig.

***

Es bedarf der menschlichen Vermittlung, damit die zoologischen Kompositionen entstehen. Weiblicher Einfluß bewegt den Wüstenkönig dazu, auf dem Rücken eines Gaules sein begrenztes Gebiet zu durchfliegen. Madame befiehlt, und er ist ihr zu Willen. Andere Großbestien sträuben sich schrecklich. Es widerstrebt ihren Instinkten, sich im Kreis anzuordnen und gesittet zu springen. Hagenbecks *Dompteure* aber triumphieren über das Element. Sie sind in die Landesfarben der Tiere gekleidet und verständigen sich mit ihnen in ihrem Idiom. Langwierige Unterhandlungen entspinnen sich oft. Dem ausdrucksvollen Brüllen und Fauchen wird durch Zwischenrufe begegnet, eine erregte parlamentarische Debatte, die Peitsche fährt als Präsidentenglocke dazwischen, und am Ende bilden sich die tierischen Schnörkel. Auch die menschlichen Leiber beteiligen sich mitunter an dem Legespiel. Fred Petoletti steht und liegt auf wilden Rossen, die Möller Brothers scheinen Centauren, die Schwestern Carré aus der alten Zirkusdynastie voltigieren rosig auf den grauen Pferderücken.

***

Zu den höchsten Abstraktionen lösen sich die Menschen selber auf. Der Mann Heros ist die Kraft schlechthin. Sein gewaltiger Körper verflüchtigt sich zu einer physikalischen Idee, wenn er Kugeln rollt, die nicht aus Pappe sind. Er schleudert ein Torpedo in die Höhe, *hundert Kilo* Gewicht, die Eisenmasse droht auf sein Hirn zu fallen, aber blitzschnell beugt er den Kopf und empfängt die Last mit dem schwergeprüften Rücken. In den Lüften lebt sich die Alberty-Truppe aus. Sie ist eine einzige Kombination von Schwüngen. Von Trapez zu Trapez zieht sie astronomische *Kurven* durch den Raum. Eine Dame, Kopf nach unten, ist der Fänger, in dem Festland ihrer Hände gelangen die Kurven zum Ziel. Erdhafter sind die arabischen Akrobaten, wenn sie auch die Erde nicht häufig berühren. Zehn an der Zahl, wachsen sie zu *Pyramiden* auf, die mit zwei Beinen nur auf dem Boden stehen, und versachlichen sich schreiend zu Rädern. Die Seele wird zur Stereometrie.

***

Zwischen den Nummern treiben die *Clowns* und Auguste ihren traditionellen Schabernack. Wenn sie hinter den Eisengittern knurren, lacht das Kind im Manne. Sie möchten auch elastisch und linienhaft sein, aber es will nicht recht, die Elefanten sind geschickter, man hat zu viel innere Widerstände, irgendein Kobold macht einen Strich durch die ausgeklügelte Rechnung. Auf dem Kopf führt einer ein piepsendes Vögelchen mit sich. Sie sind so talentvoll, sie bemühen sich so sehr, und doch gelingt kein Zaubertrick, es sei denn der unbeabsichtigte, den sie nicht wollen, die Materie stellt ihnen ein Bein, ihr liegt nichts daran, zu verschwinden, lieber erlustigt sie sich harmlos und denkt sich nichts weiter dabei, als daß sie eben vorhanden ist.

(19.6.1926, Abendblatt; Feuilleton, S. 1)

Geh'n wir mal zu Hagenbeck

Draußen an der landwirtschaftlichen Halle ist das Riesenzelt aufgebaut, mit dem Orchesterpodium am Eingang, nach der alten Zirkusweise. Das Publikum staut sich vor den Portalen, immer wieder ist es von diesen Improvisationen berauscht, die über Nacht hereinbrechen und eines Tages unversehens entschwinden. Um das Zelt steht der Wagenpark, die Lichter brennen in den fahrbaren Wohnräumen, romantisch, zigeunerhaft, die Knaben träumen davon. Hinter dem Zaun hört man es knurren, man ahnt die Ställe und Käfige mit ihren Insassen, die exotisch sind. Bald werden sie es nicht mehr sein, wenn auch der Mittelstand über Asien fliegen kann. *Inder* und *Lappen* lagern auf dem Platz, nach Väterart angetan, die einen frieren, den andern ist es zu warm. Sie alle, ob sie aus dem Norden oder dem Orient stammen, hegen den Wunsch nach Zigaretten, die ein internationaler Bedarfsartikel sind wie der Jazz. Die ganze Völkerschau hat gleich nach ihrem Eintreffen den *Somalinegern* im Zoo eine Anstandsvisite abgestattet. Dafür saß bei der Eröffnungsvorstellung das Negerdorf grinsend um die Manege, in dekorativen weißen Burnussen, und freute sich über die abessinischen Dromedare und die zentralafrikanischen Tigerpferde, die ihnen Grüße aus der fernen Heimat brachten.

Die Hagenbecksche Menagerie ist ein umfassendes Kompendium der Erdfauna. Man muß die Ställe durchwandern, in denen sich die ganze Zoologie ein Stelldichein gibt, wie bei einem internationalen Gelehrtenkongreß, nur die besten Vertreter sind abgesandt worden. Menschen und Tiere sind aufeinander eingespielt, man liest sich die Wünsche an den Augen ab und geht willfährig auf vernünftige Forderungen der Gegenseite ein. Wenn es etwa Herrn Bradbury Freude macht, daß die *Elen-Antilope* springt, so springt eben die Antilope. Sie ist sich nicht zu gut dafür, obwohl sie das *erste dressierte* Tier ihrer Rasse ist. Aber man muß den Menschen entgegenkommen, sie sind ein unvermeidliches Übel. Über Brahminenzebus, kontemplative indische Rinder, die in der Heimat Rabindranath Tagores die Verehrung der Gläubigen genießen, setzt die Antilope hinweg. Sie zieht die Beine so hoch, daß sie über dem Kopf zusammenschlagen, schöne, wohlgebildete Beine, wie die vielbeachteten des Läufers Nurmi, schwebt für einen Augenblick zeitlupenhaft über den buddhistischen Heiligen und landet jenseits sicher auf dem Flugplatz.

Herrliche Evolutionen vollführen die Pferde. Eine Jahrhunderte alte Tradition verbindet sie mit den Menschen, in deren Dienste sie ihre Schönheit, ihre erlesene Tugend und ihre Pferdekräfte von jeher gestellt haben. Schon die Mythologie weiß von ihnen zu berichten. Sie haben sich den veränderten Zuständen angepaßt und tanzen jetzt die meisten Schlager. Eine besondere Verehrung empfinden sie für Altmeister Hackanson *Petoletti*, der mit unvergleichlicher Grazie die *hohe Schule* reitet. Unter seiner Leitung ist ihnen kein Pas zu schwierig; man wird nicht oft in den Ballsälen die Valencia so haben tanzen sehen. Wenn der Meister es will, dann rotten sich die Trakehner zu kunstreichen Figuren zusammen, arabische Vollbluthengste spielen Ringelreihn, und die genial Begabten stellen sich menschlich auf die Hinterbeine, um nach vorwärts und rückwärts haushoch aufgereckt zu entschreiten.

Es gibt auch Dulder unter den Pferden. Sie tragen, was das Schicksal schickt, und wenn es ein *Löwe* ist. Es ist kein Geringerer als ein Löwe, der, angeregt durch Freiligrath, auf einem schlichten Gaul seinen Inspektionsritt durch die Manege macht. Friedlich trabt er dahin, es ist alles in Ordnung, die Duldermiene des Gauls hellt sich auf. Zwei Damen üben einen sänftigenden Einfluß auf das Großkampftier aus: Mme. Berthe *Haupt*, die mit gütigem Peitschenknallen die erregten Nerven ihres Schützlings beruhigt, und die betagte Amme des Löwen, eine Foxterrierhündin, die es sich nicht nehmen läßt, das Kind auf seinen Kunstreisen zu begleiten. Es ist ihr mittlerweile über den Kopf gewachsen, steht aber immer noch unter dem Pantoffel. Wenn die Amme bellt, duckt sich der Löwe still, er hat eine gute Erziehung genossen. Manchmal hüpft er anmutig von Podest zu Podest, die Amme ist gerührt, wie das Kind so gelehrig ist.

Ab und zu ziehen sich die Tiere aus der Manege zurück. Man kann es ihnen nicht verdenken, daß sie auch einmal unter sich sein wollen, das Publikum ist doch eine gewisse Störung. Dann beschäftigen sich die Menschen allein, damit der Schauplatz nicht leer steht. Luftkünstler beschreiben Kometenbahnen im Raum, und unten auf dem Erdboden verrichtet ein Mann die zwölf Arbeiten des Herakles. Voilà un homme, welch ein Mann! Er ist der Weltchampion der *Kraftjongleure* und nennt sich aus diesem Grunde *Heros*. Eisenkügelchen von zwanzig Kilo lassen sich in seinen Händen wie Gummibälle an. Sie werden herumgereicht, man kann sie nicht heben und schämt sich der menschlichen Schwäche. Der Heros spottet ihrer, sein Genick gleicht einer Panzerplatte, das eiserne Zeitalter scheint mit ihm neu erstanden. Seine Gehilfin tänzelt herbei, sie weist Fähnchen vor, auf denen die jeweils bewältigte Kilozahl verzeichnet ist. Bis zu hundert Kilo bringt es der Held. Zwar, die *hundert* sind auch für ihn keine Kleinigkeit, doch er balanciert sie gewandt, ohne sich von ihren gewichtigen Argumenten niederzwingen zu lassen. Die Sehnsucht nach dem starken Mann findet ihre Erfüllung in ihm.

Was gäben die *Auguste* und die *Clowns* dafür, wenn sie es zu solchen Leistungen brächten! Sie brüllen wie die Löwen und jagen niemandem Schrecken ein. Sie fassen den Vorsatz, einen kleinen Sprung zu tun, und finden nicht die geeignete Stelle für das Wagnis. Ihre Zaubereien mißlingen, ihre Akrobatik ist eine einzige Purzelei. Aber wenn sie purzeln, geschieht es akrobatisch, und ihre Fehlschläge wirken zauberhaft. Das Rechte ereignet sich bei ihnen am unrechten Ort, aus Zufall; was sie wollen, ereignet sich nicht. Sie treiben die altbekannten Späße, die immer wieder zeitgemäß sind, solange Kobolde die Dinge und Wesen verstellen.

(20.6.1926, Stadt-Blatt, S. 3)

Zu dritt im Schumann
Zur Premiere des zweiten Oktoberprogramms

Im Kriegswagen kommt eine schöne Frau angefahren, Claudia *Alba*, antik gewandet, eine Amazone. Sie verbindet Grazie mit Kraft, woran ihr Begleiter glauben muß, den sie umdreht oder in die Höhe hebt, so eine Frau sollte man haben, man brauchte für den Sport nicht mehr zu sorgen. Außerdem stemmt sie Kugeln und wirft sie sich auf den Nacken. Pazifistisch ist sie nicht. An einem Trapez hängend, schießt sie eine Kanone ab, die sie mit den Zähnen im Schwebezustand hält. Dann verneigt sie sich lieblich, der Kontrast ist groß. Man möchte ihr nachts nicht allein begegnen.

Joy Bells chinesische Gladiatorentruppe übt mit Lanzen, Schwertern und Ketten. Ihre feine Gewandtheit triumphiert über Schneiden und vorschnellende Spitzen. Sie treten gegeneinander an und jagen sich die Speere in die Leiber, die sich gerade rechtzeitig noch vorbeiwinden, um sich unversehrt wieder aufzurichten; zwischen den Stichen bleibt kein freier Raum mehr. Auch werden rasselnde Dreizacke umhergewirbelt, die nach und nach sich verselbständigen und nun ihrerseits mit ihren Trägern Bewegungsspiele treiben. Von den Dreizacken regiert, drehen diese sich durch die Luft.

Die Gruppe der drei *Boundings Bounders* besteht aus einem Mädchen mit einer wundervoll frechen Fistelstimme, einem älteren vergnügten Herrn und einem jungen Burschen, der zu seiner Zerstreuung Räder schlägt. Der Herr benutzt seinen Aufenthalt auf der Bühne dazu, sich mit dem Mädchen zu unterhalten, bis es ihm genug wird, einen Violinkasten herbeizuholen, dem er ein Taschentuch entnimmt, mit dem er sich abtrocknet, dann stellt er den Kasten wieder hin, und solcher bedeutender Handlungen mehr. Mitunter läßt er sich vom Trampolin in die Höhe schnellen. Zwischen Himmel und Erde lebt sich's schön; kein Wunder, daß er vergnügt ist. Mit *dem* Mädchen und seiner Krawatte, die wie ein Rolls Royce hupt, wenn er daran rührt.[10]

(17.10.1926, Stadt-Blatt, S. 3)

Revue Nr. 1 der Wintersaison
München im Schumann-Theater

Die Revue kommt aus dem *Münchener Deutschen Theater* zu
uns mit allen möglichen Girlkomplexen, Kostümen aus Werkstätten und einer winzigen Handlung, die das Ganze zusam-
menhält, ohne die Teile miteinander zu verbinden. Es geht bewegt her in dieser «*Nacht der Nächte*», die so heißt, weil ein
Prinz sich vornimmt, sie zu ihr zu machen. Um ihn herum werden geometrische Beinschwünge verübt, immer dieselben, in
immer verschieden ausgeschnittenen Gewändern. Die Ausschnitte überwiegen mitunter. Die Girls tragen bald aufeinander abgestimmte Schellen um den Hals, mit denen sie nett klin-
geln, bald nahen sie mit Saxophonen bewaffnet, aber zu
anderen unerfindlichen Zwecken. Den Eindruck der Masse erwecken sie nicht, man kann sie noch zählen. In Amerika könnte
man es nicht. Vor ihrer gleichförmigen Pracht, die sich wie ein
rotes Fädchen durch die Bilder zieht, werden Solotänze ausgeführt: gymnastische und andere, häufig in schöner Bewegtheit,
mit einem Höchstmaß von Mensendieck. Es ist erstaunlich, wie
dieselben Motive sich unbegrenzt abzuwandeln vermögen. Ein
Kaleidoskop. Damit das von Farben überströmte Publikum ab
und zu aus dem Schauen herauskommt, in dem es sich sonst
verlöre, werden Gespräche zwischen den Hauptpersonen geführt. Sie sind jedenfalls zum Lachen, gleichviel, wie man über
ihren Inhalt urteile. Eine Szene im Senderaum einer Funksta-
tion ist originell gestaltet, und Hans *Albrecht* als Oberbayer
wirkt unwiderstehlich komisch. Auch sonst erinnert manches
an die Münchener Herkunft der von Leo *Peukert* geleiteten Revue. Man ist dort unten auf Sowjet-Rußland nicht gut zu sprechen und zieht der Revolution die Evolution vor – Gedanken,
die eine ihrer Größe entsprechende tänzerische Darstellung erhalten. Die kunstgewerblichen Hintergründe und Staffagen, die
nicht minder aus München stammen, verhindern etwas das
Hervorbrechen exzentrischer Möglichkeiten und geben der
bunten Reihe einen Anstrich von Solidität, gegen die Hugo

Fischer-Köppe in seiner Eigenschaft als Berliner Junge zum Glück immer wieder mal angeht. Seine Fixigkeit bestimmt das Tempo vor und auf der Bühne.

(3.11.1926, Stadt-Blatt, S. 3)

Das Berliner Metropoltheater im Schumann-Theater
Eine Doppelrevue

«Welches ist das betörendste Gift? Das Weib.» So fragt, so antwortet Else Berna, die Hauptdarstellerin der *Metropoltheater-Revue* und vergiftet dann das Publikum mit sich selbst und den Girls vom Metropol. Die Mädchen tanzen und bilden geometrische Muster, wie es sich für eine Revue gehört, die Beine und Kostüme sind hübsch. Das übrige auch. Eine schöne Gruppe ist die einer Rose, deren Riesenblüte sich öffnet und schließt. In einer Übersicht über historische Tänze wird der Schieber: «Im Grunewald ist Holzauktion» stilgerecht zelebriert, auch die Rokoko-Pagen und die Cancan-Tänzerinnen machen gute Figur und Figuren. Trotz des Hauptschlagers: «Das hat die Welt noch nicht gesehn» hat die Welt die meisten Figuren schon gesehen. Am originellsten ist die lustige Varieté-Szene, in der eine Dame ein Pony springen läßt. Das Pony ist künstlich, es ist, wie sich später herausstellt, eigentlich ein Mann, darum auch erscheint die ganze Pferdeanatomie sehr drollig verrenkt. Das Tier verübt vier- und zweibeinige Tänze, die unsere gewohnten Begriffe auf den Kopf stellen – eine Grotesknummer, weit über dem Durchschnitt. Und dann ist Leo *Morgenstern* vorhanden, ein dicker humoristischer Berliner Herr, der fortwährend in die Handlung eingreift und manche erheiternde Zwischenfälle arrangiert, die das dünn instrumentierte Spiel angenehm unterbrechen. Sein Partner ist Charlie *Brock*, ein Schwerenöter, wie man so sagt, dem in der Revue zum mindesten keine Frau widersteht. Außer diesen beiden Herren scheint es weitere nicht zu geben, denn alle anderen Herren sind Mädchen. Als junge Gents in Straßenkostümen sehen sie übrigens reizend aus.

Die Revue der Großen umrahmt die der Kleinen, die von der Welt seltener gesehen wird. Singers Midgets-Revue ist eine *amerikanische Zwergenschau*, die eine Fülle von Produktionen bietet. Die Vorführungen sind sonderbar aufreizend. Es ist ja nicht so, als ob man durch das umgekehrte Opernglas die normalen Proportionen verkleinert erblickte, vielmehr, man hat (wenn dieser Vergleich gestattet ist) die Sensation, in ein menschliches Aquarium zu schauen. Auf einem schönen, zarten Frauenkörper sitzt ein altes Gesicht, das nicht ganz zu ihm passen will, alle Erscheinungen sind ein wenig verzerrt. Ihr Heraustreten aus den absoluten menschlichen Maßen rückt auch ihr Wesen uns fern, sie bilden eine Welt für sich, deren Gleichheit mit der unsrigen immer wieder erstaunen läßt. Diese durch das Kleine hervorgerufene Abgesperrtheit erzeugt wohl den schmerzlichen Ausdruck der Augen und drängt bei den Beschauern das Lachen dort auch zurück, wo es am Platze wäre. Die Leistungen der Truppe sind außerordentlich. Ihre *Jazzband* vollführt auf normalen Instrumenten, die nur eine eigene liliputanische Tastatur besitzen, eine unverfälscht niggerhafte Musik, scharf und exakt im Rhythmus, sogar das zu Heidelberg verlorene Herz scheint in den *U.S.A.* zu schlagen. Der winzige starke Mann, der ein Pferd mit Reiter zu heben vermag, gleicht der Ameise, die einen Grashalm schleppt, der bei der Umrechnung auf unsere Größenverhältnisse sich als haushoher Balken erwiese. Traurig schön sind die Fragmente aus einer New Yorker Revue: die Herrchen in Smoking, die Dämchen in Prunkphantasiegewändern, die ein Parkett von Millionären entzückten. Eine *Kopie aus der Riesenwelt*; wie Marionetten in einem Glaskasten bewegen sich und singen die Figuren. Einer zaubert dann, als chinesischer Magier piepst er deutsche Sätze, gewandt wie der Blitz, eine Märchengestalt.

Oder sie reiten im Braus dahin, kaum daß die Pferde von der Stelle kommen, denn auch die Zeit ist verkürzt. Die Miniatur-Boxkämpfe sind lächerlich und entsetzlich; dicht wie Schneeflocken in einer Glaskugel folgen sich die Schläge. Bei dem Schlußbild, das alle Darsteller der Doppelrevue vereinigt, sind die Zwerge mit dem Girlensemble zu einer einzigen Gruppe zusammengestellt. Nur in einem Lachkabinett erscheinen die Dimensionen ähnlich durcheinandergerüttelt.

(3.2.1927, Stadt-Blatt, S. 3)

Frankfurter Gastspiel Curt Götz

Curt Götz, der Autor und Darsteller, eröffnet im Frankfurter *Neuen Theater* ein kurzes Gastspiel mit seiner Komödie: «*Was sollen wir spielen oder Hokuspokus*». Sie bringt in einer Rahmenhandlung ein Lustspiel unter, das sich zu einem Tendenzstück erheben möchte, es aber bleiben läßt, weil es ein Lustspiel ist. Die auf Situationskomik gestellte Rahmenhandlung verwickelt Typen aus dem Theaterleben in Gespräche von gemäßigter Aktualität. Ein aufgeregter Theaterdirektor steht, immer wieder einmal, vor der Pleite; sein dämlicher Dramaturg verschafft ihm in letzter Minute das neue Stück eines berühmten Dichters, das aber nicht von dem Dichter stammt, sondern von dem Dramaturgen, was Gelegenheit zu einer Betrachtung über den Bluff mit bekannten Namen gibt; ein Kassierer ist nicht abergläubig genug und ein Kritiker unfehlbar. Der Kritiker ist nach dem Leben modelliert, wenigstens publiziert auch er unter römischen Ziffern winzige Abschnitte in einem Tageblatt. Es fallen Bonmots, die auf Zustände anspielen, ohne Menschen zu verletzten und ihres Erfolges auf das zart gezauste Publikum sicher sind. Aus dem lustigen Gerüst quillt das Lustspiel, eben jenes Glück des berühmten Dichters, von

dem es nicht ist. Seine Fabel bietet dem Kenner von Detektiv-
romanen keine Überraschungen mehr. Bei einer Bootsfahrt
mit seiner Frau verschwindet ein armer Maler, dessen Bilder
nicht gekauft worden sind. Nun gehen die Bilder zu hohen
Preisen ab, doch die Frau kommt als des Mordes verdächtig auf
die Anklagebank. Der Maler ist natürlich gar nicht ermordet
worden, sondern greift quicklebendig, wenn auch inkognito,
fortwährend in die Handlung ein und enthüllt am Ende seine
Identität mit sich selbst. Die Gerichtsverhandlung des zweiten
Akts ist der Ansatz zum Tendenzstück. Der Staatsanwalt konstruiert auf Grund der Indizien einen überlegten Mord, der
Verteidiger folgert aus den gleichen Indizien die fleckenlose
Unschuld. Diese Szene, in der bewiesen wird, daß Indizien
nichts beweisen, ist aus dem Bedürfnis zu überzeugen etwas
zu lang geraten. Doch geht das Ganze hübsch zusammen und
enthält Dialoge von einigem Charme, deren milde Schlagkraft
den Theaterroutinier verrät. Auch die Übergänge von und zu
den Causerien des Vor- und Nachspiels sind adrett bewerkstel-
ligt. – Unter den Darstellern, die alle in Doppelrollen auftreten,
glänzte Hermann *Vallentin*, der die Lachmuskeln des Publikums in ununterbrochene Bewegung setzte. Sein lispelnder
Theaterdirektor ist ein Meisterwerkchen der Komik, und das
verächtliche Achselzucken, mit dem er als Verteidiger, ganz
eingehüllt in den Pomp der Suada, den Vertreter der Anklage
traktiert, mögen die Anwälte studieren. Curt *Götz*, der Schau-
spieler, lieh dem sächselnden Dramaturgen die erwünschte
Trottelhaftigkeit und hat sich den weltmännischen Maler, der
frech und sympathisch ist, ersichtlich auf den Leib geschrieben. Aus dem Ensemble wäre noch zu erwähnen: Valerie von
Martens, die sich als Angeklagte mit entzückend gespielter
Unschuld verhören ließ, der vornehme Gerichtspräsident
Walther *Steinbecks* und Willy *Buschoffs* zurückhaltender Staatsanwalt. Das Publikum klatschte auf offener Szene und verließ
amüsiert das Theater.

(8.3.1927, Abendblatt; Feuilleton, S. 2)

Haupt- und Staatsaktion im Schumann-Theater [11]

Die Haupt- und Staatsaktion im Schumann-Theater ist zur Zeit *Sam Wooding* mit seinem *Neger-Jazz-Orchester*. Ein immer freundlich lächelnder dunkler Herr, dessen dünnes Stöckchen die Evolutionen der Saxophone, Klarinetten, Trompeten und des Schlagzeugs regiert. Wundervolle Klangbilder bringt die Truppe hervor, es rauscht wie aus Urwäldern, höhnisches Gelächter gellt in das süße Pianissimo hinein, und die im Dunkel schwelgende Sehnsucht wird durch lautes Getümmel entzaubert. Aus dem Jazz brechen die Erregungen hervor; in den Jazz kehren sie wieder zurück. Nach seinem Rhythmus bewegen sich drei schokoladefarbene Girls, wirbelt ein kleiner Junge wie ein großer Gentleman daher, steppt ein Meistertänzer mit Monocle in rasenden Kaskaden. Es ist ein hartes Los, nur zusehen zu dürfen, denn die Musik fährt in die Beine, die um jeden Preis mittanzen möchten. Manchmal halten es die Instrumente nicht bei sich selber aus: sie platzen vor Lebenslust und bekämpfen einander, oder sie ahmen einen Eisenbahnzug nach, oder sie locken die menschliche Stimme herbei, und ein Gesang schwingt sich auf, irgendein sentimentaler Song, in dem es von Heimat und Liebe wimmelt.

Um bei den tänzerischen Darbietungen zu bleiben – es ist geradezu unglaublich, mit welcher Sicherheit sich *Manning und Glatz* auf dem *Drahtseil* ergehen. Als sei die Schnur ein Parkett, so frei produziert sich vor allem der männliche Partner im Fandango, im Jazz und auf russische Art. Er dreht sich und wirft die Beine in die Luft, und hat doch unter sich nur die schwanke Linie, auf der er standhalten muß. Zuletzt entledigt er sich noch des Schirms und schwingt einen Lasso, der ihn in immer größerem Abstand umstreicht: eine vollkommene Geometrie, gebildet aus der Geraden des Drahtseils, dem Riesenkreis des Lassos und der senkrechten Mittelachse des Mannes selbst.

Die Chinesentruppe *Sing Fong Lu Co.* vollbringt Spitzenleistungen der *Jonglierkunst*. Eines ihrer Mitglieder läßt bumerangähnliche Hölzer durch den Zuschauerraum fliegen, die wie Lufthündchen getreulich zu ihm zurückkehren. Andere führen Schwertertänze auf und schleudern ein endloses Band, das sich in schönen ornamentalen Linienzügen windet. Einen Teller auf der Spitze eines Bambusstabes umzutreiben, ist gewiß keine Kleinigkeit – aber was sagt man erst dazu, wenn ein Mann zugleich mit vier Tellern arbeitet und dabei noch überdies seinen Körper in die bedenklichsten Lagen bringt. Von den Verrenkungen eines Schlangenmenschen gar nicht zu reden, der sich der Mühe unterzieht, auf eine vertrackte Weise gewissermaßen hinterrücks ein Glas auszutrinken.

Die *Balzer-Sisters* leidet es nicht auf dem Erdboden. Sie entschweben ständig in die höheren Regionen, in die sie ein Metallgerät entführt, an das sie sich allein mit ihren Zähnen klammern. Solche Gebisse sollte man haben. Dort oben musizieren sie, drehen sich besinnungslos um sich selbst und flattern, poetische Schmetterlinge, mit Flügelschlag liebenswürdig umher.

Läpp und Habel, so nennen sich zwei reizende Herren, die betont östlich aussehen, aber viel zu gutartig sind, um Antisemiten in Rage zu versetzen. Der eine ist ein großer schwarzer Typ, der andere rötlich und klein. Ihn plagt die Schwatzsucht, nur versteht man nicht, was er eigentlich will, weil er zu leise mault. Außerdem ist er feige und schreckt vor den Forderungen des Großen zurück, der ihn zur Mithilfe braucht. Ohne ihm die Unterstützung zu verweigern, entwertet sie doch der Kleine sofort wieder. Er deckt den Trug der Zaubereien auf, und auch die Akrobatik, die er betreibt, ist höchst verdächtig. Die Darbietungen dieses würdigen Paares sind sehr komisch und originell.

(5.8.1928, Stadt-Blatt, S. 5)

Exzentriktänzer in den Ufa-Lichtspielen

Myron und Pearl, so nennen sich die beiden jungen amerikanischen Gentlemen, die zur Zeit ein Gastspiel in den *Ufa-Lichtspielen* geben. Leider nur für vier Tage. Sie sind von Berlin hergeflogen, wo sie bei der Eröffnung des neuen Universumtheaters am Lehniner Platz mitgewirkt haben. Zwei sommerlich gekleidete Herren, die mit einer unglaublichen Präzision ihre Gliedmaßen rhythmisch bewegen. Die Gesetze der Statik scheinen aufgehoben, wenn sie etwa das eine Bein in weitem Bogen so herumwerfen, daß es nicht eigentlich mehr am Körper sitzt, sondern dieser, leicht wie eine Feder geworden, ein Anhang des schwebenden Beines ist; oder wenn sie auf eine unbeschreibliche Art sich auf den Boden niederzulassen drohen, ohne ihn aber wirklich zu berühren, weil das Schenkelpaar kunstvoll dazwischen fährt, das sie auch nicht zum Sitzen benutzen. Kaum je noch haben sich so verzwickte Kniebeugen ereignet, und gewiß werden nicht häufig schwere gymnastische Traktate so leicht und graziös abgehandelt. Dem anmutigen Schauspiel, das die Körpermaschine in ein atmosphärisches Instrument verwandelt, ward mit Recht starker Beifall zuteil. Die Nummer, bei der übrigens auch eine Dame sich tänzerisch produziert, ist zwischen das Beiprogramm und den Hauptfilm eingelegt.

(16.10.1928, Stadt-Blatt, S. 3)

Kaskadeure

Aus dem Varieté-Programm des Schumann-Theaters ist trotz Jackies Auftreten noch die Nummer *Streeth and Streeth* hervorzuheben. Sie ist ein einziger Albdruck. Man stelle sich bitte vor, daß ein Mann, der ungefähr das Aussehen eines Henkersknechtes hat, einen Leichnam trägt. Den Leichnam eines kümmer-

lichen Menschen mit rötlichen Bartstoppeln, den er wie einen
Sack über die Schulter wirft oder unter den Arm nimmt. Gut,
auch Leichname müssen wahrscheinlich transportiert werden.
Aber der Mann, der wie ein Henkersknecht aussieht, begnügt
sich nicht mit dem gewöhnlichen Transport, sondern hat seine
Freude daran, den Leichnam zu quälen, als sei er ein lebendiges
Opfer, das zu Tode gefoltert werden soll. Er läßt ihn z.b. zu Boden fallen, stößt ihn noch mit den Füßen und hebt ihn dann wieder auf. Oder er setzt ihn auf einen Stuhl und zieht, kaum daß
die Leiche einmal Ruhe wie im Grab zu haben glaubt, den Stuhl
wieder unter ihr fort. Lauter Spässe, zu denen der Henkersknecht fortwährend still grinst. Außer dem Grinsen, das einer
Lache gleich in seinem Gesicht steht, gibt er keine weiteren Le-
benszeichen von sich, denn er ist ja ganz allein mit dem Leichnam. Der sinkt übrigens immer recht kunstgerecht zusammen,
wenn er den Halt verliert. Statt einfach hinzuplumpsen, schraubt
er sich in den Knien tiefer und tiefer, bis er schließlich daliegt
wie eine Leiche. Die schematische Exaktheit, mit der dieser Prozeß stets ausgeführt wird, macht ihn nur umso unheimlicher.
Das ist nicht ein normaler akrobatischer Akt, sondern eine Mär-
chenszene. Und zwar sind die beiden vermutlich Gespensterfi-
guren, die dem begegnen sollen, der auszieht, das Gruseln zu
lernen. Daher auch der Stich von Komik im ganzen Auftritt.

(10.1.1929, Abendblatt; Feuilleton, S. 1)

Gespräch mit Grock

Grock in Zivil: ein gesetzter Herr hinter Brillengläsern, der
etwa wie ein Chiurg aussieht. Er könnte Geheimrat sein.
Scharfe Falten um den Mund. Die ganze Fassade nicht im geringsten künstlerisch gelockert, sondern ernst, beinahe gravitätisch. Das Inkognito dieses Clowns ist die Würde.

Wenn er spricht, belebt sich das Bild. Die fünf bis sieben Spra-
chen der immer wieder bereisten Länder mischen sich unaufhörlich; die Stimme weigert sich, Zivil zu tragen; die starre
Außenseite wird transparent. Hinter ihr steigt die Bühne auf,
die Manege.

Er erzählt in seinem drolligen Kauderwelsch von den Kinder-
jahren in dem Schweizer Dörfchen. Die Eltern, die ein Café be-
saßen, waren beide musikalisch, und vor allem der Vater sei so
komisch gewesen. Schon in seiner frühesten Jugend machte er
aus innerem Antrieb auf Flaschen Musik. Erste Begegnung mit
einem Wanderzirkus; autodidaktisches Studium der akrobati-
schen Künste; Konzerte im häuslichen Café. Aus dem Ton, in
dem er von den Anfängen berichtet, ist zu spüren, daß er als
Kind bereits so besessen war wie ein Berufener.

Während der Ferien schloß er sich dann in der Regel einem
herumziehenden Sommerzirkus an. Der Vater erlaubte es ihm
– ein außergewöhnlicher Vater. Später ging er, immer noch
Knabe, endgültig zum Zirkus über und lernte in zwei Jahren
das Handwerk. Die Manege war seine Universität. Er promo-
vierte, so ist man zu sagen versucht, als *Schlangenmensch*. Dieser Beginn ist aufschlußreich, denn er bezeugt drastisch die
umfassende Allgemeinbildung, die Grock vor den meisten seines Fachs auszeichnet. Unter den Clowns und den Gelehrten
überwiegen sonst immer die Spezialisten. Eine andere Ähnlichkeit haben sie leider nicht.

Nach einigen Jahren kam er nicht recht weiter und verließ den
Zirkus. (Mit dem dunklen Ton der Baßgeige beschwört er jenes
vorläufige Finale herauf.) Eine Hauslehrerstelle beim Grafen
Bethlen, ganz fern auf einem ungarischen Gut, wurde ihm an-
getragen; er begab sich dorthin. In der Pußta verblieb ihm genug freie Zeit, um fleißig weiterzuüben. Welcher Knabe wäre
nicht um einen solchen Magister zu beneiden gewesen!

Es folgten die eigentlichen Zirkusjahre. Er tat sich mit Antonet
zusammen, und die Szene der beiden Musicals wurde bald
berühmt. Die Partner siedelten auf die Bühne um, aber eines
Tages schied Antonet aus, weil er sich nach dem Stallgeruch

sehnte. (Heute tritt er mit Bébé im Cirque de Paris auf.) Grock blieb allein. Er wurde zu dem, was er ist.

Wie ist seine Nummer entstanden? Durch *Improvisation*. Aus der Spannung heraus, in die ihn der Kontakt mit dem Publikum versetzte, erfand er allmählich die Arabesken, kombinierte er die Passagen. Hier war nicht die Phantasie im Studio am Werk, sondern eine Inspiration, wie sie allein der entscheidende Augenblick gebiert. Übrigens ist die ganze Nummer seine eigene Schöpfung. Er hat die Musik komponiert und waltet über der Eleganz des Begleiters.

Man muß ihn selbst von seiner Arbeit reden hören, um zu erfahren, daß das Spaßmachen kein Spaß ist. Eine gute Stunde lang die Menge in Atem zu halten, will in der Tat etwas heißen. Gerade mit so einfachen Dingen, als da sind: einen Stuhl zu besteigen, Handschuhe zu jonglieren, mächtig zu hinken. Es liegt am Wie, erklärt er, wenn jede winzige Bewegung so wirkt, als werde sie zum ersten Mal ausgeführt. Wissend verbreitet er sich über die Geheimnisse des Aufbaus und der Steigerung. Die gesamte Handlung ist, nebenbei bemerkt, schriftlich niedergelegt, da sich die Einzelheiten leicht wieder vergessen.

In den Ruhemonaten wird trainiert. Er verbringt sie auf seinem Besitztum in der Nähe von San Remo. Dort hat er sich auch eine Werkstatt eingerichtet, in der er bosselt. Tische und Stühle zu zimmern, ist sein privater Spaß. (Vielleicht ist die Neigung zu solchen Operationen der Grund für seine Chirurgenerscheinung.) Andere sind unfreiwillig Clowns, wenn sie sich erholen. Er erholt sich durch bürgerliche Beschäftigungen von der harten Arbeit der Clownerie.

An die fünfzig ist er alt. Im nächsten Jahr möchte er sich vom Handwerk zurückziehen. (Er kann es sich leisten.) Was er anzufangen gedenke? Nun er wolle noch ein wenig leben nach sechsunddreißigjähriger Amtierung. Seinen Garten wolle er pflegen. (Wie die römischen Kaiser; erst erobern sie die Welt, dann bestellen sie ihre Gärten.)

Abschied. Die Gestalt ist wieder in Würde vermummt.

(9.2.1929, Abendblatt; Feuilleton, S. 1)

Zirkus Sarrasani

Das alte Bild: vor den Bretterzäunen auf der Straße umlauert die Masse das Wunschzelt. Es hat freilich nichts mehr zu tun mit den früheren Zirkuszelten, die flüchtige Herbergen waren, sondern ist ein Riesenpalast aus Segeltuch, der ganz und gar elektrisch glänzt. Glühbirnenreihen rieseln die Fassaden herunter, strahlen sternartig auf dem gewaltigen Dachrund. Eine handfeste Fata Morgana.

Innen der gleiche Glanz. Scheinwerferlicht in allen Farben, die Dienerreihen in Prunklivreen. Das Sinnbild der Großartigkeit ist die Eröffnungsparade. Sie ist eine Parade in wörtlichem Sinn: voran das schmetternde argentinische Orchester, das so stramm wie exotisch ist. Ihm folgen die an den Zirkusspielen beteiligten Nationen, siebenunddreißig an der Zahl, in Trachten, mit Fahnen. Sie marschieren auf, sie machen Evolutionen, sie füllen die ganze Manege. Die Musik dröhnt Militärmärsche, Herr Sarrasani erscheint selber inmitten der Heerscharen. Jubel im Kreis: strahlender könnte der Auftakt nicht sein. Er gleicht der Schlußapotheose einer Revue.

***

Pompös wie der Beginn sind die einzelnen Attraktionen. Tscherkessen und Kosaken umwirbeln im Flug ihre Pferde. Chinesen schleudern Papierschnörkel durch die Luft, schaukeln an den Zöpfen und schlucken Feuer. Japaner laufen auf Bambusstangen gen Himmel. Rifleute setzen sich zu lebenden Mauern zusammen, bilden ungeheure Trauben und schlagen vielfach den Salto mortale. Die Trapeztruppe leistet in Wolkenkratzerhöhe Präzisionsarbeit, Mann fliegt zu Mann, kaum scheint die Verbindung zwischen Händen und Stangen noch möglich. Die Technik ist in nahezu allen Nummern zur höchsten Vollkommenheit gebracht, die alten Kunstfertigkeiten werden dekorativ präsentiert.

***

Eine Überfülle von Dressuren. Der Trakehner Vollblüter ist ein Meistertänzer, und sogar das Kamel absolviert die hohe

Schule. Unter den Seelöwen findet sich ein Rastelli, der Bälle und brennende Lampen schlürfend jongliert. Zebras treten mit dem Nilpferd Ödipus auf, das an einen entsetzlichen Erdkrater gemahnt, wenn es das Maul aufreißt. Ein Muster von Engelsgeduld, so hocken die zehn oder zwölf Königstiger auf ihren Schemeln. Einer von ihnen springt über drei Kollegen hinweg, ein anderer durch einen Reif. Sie lassen sich alles gefallen, als seien sie ein Volk, dessen Diktator der Dompteur ist. Manchmal freilich brüllen sie und sind ungebärdig, aber ihr Meister bringt sie mit ein paar Schreckschüssen zur Ruhe. Herr Stosch-Sarrasani in eigener Person traktiert indische Elefantenkolosse als Babys. Vielleicht folgen sie ihm umso freudiger, weil er sie in seinem Maharadschagewand an die Heimat erinnert. Wenn sie sich aufrichten oder setzen, scheinen sich Gebirge auf wunderbare Weise selbsttätig zu bewegen. Das gesamte Tierreich ist in geometrische Formen gezwungen, und nur der Doktor Dolittle[12] wäre wahrscheinlich mit diesen Triumphen über die Elementargewalt nicht zufrieden. Aber einstweilen versteht sich noch niemand auf die Sprache der Tiere, und ohne Peitschenknall geht es auch selten bei den Menschen ab.

∗∗∗

Den Massen wird Massenkunst geboten. Wenn es noch eines Beweises dafür bedürfte, daß es auf die Massen ankommt – hier ist er geliefert. Von einzelnen individuellen Nummern abgesehen, produziert sich stets ein Kollektiv. «Der brodelnde ferne Osten», «Hoftheater des Mikado» und «Wildwest», so lauten die Titel umfänglicher Sammelattraktionen. Während die einen Messer werfen, entfachen die andern rote Brände. Das Auge kann sich kaum noch in die Details versenken, sondern muß sich am Schaugepränge ergötzen. Der Hang zur extensiven Entfaltung, der sich auch in den bunten Balletts äußert, ist wohl amerikanischen Ursprungs. Er tut der Intensität mitunter Abbruch. Aber auch das Theater hat sich in ähnlicher Richtung entwickelt.

∗∗∗

Wird in einer Fabrik mehr rationalisiert oder im Zirkus? An

Organisationskunst ist jedenfalls Sarrasani nicht leicht zu
übertreffen. Die Handreichungen greifen ineinander wie am
laufenden Band, der große Manegenteppich wird in einem
Zeitraum aufgerollt und zusammengelegt, der sich nach Sekunden beziffert. Es ist, als seien die Szenen nach der Stoppuhr
geregelt. So werden einige Stunden zu Jahren; so bleibt aber
auch nicht die geringste Lücke frei. Bezeichnend für die kon-
trollierte Dichte ist der Ausfall der Clowns. Gewiß, ein paar be-
malte Zwerge kollern im Sand und bemühen sich komisch zu
sein. Ihre Spaßmacherei jedoch ist von der Art, die Chaplin in
seinem Zirkusfilm zum Lachen gebracht hat. Wo sind die echten Clowns hingeraten? (Vor einem Jahr erzählte mir Grock,
daß er nicht mehr aufzutreten gedenke. Zum Glück haben Affi-
chen im Pariser Empiretheater schon im September sein Wie-
dererscheinen angekündigt.) Es fehlt an Zeit für die Clowns,
wir müssen zu viel rationalisieren. Der Improvisation wird
bald keine Stätte mehr gegönnt sein.

(13.11.1929, Abendblatt; Feuilleton, S. 1)

Ballett, Jazz, Harold Lloyd

Auf der Bühne des *Ufa-Palastes* Groß-Frankfurt produziert sich
das *Matray-Ballett* mit Katta *Sterna*. Vor den reizenden Dekorationen Prof. Ernst *Sterns* ereignet sich: ein Spiegeltanz, ausgeführt von zwei Persönchen, die sich einander gleichen wie Bild
und Spiegelbild; eine charmante Solotanzszene, die wie ein
einziger Lausbubenstreich wirkt; ein präzises Ballettexerzi-
tium von Marionetten; eine Zirkusaufführung en miniature,
bei der klingelnde Mädchen als dressierte Ponys fungieren.
Manches zu harmlos, in der Art des Blauen Vogels; anderes
kunstgewerblich verspielt. Das Ganze nett, sauber und lustig. –
Der Film: «*Los, Harold, los*», den das Jazz-Orchester unter Lei-

tung von Kapellmeister *Pflugmacher* flott untermalt, ist ein
Großunternehmen an Einfällen und Tempo. Harold Lloyd, das
Muster und zugleich die optimistische Karikatur des vitalen
jungen Angestellten, rauscht durch ihn robust, flegelhaft und
gutartig dem glücklichen Ende zu. Schade, daß die vielen an
sich lustigen Tricks durch ihre Fülle sich gegenseitig schädigen. Zu viel Lunapark, zu viel Keilerei. Aber es bleiben genug
Lacheffekte, und sympathisch berühren vor allem die ausgezeichneten Aufnahmen des New Yorker Straßenlebens.

(17.11.1929, Stadt-Blatt; Rubrik: Von den Lichtspielbühnen, S. 4)

Theater in Frankfurt
Im Schauspielhaus «Straße» von Elmer E. Rice

Eine dramatisierte Reportage über das Leben und Treiben in
und vor einem New Yorker Mietshaus. Es liegt hinter Wolkenkratzern und steckt voller Kleinbürgergraus. Thema: das Ne-
ben- und Miteinander mehrerer Mietsparteien im Souterrain,
im Erdgeschoss und im ersten Stock. (Die höheren Etagen
scheinen Blindfenster zu haben.) Es geschieht, was in einer
solchen Hauskaserne zu geschehen pflegt. Oben wird ein Kind
unter Schmerzen geboren, und unten flüstern sich junge Menschen Liebesworte zu. Einer erleidet ein Schicksal, von dem
andere nichts merken. Man haßt sich wegen der zu großen
Nähe und erweist sich Gefälligkeiten, weil man sich nah ist. So
ist das Leben.

Warum wird es angepackt? In den alten naturalistischen
Stücken wußte man, was gemeint war; dieser amerikanische
Realismus von heutzutage ist in entscheidendem Sinn grund-
los. Weder setzt er sich für eine bestimmte Tendenz ein, noch
kristallisiert sich ihm irgendein Gehalt aus dem Stoff heraus.
Stur betrachtet er die Tatsachen und stellt sie zusammen. Das

ist die Welt, durch Photographien gesehen, die Welt in den illustrierten Beilagen, die das Untergrundbahnpublikum müd überfliegt. Doofe Aspekte, die ungedeutet bleiben und ohne Bedeutung sind. Von ungefähr nur regt sich in der Tiefe das Gefühl, daß dieses merkwürdige Kaleidoskop eben das Leben sei.

Der Mangel an einem Wohin und Wozu rächt sich durch den Mangel an jeglicher Komposition. Um das Stück über den ersten Akt hinauszutreiben – er ist bei weitem der beste –, müssen überflüssige Zwiegespräche als Füllsel eingestreut werden und zufällige Passanten das Straßenleben illustrieren. Denn die Haupt- und Staatsaktion des Eifersuchtsdramas ist längst nicht Handlung genug. Sie ist aus dem Gerichtssaal geholt oder entstammt einem Magazin. Eine ziemlich blöde Geschichte von einem Arbeiter, der mürrisch ist, weil er mürrisch ist, und seiner Frau, die sich aus Lebenshunger einen Geliebten hält. Der Arbeiter erschießt das Paar, es knallt öfters, und die Polizei behauptet das Feld. Dergleichen kommt in Mietshäusern gelegentlich vor. Hier kommt es vor, damit das Stück drei Akte lang dauern kann.

Es bleiben die Typen und das Milieu. Die Hausinsassen sind genau photographiert und einzelne kleine Reportagen wohl gelungen. Erwähnenswert die Dame vom Wohltätigkeitsamt, die eine Familie auf die Straße setzt; der Ostjude, der seinen Narzismus wiederkäut; der Flirt zwischen jungem Angestelltenvolk, das man aus den Romanen von Sinclair Lewis kennt; das charmante italienische Ehepaar; die treffend wiedergegebene Liaison von Gutmütigkeit und hämischem Tratsch. Der soziale Druck lastet spürbar auf dem ganzen Personenkreis. Eine Art Anschauungsunterricht über die Zustände in einem dürftigen Weltstadtviertel. Manche Aufnahmen unterhalten sogar.

Eugen *Felber* hat recht daran getan, die Regie auf Stimmung und psychologische Kleinmalerei zu stellen. Mit der Unterstreichung von Kollektivwirkungen etwa wäre er doch nicht durchgedrungen. Er nutzt die Straßengeräusche aus und versteht sich auf Pausen. Alle diese von früher her bewährten Mittel genügen freilich nicht, um die Leere der realistischen Bilderflucht zu tilgen, machen sie vielmehr erst recht deutlich. Vielleicht hätte man noch ein wenig schnöder vorgehen sollen. Das Lokalkolorit hält die Mitte zwischen dem New Yorker Osten und dem Berliner Norden. – Die Inszenierung wird durch das ausgezeichnete Bühnenbild von Walther *Dinse* unterstützt. Seine Backsteinfassade mit dem peinlichen Zahnfries und den gußeisernen Schnörkeln der Treppengitter ist ein echtes Gleichnis der kleinbürgerlichen Hölle.

***

Herr *Taube*, der nichts dazu kann, daß er eine dumm konstruierte Arbeiterfigur spielen muß, hat seinen großen Augenblick nach der Mordtat. Von den Polizisten und der Menge umdrängt, spricht er mit seiner Tochter. Spricht er mit ihr? Die Sprache ist so zerbrochen wie das Gesicht, wie die ganze Gestalt. Man fühlt: das scheinbare Ich hat sich aufgelöst, die harte Kruste ist, zu spät, explodiert. Seiner Partnerin Lilly *Kann* glückt das Gemisch aus Gedrücktheit und vitaler Sehnsucht, ohne daß sie die Rolle ganz auszuwattieren vermöchte. Claire *Winter* als beider Tochter: eine reizende Erscheinung, die richtige Blume im Kehricht. Sie gibt junge Unschuld; das Entsetzen über den Mord meistert sie nicht. Mit Frau *Einzigs* drastisch-vulgären Tönen und Gebärden wird niemand so leicht wetteifern können. (Unnachahmlich führt sie den Hund spazieren.) Ein berückender Fruchteisitaliener ist Herr *Impekoven*, durchaus italianissimo, mit neapolitanischem Dialekt. Die kleine Szene von Herrn *Verhoeven* und Frau *Menz* ist eine Solonummer für sich; er ein Gastendlucki, sie völlig beschwipst. Sybil *Rares*, die durch ihre Stimme wirkt, macht wenigstens an einer Stelle die sonst verschleierte Innerlichkeit des allzu herben jüdischen Mädchens transparent. Herr *Arie* ist ihr sensibler Bruder. An charakteristischen Episodenfiguren wären noch zu nennen: Herr *Biberti*, Herr *Engels*, Herr *Katsch*; Frau *Obermeyer*, Hilde Maria *Kraus*.

(10.2.1930, Morgenblatt; Feuilleton, S. 1)

Architektur

Der Ausbau des Frankfurter Börsengebäudes

Gerade in einer Zeit, in der so wenig gebaut wird wie in der unsrigen, darf jedes Bauvorhaben die gesteigerte Aufmerksamkeit nicht nur der beteiligten Kreise, sondern auch der Allgemeinheit beanspruchen, zumal wenn es sich um ein Monumentalbauwerk handelt, das dazu bestimmt ist, einem wichtigen Teil unseres Stadtbildes seinen Stempel aufzudrücken. Man weiß, daß im November 1919 die *Frankfurter Handelskammer* acht hiesige Architekten zu einem Wettbewerb einlud, um Pläne für den *Ausbau des Börsengebäudes* zu erlangen, das ihren so sehr gesteigerten Raumbedürfnissen schon längst nicht mehr genügt. Die Entscheidung des Preisgerichts über die Entwürfe der aufgeforderten Wettbewerbsteilnehmer, unter denen man leider manchen Namen von gutem künstlerischem Klang vermissen mußte, fiel damals zugunsten der Architekten *G. und K. Schmidt, H. Senf* und *R. Wollmann* aus. Die aus einem nochmaligen engeren Wettbewerb hervorgegangenen neubearbeiteten Entwürfe dieser Preisträger sind zur Zeit in der westlichen Galerie des Börsengebäudes zu besichtigen.

Die Aufgabe, vor die das Bauprogramm der Handelskammer die Architekten stellte, ist überaus schwierig. Der eingeschossige Westflügel des Börsengebäudes soll um ein Hauptgeschoss erhöht werden und eine Verkehrshalle in sich aufnehmen, an die sich in den verschiedenen Stockwerken die neu zu schaffenden Räumlichkeiten sinngemäß angliedern. Bei der Grundrißlösung galt es vor allem, die neue Halle in eine organische Verbindung mit dem alten Börsensaal und seiner westlichen Galerie zu bringen, was, infolge der abgeschrägten rückwärtigen Bauflucht, die ganze Geschicklichkeit des Architekten erforderte. Vorzusehen war ferner der Ausbau auch des nach der Schillerstraße zu sich erstreckenden Ostflügels, wobei man sich daran erinnern mag, daß schon Burniz und Sommer in ihrem ursprünglichen Entwurf die Seitenflügel zweigeschossig geplant hatten. Schließlich kam es darauf an,

die Fassaden der im Innern umgeschaffenen und um ein Ge-
schoss erhöhten Flügelbauten der reichen Hochrenaissance-
Architektur des Burnizschen Baues so anzupassen, daß ein
Ganzes von geschlossener Wirkung entsteht, das sich den um-
gebenden Straßenzügen in einer städtebaulich befriedigenden
Weise einfügt.

Der zur Ausführung bestimmte Entwurf der Architekten *G. und
K. Schmidt* bewältigt, zumal im Grundriß, sehr glücklich die
nicht geringen Schwierigkeiten dieses Bauprogramms. Es ist
seinen Verfassern gelungen, das System der geräumigen, gut
proportionierten Verkehrshalle mit dem Pfeiler- und Bogensy-
stem des großen Börsensaales harmonisch zu verbinden; auch
wird sich unter den gegebenen Bedingungen kaum eine bessere Anordnung der zur Halle und zum Haupteingang gleich
günstig gelegenen Haupttreppe, deren Führung freilich den
Zeitungsleseraum in seiner Größe etwas beeinträchtigt, ermöglichen lassen. Was die Fassaden betrifft, so vermag zwar
ihre (noch durch ein großes Modell verdeutlichte) Gliederung
und Fensterverteilung zu überzeugen, mit ihrer eigentlichen
architektonischen Durchbildung jedoch, die bis ins einzelne
die abgelebten akademischen Formen des Mittelbaus wiederholt, kann ich mich nicht einverstanden erklären. Sicherlich
hat das Preisgericht recht, wenn es mit den Schöpfern des Entwurfs darin übereinstimmt, daß zur Erzielung architektonischer Einheit die Stilmotive des Hauptbaus an den Fassaden
der Seitenflügel irgendwie widerklingen müssen. Aber ist es
denn notwendig, daß das in so schematischer Weise geschieht
wie der Entwurf es vorschlägt? Insbesondere die Verwendung
des Motivs der doppelten Säulenstellung an den Fassaden der
Börsen- und Schillerstraße entspricht unserem heutigen Stilempfinden in keiner Weise und die zur Bekrönung der Attika
angeordneten Figurenscharen wirken letzten Endes nur
störend. Es ist dringend zu hoffen, daß die Verfasser des Entwurfs, die ja auf eine freiere und persönliche Durchbildung
der Fassaden Wert zu legen versprechen, bei seiner Ausführung nicht mehr gar so ängstlich an der Schablone kleben-

bleiben. Auch die Formgebung der Verkehrshalle erscheint übrigens noch nicht durchweg ausgereift.

Das *Senfsche* Projekt leidet in seiner Grundrißgestaltung daran, daß die in der Halle untergebrachte Haupttreppe sowie der Fahrradraum zu weit von dem Eingang abliegen und die Halle selber sich nicht völlig organisch an den Börsensaal und seine Westgalerie anschließt. Dagegen ist die Architektur dieses Entwurfs um ein gutes Teil großzügiger und von modernerem Geiste durchweht als die des Schmidtschen Entwurfs, wenn sie sich auch vielleicht infolge ihrer Massigkeit, die noch durch die hochgeführten Eck-Risalite des aus Sparsamkeitsgründen beibehaltenen Erdgeschosses verstärkt wird, mit dem viel reicher gegliederten, aufgelösten Mittelbau nicht ganz zur Einheit verbindet. Man möchte aber doch wünschen, daß die aus ihr sprechende Baugesinnung auch in dem preisgekrönten Projekt noch etwas mehr zum Ausdruck käme.

Der Entwurf des Architekten Robert *Wollmann* ist künstlerisch sicher der schwächste der vorliegenden Projekte, obschon er im einzelnen manches Gute und Zweckmäßige enthält. Wollmann hat sich, wie auch das Preisgericht bemerkt, seine Grundrißbearbeitung dadurch erschwert, daß er den Sitzungssaal nicht im alten Bau beläßt; auch ist die Anordnung der Haupttreppe in dem Eingangsvestibül nicht gerade günstig zu nennen. Der Gedanke, den vorwiegenden Nutzcharakter der in den verschiedenen Geschossen untergebrachten Räume nach außen hin durch eine möglichst schlichte und sachliche Architektur zur Geltung zu bringen, ist an sich, und besonders in heutiger Zeit, wohl der Beachtung wert, nur müßten dann noch die Fassaden doch viel mehr die Architektur und den ganzen Rhythmus des Hauptbaus aufnehmen und weiterführen, als sie es in dem Wollmannschen Entwurf tun.

(15.2.1921, Abendblatt, S. 1)

Das bauliche Gesicht der Messe

Dem Besucher der diesjährigen Frühjahrsmesse drängen sich sofort die *baulichen Veränderungen und Erweiterungen* auf, die seit der letzten Messe unter Leitung von Stadtbaumeister *Grörich* durch die Messe-Gesellschaft vorgenommen worden sind. Der zweigeschossige und unterkellerte Haupttrakt des Hauses Offenbach ist bis zum Schnittpunkt von Ost- und Südhalle verlängert worden und enthält dort, wo er in diese Hallen eintrifft, eine geräumige Treppenanlage, die für den bequemeren Zugang zu seinem oberen Stockwerk sorgt. Der Trakt wird in seinem Innern später fertig ausgebaut werden; vorerst sind Holzpfosten und Binder noch ohne Bekleidung. Diese Erweiterung des Hauses Offenbach bietet, ganz abgesehen von der Befriedigung schnell gewachsener Raumbedürfnisse, den großen Vorteil, daß sie die Lücke schließt, die vorher zwischen den einzelnen Hallen bestand. Ohne ins Freie treten zu müssen, kann man jetzt von der Festhalle aus nach allen möglichen Punkten der Messestadt gelangen. Auch die eine Osthalle hat eine Verlängerung erfahren, und zwar dehnt sie sich bis zu den Haupteingängen hin, nach dem Trambahnrondell zu in eine schlichte Putz-Fassade ausklingend, hinter der einige Büros untergebracht sind. Diese Halle grenzt nun den Platz vor der Festhalle nach Osten völlig ab und verschafft so dem Auge, das in das etwas verwirrende Bild der verschiedenen Baulichkeiten Klarheit zu bringen wünscht, eine gewisse Beruhigung. Zu einem günstigen Platzabschluß trägt dann an der für sie gewählten Stelle auch die neue Nordhalle bei, ohne daß freilich ihre in Sparbauweise errichtete Fassade letzte künstlerische Ansprüche zu befriedigen vermöchte. Früher erhob sich diese Halle an demselben Platz, wo jetzt die Gerüste des Werkbundhauses gen Himmel ragen und schon weitere bauliche Vergrößerungen für die nächste Herbstmesse ankündigen. Zwischen Nordhalle und Festhalle liegt das von den Wiener Werkstätten in Benutzung genommene Häuschen, das seinerzeit zur Veranschaulichung der Sparbauweise diente. Man hat

ihm nach dem Entwurf Prof. *Häuslers* von den Wiener Werkstätten rechts und links zwei Seitenflügel angefügt, die sich
durch lange, schmale, sehr apart wirkende Fenster auszeich-
nen und mit dem Mittelbau gut zusammenklingen. Wer durch
den Haupteingang das Messegelände betritt, dem fällt etwa
noch die geschmackvolle Pergola ins Auge, die von Architekt
Kathrein vom Österreichischen Werkbund an der Stirnseite des
kleinen der Festhalle angegliederten Vorbaus, der die Ausstellung des Werkbunds enthält, errichtet worden ist.
Alle diese Wandlungen und Neubauten legen ein sichtbares
Zeugnis dafür ab, daß die Messe-Gesellschaft während des vergangenen halben Jahres nicht untätig gewesen ist. Ihr wie der
Bauleitung schuldet man Dank dafür, daß sie mit den drängen-
den wirtschaftlichen Bedürfnissen Schritt zu halten vermocht
haben. Hiermit soll allerdings keineswegs gesagt sein, daß
man nur in der Frage der Provisorien wie überhaupt in
baukünstlerischer Hinsicht durchweg mit der Messeleitung
übereinstimmen müßte. Es mag jedoch genügen, auf diese
Fragen hier gerade hingewiesen zu haben; zu ihrer eingehenden Erörterung wird sich später wohl noch Gelegenheit bieten.
Das bauliche Gesicht der Messe wird nicht zuletzt durch die
vielen *Plakate* bestimmt, die überall außen wie innen, sich vor-
drängen und die Aufmerksamkeit der Besucher auf sich zu lenken trachten. So gewiß es berechtigt erscheint, jedes Plakat
einzeln zur Geltung zu bringen, so wenig brauchte doch die
Durchsetzung dieses Grundsatzes den einheitlichen künstlerischen Rahmen zu zerreißen. Mannigfaltigkeit und Buntheit der
Plakate wirkt umso besser, je geschlossener das architektonische Bild ist, dem sich die Fülle der Farben und Motive schließlich einfügt. Man sollte es sich offen eingestehen, daß bei der
gegenwärtigen Messe diese beherrschende künstlerische Einheit noch längst nicht erreicht ist und daß wir hierin von Städten mit reicher künstlerischer Tradition wie München z.B. viel
zu lernen haben. Es liegt ja nur im eigenen Interesse des Kauf-
manns, auch bei seinen Plakaten auf künstlerische Qualität bedacht zu sein; und ordnet er sich innerhalb einer Welt von Pla-

katen mit seinem eigenen Plakat dem Ganzen willig ein, so
wird ihm sicherlich der Tribut reichlich entgolten, den er derart der Gemeinschaft zollt.

(13.4.1921, 2. Morgenblatt, S. 2)

Der Erweiterungsbau des Städelschen Kunst-instituts

Die jetzt vollzogene Eröffnung des Erweiterungsbaus der *Städel-
schen Gemäldegalerie* bezeichnet einen der seither wichtigsten
Abschnitte in der Geschichte dieses einzigartigen Kunstinstituts.
Der Neubau ist aus einem Wettbewerb hervorgegangen, den die
Städel-Administration Anfang des Jahres 1912 ausgeschrieben
hatte, um endlich würdige Räume für ihre Schätze in neuzeitli-
cher Kunst zu gewinnen. Das im Juli desselben Jahres zusam-
mengetretene Preisgericht, in dem u.a. Theodor *Fischer* und
A. *Lichtwark* saßen, sprach den ersten Preis einstimmig einem
Entwurf der Architekten *v. Hoven* und Franz *Heberer* zu, der
denn auch, in einer aus Sparsamkeitsgründen etwas veränderten Form, von der Administration zur Ausführung bestimmt
wurde. Trotz aller durch den Krieg hervorgerufenen Schwierigkeiten konnte im Mai 1915 mit der Bautätigkeit begonnen werden und schon im Herbst 1916 stand der Rohbau fertig da. Dann
kam das Bauverbot und mit ihm eine über zwei Jahre während
Unterbrechung. Erst Anfang 1919 wurden die Arbeiten wieder
aufgenommen und mittlerweile soweit gefördert, daß heute, abgesehen von dem Hörsaal, *der Neubau* seiner Bestimmung zugeführt werden kann. Die Kosten des seinerzeit mit $1/4$ Millionen
vorveranschlagten Gebäudes sollen sich nach seiner Vollendung
auf gegen 2 $1/2$ Millionen Mark belaufen, auf eine Summe also,
die in Anbetracht der inzwischen eingetretenen Teuerung gering zu nennen ist.

Dies die Hauptdaten der Baugeschichte. Das neue Gebäude ist parallel zum alten errichtet und hängt mit ihm in der Mitte durch einen kurzen Verbindungsbau zusammen. Die Schwäche, die eine solche Gruppierung in städtebaulicher Hinsicht aufweist, wäre sicherlich gemildert worden, wenn man die zum Abschluß der seitlichen Höfe ursprünglich vorgesehenen Säulengänge ausgeführt hätte. Die *Raumanordnung* selber ist äußerst zweckmäßig und von einer Übersichtlichkeit, die auch dem flüchtigen Besucher sofort sinnfällig einleuchtet. Von dem Podest der vorhandenen Haupttreppe aus, an der Stelle, wo früher das Tischbeinsche Goethebildnis hing, betritt man die Flucht der sieben großen im Obergeschoss befindlichen Bildersäle, denen nach Norden zu die seitlich belichteten kleinen und niedrigeren Kabinette vorgelagert sind. Die schwierige Beleuchtungsfrage der Hauptsäle ist sehr glücklich gelöst. Fünf dieser Säle sind mit Laternenlicht versehen, das jede Blendung ausschließt und die Räume lange nicht so der sommerlichen Hitze aussetzt wie die sonst zumeist verwandten Oberlichte. Ich kenne kaum eine deutsche Gemäldegalerie, deren Säle von einem für die Bildwirkung derart günstigen kalten und gleichmäßigen Licht durchflutet werden und sicherlich hat es manche Überlegungen gekostet, bis man zu diesem Ergebnis kam. Oberhalb der Seitenkabinette befindet sich eine Dienstwohnung und eine Photographenwerkstatt; zwei weitere in derselben Höhe gelegene kleine Ausstellungsräume rechts und links des Treppenhauses sind sowohl vom alten wie vom neuen Bau aus erreichbar. Der Vollständigkeit halber sei erwähnt, daß die Mitte des Erdgeschosses durch den noch unfertigen vertieft angeordneten Hörsaal ausgefüllt wird, dessen mächtige Vorhalle von dem offenen Hof aus direkt zugänglich ist; außer Depots, Werkstätten und einer weiteren Dienstwohnung sind in diesem Geschoss noch die Verwaltungsräume und ein Sitzungszimmer untergebracht.
Nicht ganz die gleiche Anerkennung wie dem wohldurchdachten Grundriß und der museumstechnisch überaus geschickten Durchbildung der Bildersäle läßt sich der *architektonischen*

Ausgestaltung zollen. Was zunächst die Fassaden anlangt, so atmen sie zwar eine der Zweckbestimmung des Baues entsprechende schlichte Würde und fügen sich auch dem Sommerschen Bau, dessen obere Balustrade sie frei fortführen,
harmonisch an, bleiben aber hinter ihm an künstlerischer Wirkung zurück. Die Formgebung des alten Gebäudes entspringt
trotz ihres zeitlich bedingten Eklektizismus einem sicheren
Stilgefühl, das die einzelnen Motive zur organischen lebensvollen Einheit zusammenzuschmelzen weiß; der Neubau macht
demgegenüber, mit wohl infolge der teilweise ängstlich-akademischen Sonderbehandlung der Details, einen starren, etwas
toten, seelenlosen Eindruck, und wenn man sich auch der Abwesenheit[13] jeglicher Überladenheiten freut, so wünschte man
doch, daß ihn der Pulsschlag unserer Zeit mehr durchwogte.
Im Innern ist das meiste vorzüglich geraten. Schöne geformte
runde Sitzsofas in den Hauptsälen laden die Besucher ein, auf
ihren weit ausladenden Polstern zu rasten und stiller Betrachtung sich hinzugeben. Überhaupt fehlt es nicht an originell
durchgebildeten Einzelheiten, die, wie die Geländer der beiden Nebentreppen z.B., von starker künstlerischer Erfindungskraft zeugen. Hie und da freilich sind die Architekten bei der
inneren Ausgestaltung etwas zu spielerisch verfahren. So erscheinen z.B. die an den Stürzen einiger Türverkleidungen unorganisch angebrachten Zierate überflüssig, und auch die Ornamentierung der Decken hätte mitunter sachlicher ausfallen
können. Doch immerhin: die gute Raumdimensionierung läßt
über dergleichen wohl auch einmal hinwegblicken und
schließlich bleibt es die Hauptsache, daß die Bilder voll zur
Geltung kommen.
In den *Gärten* wird zur Zeit noch gearbeitet. Sie sollen der Aufstellung moderner Plastik dienen und man sehnt sich schon
dem Tage entgegen, da in ihnen der wundervolle Stier Meister
Boehles, von heller Luft umspielt, zu sehen ist.

(23.5.1921, Abendblatt; Rubrik: Frankfurter Angelegenheiten, S. 2)

Vom Schillerplatz

Das Stadtbild am Schillerplatz[14] hat durch den teilweisen Umbau
des ehemaligen *Pariser Hofs* eine wesentliche Verschönerung erfahren. Im Erdgeschoss, im Souterrain und im Obergeschoss des
Hauses sind jetzt die Räume der Commerz- und Privatbank untergebracht. Dem Architekten Fr. *Sander* ist es gelungen, die
neue Front des Erdgeschosses zu gestalten, daß sie die Ge-
schmacklosigkeit der darüber liegenden Stockwerke einigermaßen vergessen läßt und dem Auge jenen Ruhepunkt gewährt,
dessen es gerade an dieser Stelle aus städtebaulichen Gründen so
dringend bedarf. Die wohlproportionierten Pfeiler, die breite
Fläche oberhalb der Fenster, die schlichten Gesimse: das alles
verleiht der Fassade den Charakter einer *Wand*, die den lebhaften Verkehrsplatz ganz anders abschließt, als die vielfältig durchbrochenen und mit einem Wust sinnloser Ornamente überla-
denen Ansichten der Häuser rings umher. Der gute Eindruck der
Fassade wird verstärkt durch ihre Ausführung in edlem Fränki-
schem Muschelkalk und durch die vergoldete Beschriftung der
unteren Fensterpartien, die als belebendes Element die Reihe
der Steinpfeiler in ornamental reizvoller Weise unterbricht.
Wenn schon einmal statt der viel dringlicheren Wohnungen Banken um Banken wie Pilze aus der Erde schießen, so ist es wenigstens erfreulich, daß die eine oder andere von ihnen in architektonischer Hinsicht einen Gewinn für das Stadtbild bedeutet.
(24.5.1921, 2. Morgenblatt; Rubrik: Frankfurter Angelegenheiten, S. 3)

Erweiterungsbauten der Hauptpost

Die Erweiterungsbauten der Hauptpost, deren Pläne der Bau-
abteilung der hiesigen Oberpostdirektion entstammen, sind
jetzt zum großen Teil fertiggestellt, und es lohnt sich wohl, ei-

nige Worte über sie zu sagen. In den Jahren 1915/16 wurde als erster Bauabschnitt der Anbau an den *Westflügel* errichtet, der in der Hauptsache einen durch zwei Geschosse gehenden *Lichthof* über die Briefabfertigung enthält. Die Putzfassaden mit den Sandsteinverblendungen der Fenster sind in schlichtem Stil gehalten, ohne durch künstlerische Formgebung sonderlich aufzufallen. Als zweiter Bauabschnitt folgte 1916/17 die Erhöhung des *Ostflügels* um ein Stockwerk und ein ausgebautes Dachgeschoss. Die hier geschaffenen Räume sind vorerst vom Postscheckamt belegt und sollen später größtenteils zur Aufnahme der Telegraphensäle dienen. Der gleichen Bestimmung wird auch der zur Zeit ebenfalls vom Scheckamt beanspruchte Aufbau auf den *Nordflügel* zugeführt werden, der als erste Hälfte des vierten und letzten Bauabschnitts 1919 begonnen und vor kurzem vollendet wurde.

Das Interesse der Allgemeinheit lenkt naturgemäß am meisten der teilweise dem Publikum zugängliche dritte Bauabschnitt auf sich, dessen Ausführung im wesentlichen in die Jahre 1918/19 fällt. Es ist das der *Umbau des Westflügels*, der auch die Briefausgabe und die Schließfächer für die Briefabholer in sich faßt. Zur Vergrößerung der Schalterhallen hat man den ganzen Westflügel nach dem großen Posthof zu um einen eingeschossigen Anbau erweitert, dem noch eine Laderampe für die Briefpost vorgelagert wird. Die Architektur dieses Anbaus und die innere Ausgestaltung der neuen Schalterhalle lassen wiederum einmal recht eindringlich erkennen, wie berechtigt die prinzipielle Stellungnahme der freien Architektenschaft gegenüber dem souveränen Schalten und Walten der Baubeamten ist. Die Fassade des Vorbaus mit ihren ionischen Säulen, ihren schablonenhaften Gesimsen und Balustern ist noch ganz das übliche hohle Klischee, wie wir es aus der Wilhelminischen Zeit her zur Genüge kennen, und entspricht in ihrer Unsachlichkeit in keiner Weise dem Bestimmungszweck der hinter ihr liegenden Räume. Eine kaum minder ungefühlte architektonische Behandlung hat auch das mit Recht einfach gehaltene *Innere* erfahren. Hier offen Kritik zu üben, ist drin-

gend erforderlich, denn wenn man über dergleichen architektonische Unzulänglichkeiten immer stillschweigend hinweggleitet, darf man nicht erwarten, daß zukünftige Bauten einer
befriedigenderen künstlerischen Lösung entgegengehen.
(26.5.1921, 1. Morgenblatt; Rubrik: Frankfurter Angelegenheiten, S. 2)

Die alte Frankfurter Mainbrücke

Als in der Frühe des 3. Juni 1914 mit dem Abbruch der alten
Brücke begonnen wurde, konnte niemand ahnen, daß ihr Neubau dereinst ein wahres Schmerzenskind für Frankfurt werden
sollte. Freilich setzten die Schwierigkeiten nicht erst nach Beginn der Bautätigkeit, sondern schon erheblich früher ein,
hatte es doch langer Jahre erregter Kämpfe bedurft, ehe man
sich über das zur Ausführung bestimmte Projekt notdürftig einigte. Wer sich noch der Baugeschichte erinnert, weiß, daß die
im Winter 1911 gefällte Entscheidung des Preisgerichts über
die Wettbewerbsentwürfe zum Brücken-Neubau von Künstlern, Kunstgelehrten und Publikum heftig angefochten wurde,
daß daraufhin die Träger des ersten Preises, die Architekten
Franz *Heberer* und H. v. *Hoven* ihr Projekt einer Umarbeitung
unterzogen und schließlich gemeinsam mit dem inzwischen
verstorbenen hochbegabten Architekten *Leonhardt*, dem Träger des zweiten Preises, dessen Lösung allgemein vor der ihrigen den Vorzug gefunden hatte, auf veränderter Grundlage
einen Kompromißentwurf schufen, den die Stadtverordneten-
Versammlung, nachdem noch einige Mängel abgeändert worden waren, im Dezember 1913 endgültig genehmigte. Die
Kriegszeit brachte naturgemäß eine weitgehende Verzögerung
der baulichen Arbeiten mit sich; hinzu kam die mehrfache
Überschwemmung der Baugruben durch Hochwasser, die weitere Verschleppungen hervorrief. Bald nach dem Krieg mußte

die Tätigkeit ganz eingestellt werden und so ist denn heute erst ein geringer Teil des großen Werkes vollendet. Die Kaimauern sind hochgeführt, ein paar Brückenpfeiler ragen über den Wasserspiegel hervor – das ist alles. Nur der Gedanke, daß hier trotz der Ungunst der Verhältnisse früher oder später eine Brücke ersteht, die sich im Einklang mit dem historischen Stadtbild befindet, und kommenden Geschlechtern von dem künstlerischen Verantwortungsbewußtsein unserer Zeit zeugen wird, vermochte bisher immer über den melancholisch stimmenden Anblick der Notbrücke, des Steingerölls, wie überhaupt des ganzen unfertigen chaotischen Zustandes in jenem einst so anheimelnden Mainwinkel hinwegzuhelfen. Wie es scheint, soll uns auch dieser letzte geringe Trost noch genommen werden. In verschwiegenen Amtsstuben des Tiefbauamtes hat man dem Vernehmen nach im Einverständnis mit der Brückenbaukommission eine Verschwörung angezettelt, die auf nichts Geringeres als auf die Ersetzung des ursprünglich geplanten Brücken-Neubaues in rotem Sandstein durch eine Brücke in *Eisenkonstruktion* abzielt. Soviel bereits durchgesickert ist, liegen mehrere Projekte vor, von denen eines eine reine Eisenbrücke vorsieht, während ein anderes nur den *mittleren Teil* der Brücke in Eisenkonstruktion annimmt. Zum großen Teil sind es sicherlich finanzielle Schwierigkeiten, die Veranlassung zur Ausarbeitung dieser neuen Projekte gegeben haben. Die ursprünglich über 2 ½ Millionen vorveranschlagte Bausumme der Brücke, zu der übrigens der Staat 1 350 000 Mk. beizusteuern versprochen hatte, soll sich unter den gegenwärtigen Verhältnissen etwa um das Fünfzehnfache erhöhen und zudem: die recht baufällig gewordene Notbrücke, die schon heute ansehnliche Reparaturkosten verschlingt, kann nur noch einige Jahre hindurch erhalten werden. So denken wohl die Behörden am ehesten dadurch über den Berg zu kommen, daß sie der Ausführung der Brücke einfach einen Entwurf zugrunde legen, der, wenn er auch nicht gerade allen ästhetischen Ansprüchen Genüge leistet, so doch zum wenigsten den Vorzug verhältnismäßiger Billigkeit hat.

Ohne sich dem Schwergewicht materieller Notwendigkeiten leichthin zu verschließen, wird man doch dieses geplante *Attentat* auf das *Frankfurter Stadtbild* im voraus recht kritisch beurteilen müssen. Zunächst befremdet es einigermaßen, daß das Tiefbauamt, wenn es schon an die Vorbereitung einiger den jetzigen Zeitumständen besser angepaßter Projekte ging, es offenbar nicht für nötig befunden hat, von Anbeginn an die Architekten hinzuzuziehen, die mit der Bearbeitung des ursprünglich genehmigten Entwurfs betraut gewesen waren. Da man bisher nur um das Vorhandensein dieser in den Schubfächern der Behörde ruhenden Projekte weiß, kann man zu ihrem Aussehen noch keine Stellung nehmen. Schon jetzt aber muß gesagt werden, daß die Behörden infolge der Art und Weise, in der sie seit langem künstlerische Fragen behandeln, es sich selber zuzuschreiben haben, wenn heute die Öffentlichkeit, und zumal die Künstlerschaft, gegen ihr eigenmächtiges Vorgehen und dessen etwaige Ergebnisse berechtigtes Mißtrauen hegt. Wie liegt denn der Fall in Wahrheit? Die Weiterführung des Brückenbaues nach dem unter so vielen Mühen zustande gekommenen Projekt der Vorkriegszeit läßt sich der hohen Kosten halber angeblich nicht mehr ermöglichen. Das Bauwerk nun, um das es sich hier handelt, ist dazu bestimmt, unserem Stadtbild auf Jahrhunderte hinaus seinen Stempel aufzudrücken, und erhebt sich, wie man weiß, an einer Stätte von historischer Bedeutung, an die sich für jeden Frankfurter Bürger, ja für jeden Deutschen ewig denkwürdige Erinnerungen knüpfen. Hieße es da nicht viel eher den Schwierigkeiten ausweichen als versuchen, über sie Herr zu werden, wenn man sich kurzer Hand dazu entschließen wollte, den Main dort, wo einst die alte Brücke stand, durch irgendwelche Eisenkonstruktionen zu überspannen? Der Gedanke, daß zwischen den ältesten Teilen Frankfurts und Sachsenhausens eine Eisenbrücke sich dehnen solle, macht schaudern, würde doch ein derartiger Zweckbau erbarmungslos den ganzen wundersamen Duft der Schönheit zerstören, den Natur und Leben der Vergangenheit um jenen Ort gewoben haben. Stellt es sich jetzt als notwendig heraus, das seinerzeit genehmigte Projekt umzustoßen, so wird man uns schon die Unmöglichkeit anderer Lösungen als der im geheimen geplanten beweisen müssen. Das aber kann – und hier liegt der eigentliche Haken verborgen – auf bürokratischem Wege gar nicht geschehen, weil Behörden ihrer Natur nach zumeist weder dazu imstande noch gewillt sind, alle Kräfte gebührend einzuschätzen und heranzuziehen, die in der Bevölkerung etwa auf die glückliche Bewältigung einer solchen Aufgabe hindrängen. Wenn diese Aufgabe als das empfunden wird, was sie in der Tat ist: nämlich als ein Bauvorhaben von weit *mehr* als nur *lokaler* Bedeutung, das jedermann angeht, den ein wenig Verantwortung vor der Zukunft beseelt, dann wird sich am Ende zeigen, daß auch ein verarmtes, aber seiner Würde bewußtes Volk noch genug materielle Hilfsquellen besitzt, um nicht die Verschandelung einer seiner ältesten Kulturstätten ohne weiteres zuzugeben. Für Staat und Reich erwächst fraglos die unabweisbare Verpflichtung, hier helfend einzugreifen, und Opfersinn der Bürgerschaft wie aller kunstsinnigen und geldkräftigen Volksschichten mag ein übriges tun. Aber auch die Art der Fortsetzung des Brückenbaus läßt sich nicht einfach durch irgendwelche Ämter von oben her dekretieren, sondern verdient sorgfältige Erwägung in breitesten Kreisen der *Kunst- und Sachverständigen.* Als es sich im alten Florenz um die Aufstellung des David von Michelangelo handelte, wurde die ganze Künstlerschaft zu Rate gezogen und dann im Sinne ihres Entscheids verfahren. So muß es auch heute wieder sein, und zwar gerade bei einem Werke wie diesem, dessen Weiterführung auf verschiedene Weisen möglich ist und eingehende Berücksichtigung einer Reihe von Faktoren erheischt.

Wie wir hören, wird sich die Frankfurter Künstlerschaft demnächst mit der Angelegenheit befassen. Damit die Erörterungen fruchtbringend verlaufen, ist es dringend erforderlich, daß die Behörde ihre Pläne wie überhaupt ihr ganzes Material der Öffentlichkeit baldigst zugänglich macht. Erst auf Grund dieser

Unterlagen kann man zu konkreten Vorschlägen gelangen, die
einen brauchbaren Weg zur Vollendung des Begonnenen weisen.

(16.6.1921, 1. Morgenblatt; Feuilleton, S. 1)

Frankfurter Neubauten

Wo heute in Frankfurt gebaut wird, da handelt es sich zumeist
um Umbauten für Bankzwecke, mitunter schießt auch wohl
ein Industriebau in die Höhe. Findet man sich notgedrungen
mit der Tatsache ab, daß Wohnhäuser so gut wie gar nicht errichtet werden, und prüft man die in den letzten Jahren entstandenen Bauten auf ihre künstlerischen Qualitäten hin, so
freut man sich immerhin, neben manchen belanglosen Leistungen hier und da auch einer architektonischen Schöpfung
zu begegenen, die um ihrer guten Gestaltung willen Beachtung
verdient. Zu solchen künstlerisch wertvollen Bauwerken darf
man den Erweiterungsbau der Feist-Sektkellerei am *Hainer-
weg* rechnen, der vor kurzem fertiggestellt worden ist. Der
weit von der Straße abgerückte, aber gut von ihr sichtbare
neue Betriebsbau, eine Schöpfung des Architekten Fr. Voggenberger, hängt mit dem um ein volles Geschoss höher gelegenen alten Baukomplex durch einen kurzen Querbau zusammen. Seine Vorderwand ist im Obergeschoss in eine Reihe
schlanker Pfeiler aufgelöst, die das zu einem flachen Giebel
ansteigende Dach tragen. Von der hinter dieser Pfeilerstellung
angeordneten Vorhalle, die sich auf derselben Terrainhöhe wie
die schon bestehenden Gebäude befindet, betritt man den
großen mit Oberlicht versehenen Hauptbetriebsraum. Der
ganze Bau ist durchweg in Eisenbeton ausgeführt. Wohlabge-
wogene Verhältnisse und ungemeine Feingliedrigkeit der
Tragpfeiler, deren Weiße sich von dem dunkleren Schlacken-

beton der Erdgeschosswand wirksam abhebt, verleihen der
Fassade eine Grazie, die den Bestimmungszweck des Gebäudes vortrefflich zum Ausdruck bringt. Der Schmuck ist spar-
sam angebracht, sämtliche Details sind handwerksmäßig
durchgebildet. Von besonderer Erfindungskraft zeugen die originellen und durchaus materialgerecht behandelten Türein-
fassungen in Eisenbeton.
(19.7.1921, 2. Morgenblatt; Rubrik: Frankfurter Angelegenheiten, S. 2)

Frankfurter Friedhofs-Wettbewerb

Vor einigen Monaten hat die hiesige *israelitische Gemeinde*
sechs Frankfurter Architekten zu einem Wettbewerb zur Erlangung von Plänen für ihren neuen Friedhof eingeladen, dessen
Ergebnis zur Zeit im Gemeindehaus, Fahrgasse 146, öffentlich
ausgestellt ist. Das von der Gemeinde erworbene Friedhofs-
gelände liegt gegenüber der Friedberger Warte; es grenzt im
Westen an die Homburger Landstraße an und fällt nach dem
Taunus zu in nordwestlicher Richtung stetig ab. Auf den ersten
Blick mag es wohl scheinen, daß sich die Anordnung der Gebäude in der Nähe des höchstgelegenen Punktes, also dicht bei
der Warte, am meisten empfohlen hätte. Triftige Gründe indessen, nicht zuletzt solche städtebaulicher Art, bewogen dazu, die
Projektierung der Gebäude am entgegengesetzten Ende des
Grundstücks, nach dem Marbachweg zu, vorzuschreiben. Das
Bauprogramm und die Eigenart des Terrains boten den Architekten Schwierigkeiten genug. In der Nordwestecke mußten
das Verwaltungsgebäude mit allen erforderlichen Nebenräumlichkeiten sowie die Gärtnerei untergebracht werden, auch
galt es ebendort einen kleinen Priesterfriedhof mit eigenem
Zugang von der Straße aus vorzusehen. Der schiefwinklige Zuschnitt des Geländes setzte der Herstellung einer organischen

Verbindung zwischen den verschiedenen Gebäuden, der harmonischen Einfügung dieser Gebäude in den Park und der befriedigenden Aufteilung des Friedhofs selber Hindernisse in den Weg, deren Überwindung die ganze Geschicklichkeit und städtebauliche Erfahrung der Architekten benötigte.

Das Preisgericht, das unter dem Vorsitz des Münchener Stadtbaudirektors Prof. Hans *Grässel* tagte, hat drei Preise von je gleicher Höhe den Arbeiten der Architekten Franz Roeckle, Paul Paravicini und Max Seckbach zuerkannt. Dieser Spruch, für den offenbar in erster Linie die technischen Sachverständigen verantwortlich zeichnen, ist recht angreifbar, denn er bedeutet in Wahrheit weniger eine Entscheidung, denn eine Flucht vor der Entscheidung. Die im Protokoll gegebene Begründung der ausweichenden Haltung fordert nicht minder zur Kritik heraus, da sie von einer teilweise ungenügenden Durchdringung der einzelnen Entwürfe zeugt und somit die Richtigkeit der getroffenen Wahl, oder vielmehr: der Scheu vor der Wahl nicht eigentlich zu bekräftigen vermag. Und was soll es gar heißen, wenn am Schluß des Protokolls erklärt wird, daß keines der Projekte hinsichtlich der Gesamtlösung für die Ausführung zu empfehlen sei? Daß Wettbewerbsentwürfe nur selten baureif sind, versteht sich nahezu von selbst. Statt ein solch abfälliges und im übrigen durchaus nicht gerechtfertigtes Urteil über die nun einmal ausgezeichneten Entwürfe zu fällen, wäre es viel eher Aufgabe des Preisgerichts gewesen, das eine oder andere Projekt auf die Möglichkeit seiner Weiterbearbeitung hin zu prüfen.

Unter den eingegangenen Entwürfen stellt der des Architekten *Roeckle* und seines Mitarbeiters, des Gartenarchitekten *Knell*, sicherlich die großzügigste Lösung dar. Roeckle hat als der einzige sämtliche Gebäude zu einer zusammenhängenden Gruppe vereinigt, die einen schönen fünfeckigen Arkadenhof umschließt. Seitlich an dem im Mittelpunkt des Blickfeldes gelegenen, architektonisch besonders betonten Versammlungsraum vorbei gelangt man durch einen breiten Durchgang unmittelbar auf die nach oben zu sich verjüngende Hauptallee, die den Friedhof in einen schmalen nordöstlichen Teil und einen weit ausladenden südwestlichen Teil zerlegt. Die sanft geschwungenen Gräberfelder passen sich dem Gefälle vortrefflich an, die Gliederung des Friedhofes ist übersichtlich und doch zugleich abwechslungsreich. Schiefwinklige Weganschnitte fehlen fast ganz und vor allem: Gebäude und Park sind zu einer festgefügten Einheit verschmolzen, die in ihrer Notwendigkeit überzeugend wirkt. Die Mängel des Entwurfs liegen im wesentlichen auf verkehrstechnischem Gebiete. Der Hof ist zu klein, ferner steht zu befürchten, daß Friedhofsbesucher und Leichenkondukte beim Betreten des Friedhofs einander ins Gehege kommen. Der Durchgang zur großen Allee hätte überdies architektonisch mehr hervorgehoben werden müssen.

Der Entwurf des Architekten *Paravicini*, an dem Gartenarchitekt *Heicke* mitgewirkt hat, verlegt den Friedhofseingang an die projektierte Weststraße und schaltet zwischen die hier befindlichen Verwaltungsgebäude und den Hauptgebäudekomplex einen behäbigen, wohlproportionierten Rundplatz ein, von dem sich die große Verkehrsader des Friedhofs abzweigt. Abgesehen von diesem sehr zweckmäßig angeordneten Platz ist gerade die vom Preisgericht gelobte Aufschließung des Friedhofsgebäudes selber weniger gelungen, da bei ihr zu geringe Rücksicht auf das vorhandene Gefälle genommen wird. Der besondere Vorzug des Entwurfs beruht auf der charaktervollen, großgedachten Lisenenarchitektur des Hauptgebäudes, wie überhaupt die ganze architektonische Anlage wieder einmal von der feinen und jedem Kompromiß abholden Kunst Paravicinis beredtes Zeugnis ablegt.

Architekt Max *Seckbach*[15] hat in Gemeinschaft mit dem Gartenarchitekten *Stegmüller* ein Projekt geschaffen, das sich hauptsächlich durch die großzügige Grundrißgestaltung des in seinen Abmessungen freilich zu groß geratenen Friedhofsgebäudes auszeichnete. Die Architektur hält sich in traditionellen Bahnen. Der Park ist mit Linien durchgearbeitet und bringt auch eine Reihe sehr wertvoller Anregungen, vermag aber doch nicht unbedingt zu befriedigen, weil zu verschwenderisch angelegte Wege teilweise in architektonisch unbetonte Punkte ausmünden. Eine hübsche Idee der Verfasser war es, das Portal des jetzigen Friedhofs aus Pietätsgründen am Eingang des von ihnen geplanten neuen Friedhofs wieder anzuordnen.

Wenn schon drei gleiche Preise ausgeteilt wurden, hätte man auch noch einen vierten Preis statt der bloß lobenden Erwähnung dem Entwurf des Architekten Fritz *Epstein* (Mitarbeiter: Gartenarchitekt W. *Hirsch*, Wiesbaden) zusprechen sollen. Dieses Projekt, das hinsichtlich der Friedhofsanlage einige Verwandschaft mit dem Roekleschen Projekt zeigt, ist trotz seiner stellenweisen Unreife und mangelnden Ausgeglichenheit doch im ganzen eine flotte, sehr begabte Arbeit, der eine brauchbare Gesamtidee zugrunde liegt. – Über die beiden sonst noch ausgestellten Entwürfe ist eigentlich kein Wort weiter zu verlieren. Der eine scheint ein Friedhofsgebäude mit einem Sportrestaurant und ein Gräberfeld mit einem wohlassortierten Warenlager schlechter Grabsteine zu verwechseln, und der andere erhebt sich kaum über die Leistung eines Hochschülers, der gerade etliche Semester hinter sich hat.

(13.9.1921, Abendblatt; Feuilleton, S. 1)

Groß-Frankfurt

Der große Frankfurter Vergnügungsbau am Eschenheimer Tor, dessen Direktion bekanntlich auch die Leitung des Schumann-Theaters übernommen hat, ist in den letzten Monaten einer durchgreifenden inneren Umwandlung unterzogen worden, die sich auf nahezu alle Räumlichkeiten erstreckt. Nach dem Umbau des sogenannten Brettls an der Senckenbergstraße zu einem Musikcafé ist nunmehr das Zillertal seiner Gebirgslandschaften völlig entkleidet und ein vornehmer *Tanz-palast* geworden. In äußerst kurzer Frist hat hier die Berliner Theaterfirma Hugo *Baruch & Co.* wahre Zauberkünste vollbracht. Der neugeschaffene ovale Raum wird ringsum von einer Galerie umzogen, von der aus man bequem das Treiben im großen Parkettsaale beobachten kann. Die Beleuchtung ist sehr geschickt und apart angeordnet. Hinter einem niedrigen durchbrochenen Fries in der Höhe des Deckengesimses verbirgt sich eine indirekt wirkende farbige Beleuchtung, die wohltuendes mattes Licht im Raume verbreitet, und von der Mitte der kuppelartig gewölbten Decke selbst entsenden Scheinwerfer ihr grelles Licht auf die Tanzenden. Die weißen und goldgelben Töne der oberen Saalhälfte klingen gut mit dem Rot der damastbespannten Wände unterhalb der Balkone zusammen und erzeugen eine festlich-heitere Stimmung. An die Hauptgalerie schließt sich ein kleiner, geschmackvoll ausgestatteter orientalischer Raum an, dessen Wände Heinz *Geilfuß* (Nauheim) mit lustigen Bildern belebt hat. – Das frühere Café an der Bleichstraße wurde von Prof. *Cissarz* zu einem vornehmen *Weinrestaurant* umgestaltet, das zwar in seiner architektonischen Gesamtwirkung nicht jedermann einleuchten wird, aber vortreffliche kunstgewerbliche Einzelleistungen an Beleuchtungskörpern, Tischen, Wanddekorationen usw. aufweist. Im ganzen darf man wohl sagen, daß sich die großzügige Innenausstattung vorteilhaft gegen die Außenarchitektur abhebt und sicherlich ihre Anziehungskraft, zumal auf das Fremdenpublikum, nicht verfehlen wird.

(17.9.1921, 2. Morgenblatt; Rubrik: Frankfurter Angelegenheiten, S. 3)

Vom Osthafen

Wer das Osthafengebiet aufsucht, kann sich leicht davon überzeugen, daß die leider immer noch sehr geringe Bautätigkeit
sich nicht nur auf Banken erstreckt, wie es wohl heute leicht
den Anschein hat. So sind hier z.B. Erd- und Baggerarbeiten
zur Erweiterung eines Hafenbassins im vollen Gang. Auch die
Bebauung des noch brach liegenden Industriegeländes schrei-
tet mehr und mehr vor, ein Beweis dafür, daß das Wirtschafts-
leben, allen Schwierigkeiten zum Trotz, sich auf die Dauer
nicht einschnüren läßt. Das jüngste Zeugnis wirtschaftlichen
Ausdehnungsdranges ist das nach dem Main zu gelegene
Gelände der *Rheinstahl-Handelsgesellschaft*, das im Mai vorigen Jahres begonnen und kürzlich seiner Bestimmung übergeben wurde. Man kann es nur begrüßen, daß hier wieder einmal, im Sinne des Werkbundes, versucht worden ist, einen
reinen Zweckbau künstlerisch gut zu lösen. Das Äußere des
von dem Düsseldorfer Architekten Prof. Fahrenkamp entworfenen und von der Frankfurter Baufirma Schmidt-Knatz und
A. Hentz ausgeführten Verwaltungsbaus zeichnet sich durch
eine maßvolle Pfeilergliederung aus, die kaum minder befriedigend wie die gediegene Sachlichkeit der hellen Büroräume
wirkt. Vielleicht ist es nicht unnötig, darauf hinzuweisen, daß
alle Einrichtungen, insbesondere die freundlichen Wohnungen
der Hausangestellten im Obergeschoss, von dem Geist sozialer
Fürsorge getragen sind. Zur Aufnahme der verschiedenen
Eisenerzeugnisse der Rheinstahlwaren dienen zwei mächtige
Hallen und ein großer, übersichtlich angeordneter Lagerplatz.
An dem ganzen Unternehmen tritt deutlich die natürliche
Bestimmung des Osthafens hervor, die großenteils in der Vermittlung des Verkehrs zwischen dem Industriegebiet und Süd-
deutschland besteht.

(22.9.1921, Abendblatt; Rubrik: Frankfurter Angelegenheiten, S. 2)

Das Haus Werkbund

Das Haus Werkbund verdankt seine Entstehung der Zusammenarbeit des Deutschen Werkbundes mit der Messeleitung, die beide von der Absicht beseelt waren, in Frankfurt ein Ausstellungsgebäude zu schaffen, in dem nur hochwertige kunstgewerbliche Leistungen zur Schau geboten werden sollen. Die Bedeutung eines Messehauses, das einem solchen Bestimmungszweck dient, läßt sich gar nicht hoch genug einschätzen, und wundern mag man sich lediglich darüber, daß der ihm zugrunde liegende Gedanke erst so spät seine Verwirklichung gefunden hat. Ist es noch nötig, der vielen Hoffnungen ausdrücklich zu gedenken, die sich an dieses Haus Werkbund knüpfen? Vor allem darf man wohl annehmen, daß die in ihm nun endlich ermöglichte Vereinigung von Qualitätsarbeiten, deren Güte durch eine besondere Jury verbürgt wird, zur Förderung des Sinnes für die bei uns allzusehr vernachlässigte Geschmackskultur beiträgt. Die mannigfachen schönen Gegenstände, denen hier eine freundliche Stätte bereitet ist, werden nicht nur, mittelbar oder unmittelbar, auf das kaufende Publikum eine erzieherische Wirkung ausüben, sondern auch eine immer größere Zahl von Firmen zur Erzeugung künstlerisch einwandfreier Waren anspornen. Und damit ist nicht zuletzt in rein praktischer Hinsicht viel erreicht, denn mehr als je gilt es ja für uns heute, sollen wir dem Ausland gegenüber konkurrenzfähig bleiben, Dinge zu produzieren, die sich dank ihres inneren Wertes und ihrer geschmacklichen Vortrefflichkeit auf dem Weltmarkt zu behaupten wissen.

Das Haus Werkbund ist das Ergebnis eines engeren Wettbewerbs, den die Arbeitsgemeinschaft des *Deutschen Werkbundes* für den *Mittelrhein* im Vorjahre unter sieben dem Werkbund angehörigen Frankfurter Architekten veranstaltet hat. Das Gebäude sollte sich nach Lage und Ausdehnung dem von Architekt Roeckle entworfenen generellen Bebauungsplan einordnen und durch seine äußere Erscheinung die in ihm verkörperte Idee sinnfällig zum Ausdruck bringen. Die Lösung der den Architekten gestellten Aufgabe wäre wesentlich erleichtert worden, wenn die auf diesem Teil des Ausstellungsgeländes bereits befindlichen Messehäuser einen einheitlichen Gesamtcharakter aufgewiesen hätten. Da diese Einheit aber fehlte, konnte sich auch der Bau ihr nicht gut einfügen, sondern mußte von vornherein als verhältnismäßig selbständiges Eigengebilde geplant werden, dem nun die zukünftigen Massivbauten in seiner Nachbarschaft sich irgendwie anzugliedern haben. Als Sieger aus der Konkurrenz ging Architekt Fritz *Voggenberger* hervor; sein Entwurf ist mit gewissen Abänderungen in der kurzen Frist von dreiviertel Jahren zur Ausführung gelangt.

Das Haus Werkbund stellt einen einfachen langgezogenen Rechteckskörper dar, dessen Äußeres leise an einen orientalischen Basar erinnert. Die durch ein flaches, von der Straße aus nicht sichtbares Dach abgeschlossene Fassade entbehrt beinahe jeglicher Gliederung. Auf dem Untergeschoss, das bis zur Kämpferhöhe der Rundbogen aus dunkelgrauem Schlackenbeton besteht, erhebt sich der wuchtige terrakottafarbige Oberbau, dessen Fläche durch schmale, nur gering vorspringende Putzstreifen in rautenförmige Felder aufgeteilt wird. Das Ganze ist zweifelsohne eine eigenartige Schöpfung, die einem neuen Gedanken auf neue Weise Gestalt verleiht und eine bauliche Kultur verrät, wie man sie nicht häufig antrifft. Die Eintönigkeit der großen Fassadenfläche wird durch die charaktervolle Fensteranordnung und die ausgezeichnete Durchbildung sämtlicher architektonischer Einzelheiten beträchtlich gemildert. Für eine Belebung der Wand sorgen vor allem die schönen erkerartigen Schaufenster, die den Vorübergehenden sofort an die Bestimmung des Werkbundhauses gemahnen, ferner die dekorativen Beleuchtungskörper und schließlich die originellen freien Endigungen an den Gebäudeecken. In dem Bogenfeld zwischen den beiden Portalen soll später noch eine Plastik Aufstellung finden, die sich von dem finsteren Grau des Schlackenbetons sicherlich wirksam abheben wird.

Der Grundriß des Gebäudes darf als mustergültig bezeichnet

werden. An eine geräumige Eingangshalle schließen sich im
Erdgeschoss drei miteinander zusammenhängende Ausstellungsräume an, deren Größenverhältnisse sorgsam abgewo-
gen sind. Zwei Treppen, gegen die höchstens das Bedenken
geltend gemacht werden kann, daß sie sich bei starkem Verkehr vielleicht als zu schmal erweisen, führen von der Halle
aus in das Obergeschoss, das vier weitere, teilweise mit Oberlicht versehene Säle von verschiedenen Dimensionen enthält.
Die Treppen setzen sich auch nach dem Souterrain zu fort, in
dem der wohlproportionierte, seitlich belichtete Saal mit kleiner Bühne und allen erforderlichen Nebenräumlichkeiten sehr
zweckmäßig untergebracht ist.

Die innere Einrichtung entspricht durchaus den vielerlei Bedürfnissen, denen das Werkbundhaus im Lauf der Zeit gerecht
werden muß. So sind etwa die Säle an der Rückwand mit Fenstern in normaler Höhe ausgestattet, die einer guten Belichtung
kunstgewerblicher Gegenstände dienen. In allen den Fällen, in
denen nur Licht von oben her benötigt wird, können diese Fenster sofort durch passende Läden derart verkleidet werden, daß
eine lückenlose Wand entsteht. Als ausstellungstechnischer
Sachverständiger hat im Auftrag des Werkbundes der Münchner Architekt *Mossner* mitgewirkt, dem u.a. die praktische
Anordnung der Kojen zu danken ist. Die Kojenwände sind aus
gebeiztem Tannenholz und jederzeit leicht herausnehmbar.
Abgesehen von den das Gebälk tragenden Pfeilern steht also in
diesen Räumen gleichsam nichts fest, ihre Einrichtung läßt sich
vielmehr ohne Schwierigkeit stets so umwandeln, wie es der je-
weilige Zweck gerade erfordert. Die gegenwärtige Ausstellung
beweist das ja schon zu Genüge.

Bei der künstlerischen Ausgestaltung des Innern ist der Architekt von dem richtigen Gedanken ausgegangen, daß die von
ihm geschaffenen Räume in erster Linie einen unauffälligen,
neutralen Rahmen und Hintergrund für die in ihnen gezeigten
Gegenstände abgeben sollen. Wenn trotz der von ihm geübten
weisen Zurückhaltung die Innenfluchten im allgemeinen den
gleichen, nahezu mondänen Charakter wie die Fassade auf-

weisen, so rührt das vor allem von ihrer materialgerechten Behandlung und der aparten Durchbildung der architektonisch ausgezeichneten Punkte her. Die Eingangshalle z.B. wirkt fast allein durch die um der Lichtzufuhr willen angeordneten bogenartigen Durchbrechungen der Treppenhauswand und etwa durch die Betongewände der Saaltüren; hinzu gesellt sich, um die vornehme Wirkung zu verstärken, der Bodenbelag aus schönen Solnhofener Marmorplatten, der sich an den schlichten Wandputz ungezwungen anschließt. In den Ausstellungsräumen selber erfreuen sich eigentlich nur die Stützenköpfe im Obergeschoss einer besonderen Ausbildung. Die zarten Töne der verschiedenen Saalwände, die bald in Rosa, bald in einem leichten Blau oder Grün gehalten sind, verbreiten eine heitere Stimmung und klingen mit der dunkleren Färbung der Kojenwände großenteils gut zusammen. Den Saal im Souterrain, der für alle möglichen Zwecke (so etwa für Vorträge, Mannequin-Vorführungen, künstlerische Darbietungen usw.) vorgesehen ist, hätte man sich freilich reicher ausgestattet gewünscht. Er hinterläßt einen etwas nüchternen Eindruck und hält sich überhaupt nicht völlig auf der Höhe der übrigen Räume. Im ganzen aber ist das Haus Werkbund doch eine bedeutsame architektonische Leistung und sicherlich die geeignete Stätte für vorbildliche Ausstellungen, von denen, wie man mit Zuversicht erwarten darf, künstlerische und kulturelle Anregungen in Fülle ausgehen werden.

(26.9.1921, Morgenblatt; Rubrik: Messe, S. 2)

Caféhaus-Projekte

Wie am Dienstag in der Stadtverordneten-Versammlung mitgeteilt wurde, ist die Verpachtung der *Hauptwache* an die Düsseldorfer Bank noch nicht endgültig entschieden. Angesichts der

Finanznot der Stadt ist das Verhalten des Magistrats in dieser Angelegenheit durchaus begreiflich, so sehr man es auch aus Gründen aller Art bedauern mag, daß gerade die Hauptwache den Bedürfnissen einer Bank dienstbar gemacht werden soll. Beabsichtigt ist dem Vernehmen nach, die Hauptwache auf zehn Jahre zu vermieten gegen eine auf fünf Jahre vorauszuzahlende jährliche Pachtsumme von 400 000 Mark. Weiter verlautet, daß der jetzige Pächter der Hauptwache den Rücktritt vom Pachtvertrag an die Bedingung knüpfte, daß die Stadt ihm einen geeigneten Platz zur Errichtung eines neuen Cafés überlasse. Bisher hatte von einer derartigen Bedingung nichts verlautet. Für den Neubau soll, wie man hört, der nördliche Teil des *Goetheplatzes* gegenüber dem Theaterplatz[16] in Frage kommen. Dem Anschein nach haben die diesbezüglichen Vorschläge ziemlich greifbare Gestalt angenommen, da bereits Einzelheiten über Geschosshöhe und Formgebung des Pavillons in der Presse durchgesickert sind. Im Zusammenhang mit diesem Plan gewinnt übrigens auch wieder das Projekt der Errichtung eines Café-Pavillons auf dem *Roßmarkt* Bedeutung, das im Sommer schon einmal den Magistrat beschäftigt hat.

Es wäre müßig, zu den genannten Bauvorhaben Stellung nehmen zu wollen, ehe über ihre genaue Lage im Stadtbild, über ihre architektonische Ausgestaltung und über die verschiedenen Bedingungen näheres bekannt ist. Anerkannt muß werden, daß das Verschwinden so und so vieler Cafés im Mittelpunkt der Stadt Lücken hinterläßt, die ausgefüllt zu werden verlangen. Trotzdem können wir vor übereilten Neubauten auf dem Roßmarkt oder Goetheplatz *nicht entschieden genug warnen.* Zumal eine Bebauung des Roßmarkts scheint uns aus städtebaulichen Gründen äußerst bedenklich. Unter allen Umständen gilt es zu vermeiden, daß die für den Café-Pavillon ausersehenen Plätze dasselbe Schicksal der Zerstörung trifft, dem nächstens zweifellos der Platz am Taunustor durch den dort zu errichtenden Bankneubau zum Opfer fällt. Sollten die Projekte überhaupt spruchreif werden, so wird man sie jedenfalls sehr ernsthaft auf ihre *städtebauliche Wirkung* hin zu prü-

fen haben. Daß hierbei rechtzeitig die Künstlerschaft hinzuzuziehen und ihr Urteil zu berücksichtigen ist, wird man gewiß
nicht für eine unbillige Forderung halten.

(25.11.1921, 2. Morgenblatt; Rubrik: Frankfurter Angelegenheiten, S. 2)

Das Haus der Technik

Die Arbeiten am Haus der Technik auf dem *Festhallengelände*
sind zur Zeit in vollem Gang. Das Gebäude, das fast ganz in Eisenkonstruktion ausgeführt wird, ist von dem Werk Gustavs-
burg projektiert worden, dessen Angebot sich als besonders
preiswert erwiesen hatte. Da die Messegesellschaft auf dieses
Angebot aus wirtschaftlichen Gründen schnell eingehen
mußte, konnte sie dem Architekten nur die Ausbildung der
Fassade überlassen. Zur Gewinnung von Plänen für die Frontansicht veranstaltete sie Ende November vorigen Jahres einen
beschränkten Wettbewerb, aus dem auf Grund einstimmigen
Urteils des Preisgerichts, dem u.a. Prof. Peter Behrens an-
gehörte, Architekt *Bernoulli* als Sieger hervorging. Ihm wurde
denn auch der Auftrag zuteil. Zur Frühjahrsmesse soll der *erste
Bauabschnitt* fertiggestellt werden. Es handelt sich bei ihm um
eine mit umlaufender Galerie versehene Langhalle, deren Abmessungen ungefähr 170 x 48 Meter betragen. Jeder der später
noch rechts und links hinzukommenden Bauteile überdeckt
nahezu den gleichen Flächenraum wie der jetzt entstehende
Bauabschnitt. Die Halle ist im Gelände so angeordnet, daß ihre
eine Schmalwand den Platzabschluß bildet. Da die *Fassade*
durch die noch projektierten Hallen künftighin nach beiden
Seiten eine wesentliche Verbreiterung erfährt, wird man sie
erst nach Vollendung des ganzen Gebäudes richtig beurteilen
können. Bei ihrer Ausgestaltung war dem Architekten insofern
eine strenge Marschroute vorgeschrieben, als er sich genau an

die ihm gegebene Hallenkonstruktion halten mußte. So zwingt die Binderführung dazu, den Mitteltrakt als sanft geschwungenen Giebel hochzuziehen, obwohl vielleicht eine rein horizontale Gliederung der Frontansicht ästhetisch wirksamer gewesen wäre. Der Entwurf Bernoullis sieht eine Aufteilung der Fassade in Pfeiler vor, deren Abstände den Konstruktionsabständen des Innern entsprechen. Nach oben zu münden die Pfeiler in ein breites Horizontalband ein, das die Felder zwischen den Pfeilern zickzackartig abschließt. In der Mitte über den *fünf Eingängen* wird als Hauptschmuck der im übrigen sehr schlicht behandelten Fassade das Wort «Technik» angebracht, dessen Buchstaben aus Beton bestehen sollen. Als Baumaterial werden wieder schwarzgraue Schlackensteine, Sparsystem Eurich, verwandt. Zur Erzielung einer aparten Farbenwirkung wäre es wünschenswert, wenn man dem Vorschlag des Architekten gemäß, die Felder zwischen den Pfeilern in einem zum Grau des Schlackenbetons wohl abgestimmten *Blau* hielte. Auch würde es sich wohl empfehlen, den Mittelbau noch dadurch architektonisch besonders zu betonen, daß man ihn mit figürlichem Schmuck versieht. Hoffentlich tut die Messeleitung ein übriges, um eine würdige Ausbildung der Fassade des riesigen Neubaus zu ermöglichen.

(15.1.1922, 1. Morgenblatt; Rubrik: Frankfurter Angelegenheiten, S. 3)

Ein neues Theater in Darmstadt

An der Alten Stadtmauer in Darmstadt liegt ein unscheinbares, langezogenes Gebäude, dem niemand es ansieht, daß es vielleicht der älteste Theaterbau Deutschlands ist und eine sehr bewegte Geschichte hat. Es entstand im Jahre 1606 unter Landgraf Ludwig V., der es als «Reithaus» für sportliche höfische Veranstaltungen errichten ließ. Nach teilweisen Umbauten wurde es im Jahre 1670 zuerst für Theaterzwecke benutzt. Dieser offenbar improvisierte Zustand genügte aber bald nicht mehr den steigenden Bedürfnissen, und so berief denn Landgraf Ernst Ludwig im Jahre 1710 den damals als Theaterbaumeister bekannten kurhannöverschen «Hof- und Premierarchitekten» *Louis Remy de la Fosse*, nach dessen Plänen das nunmehr «Opernhaus» genannte Gebäude völlig umgebaut und in ein Drei-Rang-Theater verwandelt wurde. Ein eigenes Ensemble hatte das Theater zunächst noch nicht, vielmehr traten lange Zeit hindurch reisende Truppen in ihm auf, darunter «Banden von Franzosen», die Molière, Racine und Corneille im Urtext aufführten. Erst im Jahre 1810 stellt Landgraf Ludwig X. (der nachmalige Großherzog Ludwig I.) die erste feste Truppe ein. Das inzwischen aufs neue verbesserungsbedürftig gewordene Haus, das jetzt den Namen «Großherzogliches Hoftheater» erhielt, ward unter ihm dem letzten größeren Umbau unterzogen und mit Mozarts «Titus» am 26. Oktober 1810 eröffnet. Schon 1819 geriet es nach der Errichtung des von Moller erbauten neuen Theaters Jahrzehnte lang in Vergessenheit und man erinnerte sich seiner erst wieder, als dies Theater im Jahre 1871 in Flammen aufging. In der Folgezeit stand es zumeist leer, nur hie und da noch interimistisch als Theater dienend. Zuletzt nahm es die Stadt Darmstadt, seine jetzige Besitzerin, für die Zwecke der Kriegsfürsorge in Anspruch.

Auf Veranlassung des Intendanten *Hartung* wird nun dieses geschichtlich immerhin denkwürdige Gebäude erneut seinem eigentlichen Bestimmungszweck zugeführt und zwar soll es fortan *neben* dem großen Theater als «Kleines Haus» für *Kammerspiele* und *Spieloper* Verwendung finden. Erhebliche bauliche Veränderungen im Innern, die das Stadtbauamt unter Leitung von Stadtbaurat *Buxbaum* vorgenommen hat, sind notwendig gewesen, um das verwahrloste Haus wieder beziehbar zu machen und den Erfordernissen der Gegenwart entsprechend einzurichten. Wenn es trotz äußerster Sparsamkeit gelungen ist, die Reize der gegebenen Räume beträchtlich zu steigern und Stimmungen von verblüffender Eindringlichkeit zu erzielen, so gebührt das wesentliche Verdienst hieran dem Darmstädter Bühnenarchitekten *Pilartz*, der durch die von ihm besorgte *farbige Tönung* der Fluchten und Säle dem ganzen Innern neue und eigenartige Wirkungen abgewonnen hat.

Bei dem Rundgang durch das kleine Theater erlebt man manche Überraschung, die das scheunenartige Äußere nicht ahnen läßt. Die Heimlichkeit der Gänge, die schlichten, praktisch angelegten Treppenhäuser, das weiträumige Foyer mit seinen Galerien und vielerlei Nebengelassen: das alles mutet so vertraut altmodisch und behaglich an, daß man sich sogleich geborgen fühlt. Eine Baugesinnung hat hier gewaltet, die von der Entfaltung hohlen Prunks und falscher Prätentionen noch nichts wußte, sondern Größenverhältnisse und Ausstattung der einzelnen Räume auf die wirklichen Bedürfnisse traditionsgebundener Menschen zuschnitt, ohne an richtiger Stelle den passenden Schmuck zu verschmähen, und im übrigen mit einer im treffsicheren Instinkte wurzelnden sorglosen Unbekümmertheit verfuhr. Man betritt den Zuschauerraum und findet seine Erwartungen beinahe übertroffen. Die 850 Plätze, die er enthält, sind vorbildhaft angeordnet, kleine Logenhäuser rechts und links der Bühne vermitteln reizvoll zwischen Saal- und Bühnenwand, und den oberen Abschluß bildet die intim wirkende sichtbare hölzerne Dachkonstruktion, an deren Unterzügen unauffällig die Beleuchtung angebracht ist.

Und nun die Farben! Ihre harmonische Fülle, die je nach der Bestimmung des Raumes bald in heiterem Glanze erstrahlt, bald vornehme Würde atmet, bald wiederum zu gesättigter Wärme sich dämpft, erzeugt Freudigkeit des Gemüts und regt die Phantasie zu spielerischem Mitschwingen an. Im *Foyer* herrscht leuchtendes Goldgelb vor, das sich von dem matten Hellblau des Holzwerks wundervoll abhebt und in gehobene Feststimmung versetzt. Formschöne Vitrinen an den Wänden (nach dem Entwurf des Hochbauamts) und ein von der *Volkstädter* Porzellanmanufaktur gestifteter Beleuchtungskörper *Poelzigs*, dessen schwelgerisches Rokoko die Gesamtstimmung aufnimmt, verdichtet und weiterleitet, zieren den hallenartigen Raum. Auch

aus dem *Zuschauerraum* hat Pilartz durch die Klangfolge des
Farbenspiels Erstaunliches herausgeholt. Wände und Holzwerk
werden von ultramarinblauen und vielfach variierten grünen
Tönen überflutet, deren Fluß sich an dem dunklen Braun des
Gestühls bricht und mit ihm wie dem stumpfen Grün des Büh-
nenvorhangs zu einem einzigen Gewoge verschmilzt, aus dessen verhaltener Dämmerung das Gold der Säulenkapitelle, der
Ornamente in den Brüstungsfüllungen, der Zierleisten und der
Logenbekrönungen hie und da verheißungsvoll auffunkelt.
Jeder Raum empfängt so durch die Farbe seine besondere Note.
Gänge und Treppen etwa sind zumeist in einem satten Rot
gehalten, das durch das Grün der Türen wohltuende Unterbrechung erfährt. Im Obergeschoss liegt das auch als Probebühne benutzbare «grüne Foyer», in dem später ein Marionet-
tentheater eingebaut werden soll, ferner das «blaue Zimmer»
des Intendanten, ein sozusagen historischer Raum, den in früheren Zeiten der Landgraf (durch eine inzwischen zugemauerte
Tür zur angrenzenden Stadtmauer) auf dem Wege vom Schlosse
ins Theater unbemerkt passieren konnte.
Der Wagemut, den die Stadt Darmstadt mit der Schaffung des
neuen Theaters bewiesen hat, wird sicherlich nicht unbelohnt
bleiben und als aufmunterndes Beispiel möglicherweise Nach-
folge zeugen. Abgesehen von kleinen Schönheitsfehlern (wie
z.B. dem Mangel an Heizkörperverkleidungen oder der besser
zu verhüllenden Holzkonstruktionen der Ränge), die sich in
Zeiten weniger drückender Finanznot leicht ausmerzen lassen, ist die vollbrachte Leistung ein wohlgelungener großer
Wurf, ein geradezu musterhaftes Vorbild für die Wiederbele-
bung eines alten Bauwerks aus dem Geiste der Gegenwart heraus. Manche Anzeichen (so etwa Bruno Tauts Aufruf zum farbigen Bauen) deuten darauf hin, daß man die Farbe wieder als
wichtiges Element der Baukunst anzuerkennen beginnt. Nun,
das neu-alte Darmstädter Theater führt sinnfällig genug die
außerordentlichen Wirkungen vor Augen, die man mit ihrer
Unterstützung hervorzuzaubern vermag.

(21.2.1922, Abendblatt; Feuilleton, S. 1)

Umgestaltung des historischen Museums

In aller Stille ist das Frankfurter historische Museum einer Umgestaltung unterzogen worden, die es nun erst zum wahren Besitze macht. Man entsinnt sich noch des Museums aus früheren Zeiten. In dunklen Räumen waren die Kunstschätze in ziemlich unübersichtlicher Weise aufgestellt, ohne daß bei ihrer Anordnung nach strengen Auswahlprinzipien verfahren worden wäre. Museumsdirektor Prof. *Müller* hat diesen alten Zustand, in dem das Museum mehr einem Magazin als einer systematisch angelegten Sammlung glich, gründlich beseitigt und nach doppelter Richtung hin Wandel geschaffen. Zunächst wurde durch lichte Farbgebung der Wände eine wohltuende *Aufhellung* sämtlicher Räume bewirkt, so daß jetzt alle Gegenstände voll zur Geltung kommen. Zweckmäßig angebrachte elektrische Beleuchtung sorgt überdies dafür, daß auch an düsteren Tagen oder etwa in den Abendstunden jedes Objekt an seinem Platze gut besichtigt werden kann. Zu dieser Neueinrichtung der Innenräume, die mit den einfachsten Mitteln erzielt und schon nahezu vollständig durchgeführt worden ist, gesellt sich eine zweite, nicht minder wichtige Veränderung. Prof. Müller hat nämlich die Sammlung rein als *Schausammlung* ausgestaltet und von ihr eine den Forschern zugängliche, in den Magazinräumen untergebrachte wissenschaftliche Sammlung abgespalten. Wesentliches ist von Unwesentlichem geschieden, anstatt der früheren verwirrenden Überfülle gelangt nur noch das Zusammengehörige in kluger Auswahl zur Darbietung, und so hinterläßt denn jeder Saal einen geschlossenen Eindruck, der im Gedächtnis haften bleibt. Besonders hervorgehoben zu werden verdient schließlich, daß die überwiegende Mehrzahl der ausgestellten Gegenstände unmittelbaren Bezug auf Frankfurt hat. Das Museum ist mit anderen Worten aus der Umwandlung als ein spezifisch *Frankfurter* Museum hervorgegangen, man kann sich in ihm, ohne ständig abgelenkt zu werden, über die Kultur unserer Vaterstadt von den ältesten Zeiten an unterrichten. Diese Beschränkung bedeutet in Wahrheit einen Gewinn; ganz abgesehen davon, daß sie zur Förderung der Heimatkunde beiträgt, weist sie auch dem Museum seinen ebenbürtigen Platz neben den großen Museen anderer deutscher Städte mit reicher Vergangenheit an.

Bei einem Rundgang fühlt man sich angenehm überrascht durch die Helle und Weite der einzelnen Säle. Gewölbe und Schauschränke sind geweißt, alle Gänge haben eine gehörige Breite erhalten, und die Gegenstände sind so angeordnet, daß man sich mit Genuß in ihre Betrachtung versenken kann. Wie in dem *Kostüm*-Saal z.b. jetzt Gemälde hängen, die zeitgeschichtlich interessante Kostüme abbilden, wie über den Truhen der verschiedenen Zünfte die Fahnen der betreffenden Innungen ihre Stelle gefunden haben, so ist überall darauf geachtet worden, Dinge zu vereinen, zwischen denen irgendeine sinngemäße Beziehung obwaltet. Derart entstehen *einheitliche Bilder*, die oft eine reizvolle Gesamtwirkung ausüben. In dem den kirchlichen Altertümern gewidmeten Saal etwa glühen die wundervollen *Domfenster* des 18. Jahrhunderts auf, und ein Gewölberaum, der einstens Schuldgefängnis war und darum im Volksmund «Haus der Geduld» hieß, dient heute als malerische *Rüstkammer*. Die Fensternischen nehmen vielfach Schaukästen auf, in denen Kleinsammlungen von Dosen, Pfeifen usw. gezeigt werden; man verweilt gerne bei diesen vortrefflich zusammengestellten Kuriositäten, die hier zu dem ihnen gebührenden Eigenrechte kommen. Türen, Säulen und andere Architekturteile, die man früher nicht unterzubringen wußte, sind jetzt an passendem Ort dem baulichen Organismus eingefügt worden. Vor allem erfreut unter ihnen eine um 1500 entstandene farbige Holzwand aus dem *Haus Lichtenstein*, die mit Frankfurter Wappen reich verziert ist. Eine Welt ganz für sich bildet der erst kürzlich wiedereröffnete große Saal im ersten Stock, der außer kulturgeschichtlich und künstlerisch gleich wertvollen Sammlungen von Hafner-Geschirren und Steinzeugwaren die einzigartige Sammlung *Frankfurter* und *Hanauer Fayencen* enthält. In dem behäbigen Flur desselben

Stockwerks sollen von Monat zu Monat wechselnde Ausstellungen veranstaltet werden. Zur Zeit birgt er eine Schau von Bildern *Frankfurter Photographen* (u.a. Daguerreotypien von Abgeordneten zur 48er Nationalversammlung) aus den Jahren 1840 bis 1870, der Frühzeit der Photographie, die zumeist Leihgaben hiesiger Bürger sind. Für die Zukunft ist beabsichtigt, auch einen Teil der Kellerräume dem Publikum zu eröffnen. Ihre Flucht wird als riesiges Lapidarium dienen, Grabsteine, Überreste römischer Architektur wie überhaupt alte Architekturteile, unter ihnen besonders die schönen *Frankfurter Konsolsteine*, gelangen hier endlich zur zusammenhängenden würdigen Ausstellung.

(9.5.1922, Abendblatt; Rubrik: Frankfurter Angelegenheiten, S. 2)

Neubau der Opel-Automobile Verkaufsgesellschaft

Die Opel-Automobile Verkaufsgesellschaft hat auf ihrem Gelände an der Mainzer Landstraße (hinter dem Rebstock) einen größeren Neubau errichtet, der hauptsächlich dem Mangel an *Garagen* abhelfen soll. Das am Donnerstag mit einer kleinen Feierlichkeit eröffnete Gebäude, das in Verbindung mit der alten Reparaturwerkstätte steht, ist von dem hiesigen Architekten *Schmidt* entworfen worden. An das Hauptgebäude, das außer dem für Bürozwecke dienenden Erdgeschoss zwei Obergeschosse mit vier geräumigen Wohnungen für den Direktor, den Prokuristen und Angestellte enthält, gliedert sich ein Hof an, der von dreißig Garagen und zwei Waschhallen umschlossen wird. Die Garagen sind vermietbar und mit einer Heizung versehen, die den ganzen Winter hindurch die Temperatur über null Grad hält. Außerdem befinden sich in diesen Flügelbauten noch Räume für Gummilager und Automobil-Ersatz-

teile. In architektonischer Hinsicht zeichnet sich die gesamte
Anlage durch strenge Sachlichkeit aus. Das Pfeilermotiv an
dem vorspringenden Erdgeschoss des Hauptbaus wird von der
ebenfalls durch Pfeiler architektonisch betonten Einfahrt aufgenommen und erstreckt sich so über die ganze Straßenfront,
ihr die erforderliche Einheit verleihend. Wirkungsvoll hebt
sich das Grau der Pfeiler von den gelben Putzflächen ab, deren
warmer, freundlicher Ton gerade in der Fabrikgegend wohltu-
end berührt. Besonders hervorgehoben zu werden verdient,
daß überall (so in der Empfangshalle, im Treppenhaus, bei den
Garagentüren) versucht worden ist, mit einfachen Mitteln
künstlerisch hochwertige Leistungen zu erzielen. Der unter
den schwierigsten Verhältnissen ausgeführte Neubau stellt
übrigens nur einen Anfang dar, soll er doch späterhin so erweitert werden, daß er hundert Garagen umfaßt. Auch ist auf dem
großen Gelände noch die Errichtung einer Ausstellungshalle
für Bürozwecke geplant.

(30.6.1922, Stadt-Blatt, S. 1–2)

Haus Wolfseck

Der Bau an der Ecke Steinweg und Schillerplatz ist nach dem
Entwurf des Malers *Fuß* einer äußeren Umgestaltung unterzogen worden, die sich auch auf die Farbgebung erstreckt. Eine
originelle Lösung haben vor allem die um das Haus sich herumziehenden Gesimse erfahren. Sie tragen jetzt die Namen
der in dem Gebäude befindlichen Firmen und erfüllen so
gleichzeitig die praktische Aufgabe der Reklame und die ästhetische Funktion ornamentaler Bänder. Es ließe sich sehr wohl
denken, daß andere Geschäftshäuser diesem Beispiele folgten,
zerstören doch oft häßliche, ohne Zusammenhang mit der

Architektur angebrachte Firmenschilder die Geschlossenheit einer im übrigen gut gegliederten Fassade. Die abgeschrägte Ecke des Hauses wird durch die als Reklamezeichen dienende *Plastik des Wolfes* wirkungsvoll betont. Betrachtet man das Gebäude rein für sich, so freut man sich auch seiner kräftigen, vollsaftigen Färbung. Freilich erhebt sich die Frage, ob es geraten sei, an einem monumentalen Platze ein einzelnes Gebäude derart herauszuheben. Wir möchten diese Frage *im allgemeinen* verneinen, weil durch ein solches Vorgehen die Einheit der Platzwände allzuleicht zerrissen wird. Anders verhält es sich in der Altstadt, wo die Buntheit der Häuser das Gewinkel der engen Gassen vortrefflich belebt.

(20.7.1922, Stadt-Blatt; Feuilleton, S. 1)

Das Haus Braunfels

Durch den künstlerischen Fassadenschmuck des Hauses *Braunfels*, der jetzt, nachdem die Gerüste großenteils entfernt sind, endlich sichtbar wird, ersteht der ganze *Liebfrauenberg* in neuem Glanz. Das stattliche Gebäude hat eine bewegte Vergangenheit. Erbaut wurde es im Jahre 1350 von dem damals reichsten Bürger der Stadt, dem Weinhändler *Brune zur Weinrebe*, der ihm auch, vielleicht nach seinem Heimatort, den Namen Braunfels gab. Das Haus, das schon früh zu Meßzwecken Verwendung fand, galt auf lange hinaus als eines der bedeutendsten in der Stadt. Hier hielt 1442 und 1474 Kaiser Friedrich III. sein Hoflager, hier fanden die Sitzungen des 1495 neuerrichteten *Reichskammergerichts* bis zu seiner Übersiedlung nach Worms im Jahre 1497 statt. In den Zeiten der Reformation wechselte das Gebäude öfters seine Besitzer, ohne daß sich besondere Ereignisse in ihm abgespielt hätten. Zu Anfang des 17. Jahrhunderts dienten dann seine prunkvollen Räume

wiederholt als Absteigequartier für Fürstlichkeiten. So nahm
Kaiser *Matthias* 1612 in ihm Herberge, als er zur Krönung nach
Frankfurt kam, und auch Ferdinand II. kehrte 1619 in ihm zu
seiner Kaiserkrönung ein. Der Aufenthalt König *Gustav Adolfs*
von Schweden im Braunfels währte mit Unterbrechungen über
ein halbes Jahr, vom November 1631 bis Juni 1632. Nach dem
dreißigjährigen Krieg, im Jahre 1658, weilte Kaiser Leopold I.
in seinen Mauern. 1694 ging das ganze Anwesen für 15 000
Gulden an die Patriziergesellschaft *Frauenstein* über, die
damals meist aus Familien des Großkaufmannsstandes zusam-
mengesetzt war, sich aber immer mehr als Adelsgesellschaft
ausbildete. Der ernste gotische Burgbau erfuhr nun eine
durchgreifende Umwandlung im Barockgeschmack. Türm-
chen, Zinnen und Spitzbogen verschwanden, ein neues Portal
mit figürlichem Schmuck wurde errichtet, über dem das Wappen der Gesellschaft, die goldene Lilie im blauen Feld, seine
Stelle fand, und die ganze Fassade erhielt eine heitere Bemalung. Bei den Kaiserkrönungen eröffnete der Braunfels nach
wie vor seine Tore; 1792 hielt der letzte Kaiser des alten Reichs,
Franz II., bei seiner Krönung mit der Kaiserin und mehreren
Erzherzögen in ihm Einkehr. Um die Ausnützung des Hauses
noch vorteilhafter zu gestalten, ließ die Gesellschaft Frauenstein, die nach ihrer Entstehung und Zusammensetzung mit
der Frankfurter Handelswelt eng verbunden war, in den Jahren 1791 bis 1792 und dann wieder in den Jahren 1794 bis 1796
große Umbauten und Neubauten vornehmen. Derart wurde im
Braunfels, dem amtlichen Sitze der einheimischen Kaufmann-
schaft und der Börse, auch ein Messehaus großen Stils geschaffen. Als 1836, nach dem Eintritt der Freien Stadt Frankfurt in
den Zollverein die Messen zurückgingen, leerte sich die Galerie im Braunfels mehr und mehr. Das mag die Gesellschaft
Frauenstein dazu bewogen haben, im Jahre 1859 das ganze
Gebäude zu verkaufen. Später nahm es den Charakter eines
nüchternen Geschäftshauses an, das im Äußern wie im Innern
stark verwahrloste.
Die seit einem Jahr in Gang befindliche *Restaurierung* dieses

historischen Gebäudes ist im wesentlichen das Werk des *Bundes tätiger Altstadtfreunde*. Eine schwere Aufgabe war es vor allem, das Hausinnere wieder in Stand zu setzen. Im Obergeschoss hatte der Schwamm die Balkenköpfe zerfressen und eine bedrohliche Senkung der Decken hervorgerufen. Nach mühseligen Ausbesserungsarbeiten ist jetzt dem Schaden so ziemlich abgeholfen, und wie man hört, hegt die Stadt die Absicht, in den behäbigen Dachräumen Wohnungen einzurichten. Durch die von der Firma *Hembus* ausgeführte Fassadenbemalung ist besonders der Hof wieder zu Ehren gekommen. Das Grau des Sockelgeschosses, der Fensterumrahmungen und der Gesimse geht vortrefflich mit dem Gelb der großen Putzflächen zusammen und verleiht der schlichten Barockarchitektur das ihr anstehende freundliche Aussehen. Von dem kleinen Uhrtürmchen an der Rückwand, in dem auch wieder Glocken angebracht werden sollen, blickt das neue hergerichtete Zifferblatt traulich in den Hof herab. Die Bemalung der Außenfassade nach dem Liebfrauenberg zu lehnt sich im großen und ganzen an einen im Jahre 1728 entstandenen farbigen Stich Salomon *Kleiners* an, der die bunten Hausfronten am fröhlich belebten, winterlichen Platze zeigt. Die gemalten Pilaster werden in der Höhe des zweiten Stockwerks von den lebensgroßen Bildnissen etlicher Fürstlichkeiten bekrönt, die in dem Braunfels Wohnung genommen hatten. Gelbe und rote Töne in Erdfarben überwiegen. Die Ornamentik selber ist teilweise etwas matt geraten. Das in kräftigeren Farben gehaltene schöne Barockportal hebt sich sehr wirkungsvoll von der Fassadenfläche ab.

(27.1.1923, Stadt-Blatt; Rubrik: Groß-Frankfurt, S. 1)

Der Umbau des Hauptbahnhofs
Die Stadt unter dem Bahnhof – Die neuen Kopfbau-
Erweiterungen – Wartesaalerneuerung – Auf dem Quer-
bahnsteig

Obwohl die Arbeiten im Hauptbahnhof noch längst nicht ihren
Abschluß gefunden haben, sind sie doch jetzt so weit gediehen,
daß sich ein Blick hinter die Bauzäune sehr wohl verlohnt. Das
Publikum, das sich schon monatelang geduldig durch die von
diesen Zäunen gebildeten Engpässe hindurch bewegt, ahnt zumeist noch nicht, was hinter der mit Brettern vernagelten Welt
eigentlich vor sich geht, ahnt auch nicht, mit welchen Schwierigkeiten es verknüpft ist, an einem Mittelpunkte des Verkehrs
Umbauten auszuführen, ohne daß der Bahnhofsbetrieb irgendwelche Unterbrechung erleidet.

Die Haupttätigkeit hat sich bisher *unter der Erde* vollzogen,
und man darf ohne Übertreibung sagen, daß hier so etwas wie
ein neuer Stadtteil, eine Art profaner Katakombenstadt entstanden ist. Bis tief unter die mittlere Eingangshalle erstrecken
sich die großen *Unterkellerungen*, die in Zukunft der Ab- und
Zuführung des Reisegepäcks von und zu den Zügen dienen
werden. Sie ziehen sich von der Halle aus in Breite der Halle
unter dem Quersteig hin, wo gewaltige Eisenbetonstützen die
Last der beweglichen Prellböcke aufnehmen. Unterhalb der
Bahnsteigsperre etwa, also am Kopfende der Bahngleise,
zweigt sich der östliche Quertunnel ab, der den Gepäckverkehr
zu den Zügen vermittelt und nicht nur mit der Gepäckaufgabe
in der Eingangshalle, sondern auch mit der Expreßgutabferti-
gung an der Poststraße in Verbindung steht. Geräumige Aufzüge sorgen für die Beförderung des Gepäcks von den Bahnsteigen zu dem Tunnel. Die ganze Anlage soll demnächst dem
Betrieb übergeben werden, wodurch dann endlich der Perso-
nenverkehr auf dem Querbahnsteig die erforderliche Entlastung erfährt. Freilich ist damit die Tunnellierung noch nicht
zu Ende. Unter dem Mittelbahnsteig dehnt sich in Bahnsteig-
breite ein *Längstunnel*, an dem zur Zeit noch gearbeitet wird.

Er verspricht eine wahre *Sehenswürdigkeit* zu werden, seine Deckenkonstruktion ist jedenfalls, soviel läßt sich schon heute sagen, von hohem ästhetischem Reiz. Von dem östlichen Quertunnel an senkt er sich allmählich herab, um den bestehenden Personen- und Posttunnel unterfangen zu können, der den Verkehr zwischen den Bahnsteigen vermittelt. Auf der anderen Seite soll er wieder ansteigen und in einen westlichen Gepäcktunnel einmünden, der genau so wie der östliche ausgebildet wird. Die Weiterarbeit an diesen Tunnels wird sich sehr schwierig gestalten, weil ihre Widerlager direkt unter den Gleisen liegen und der Betrieb aus technischen Gründen nicht gestört werden darf. Um Menschenkraft zu sparen, ist im übrigen vorgesehen, die Gepäckwagen auf maschinelle Weise durch den Längstunnel zu befördern. Man hofft, wenn nicht widrige Ereignisse dazwischen treten, die gesamte Unterkellerung im Laufe dieses Jahres fertigzustellen. Ihre Fortführung unter der Haupteingangshalle hindurch bis zum Bahnhofsvorplatz und die Verlegung auch der Gepäckausgabe in das Souterrain ist wohl noch Zukunftsmusik.

Auch die *Kopfbauten* im Süden und Norden des Querbahnsteigs sind schon zu stattlicher Höhe emporgewachsen. Über das Architektonische, das im Äußeren die Motive des Hauptbaues ohne sklavische Anlehnung in gemäßigtem klassizistischem Geschmacke weiterführt, im Innern dagegen sich moderner und freier entfaltet, wird noch zu reden sein, wenn alle Gerüste gefallen sind. Im gegenwärtigen Stadium der Arbeiten genügt es festzustellen, daß die *Raumeinteilung sehr zweckmäßig* getroffen ist. Man betritt den Querbahnsteig im Norden und Süden künftighin durch geräumige Vorhallen, zu deren Seiten die Fahrkartenschalter und die Handgepäck-Annahmen angeordnet sind. Die Sandsteinausführung der Hallen macht einen günstigen Eindruck, der sich vermutlich noch erhöhen wird, wenn die den Fahrkartenschaltern vorgelagerten Drängeltische aus dunkelrotem Maulbronner Sandstein das Gesamtbild um einen kräftigen Farbenakzent bereichern. Wo die neuen Kopfbauten mit dem Hauptbau zusammenstoßen, sind nochmals kleine Ausgangshallen geschaffen, die direkt ins Freie auf den Bahnhofvorplatz führen. Im Souterrain, von diesen Hallen aus durch bequeme Treppen zu erreichen, befinden sich die Abortanlagen, die Bäder, die Wasch- und Friseurräume, die in hygienischer, technischer und geschmacklicher Hinsicht aufs beste ausgestattet werden sollen. An sie grenzen, ebenfalls im Souterrain, große Lagerkeller für Handgepäck, die mit den darüber gelegenen Annahmestellen durch Paternosteraufzüge verbunden sind. Die oberen Stockwerke der Kopfbauten werden für Dienstzwecke ausgenützt. Auch hier im internen Betrieb sind manche technische Neuerungen geplant. So nimmt der Südbau in seinem zweiten Obergeschoss einen Saal für die *automatische Fernsprechzentrale* auf, durch deren Einrichtung man sich eine bessere Abwicklung des Telephonverkehrs und Ersparnisse an Personal verspricht. Von den Halbrundfenstern dieses noch im Entstehen begriffenen Saales genießt man einen herrlichen Blick auf die Bahnhofshallen mit ihrem Gewirr von Bahnsteigen, auf das ganze, scheinbar so ungeordnete Gewimmel der durcheinander eilenden Menschen, die, von olympischer Höhe aus sich wie ein in Aufruhr geratener Ameisenhaufen ausnehmen. Weitere Kreise wird es interessieren, daß die Bauleitung beabsichtigt, die *Eingangshalle des Südbaues* während der *Frühjahrsmesse* für zehn Tage provisorisch dem Verkehr freizugeben.

Die baulichen Veränderungen im *Hauptbau* selber sind zum Teil schon beendet. In den *Wartesälen*, die an einem Überfluß von Renaissanceschnörkeln und figürlichem Schmuck litten, hat man viel Stuck abgehauen und desgleichen die großen Kronleuchter zum alten Eisen geworfen, ein heute ja bekanntlich lohnendes Geschäft, das sicher auch künstlerisch den Räumen nicht zum Schaden gereicht. Der nördliche Wartesaal ist jetzt ganz auf Grün gestimmt, der südliche erstrahlt in einem kräftigen Rot. Neues Stuhlwerk und passend gewählte Tischlampen wirken mit, die Stimmung der Räume zu erhöhen und den Aufenthalt in ihnen behaglich zu gestalten. Von rein künstlerischem Standpunkt aus wäre wohl eine noch radikalere Umwandlung der wieder vollständig in Betrieb genommenen Räume zu wünschen gewesen.

Auf dem *Querbahnsteig* erfolgt in den nächsten Tagen die Eröffnung des symmetrisch zum Zigarettenkiosk gelegenen *Schokoladenpavillons*, eines mit heiterer Goldornamentik übersäten blaugrünen Innenraums, der so entzückend ist, daß er vermutlich die Reisenden sehr heftig zum Kauf von kleinen Schokoladepäckchen anreizen wird. Im Fortgang der Arbeiten sollen die ganzen *Sperre-Einrichtungen* modernisiert werden. Die gegenüber der Haupteingangshalle befindlichen Sperren erfahren zur besseren Kennzeichnung der Mitte eine ovale Ausrundung, die Gesamtzahl der Durchgänge zu den Bahnsteigen wird auf zweiundsechzig vermehrt, an die Stelle der hölzernen Barrieren treten überall steinerne Drängeltische, und statt der bisherigen Numerierung der ganzen Bahnsteige ist schließlich die gesonderte Numerierung einer jeden Bahnsteigkante vorgesehen. Wann alle diese Umbauten einmal beendet sein werden, läßt sich natürlich unter den gegenwärtigen Zeitverhältnissen nicht mit Bestimmtheit voraussagen. Gewiß ist nur, daß die im Besiegen von Schwierigkeiten erfinderische Bauleitung ihren Ehrgeiz dreinsetzt, die Arbeiten so schnell wie möglich zu fördern, damit endlich das Gesamtprojekt leibhafte Wirklichkeit werde.

(3.3.1923, Stadt-Blatt, S. 1)

Der Wiesbadener Theaterbrand

Der *Brand*, der am vorigen Sonntag abend, bald nach Schluß der «Rienzi»-Vorstellung das Bühnenhaus des *Staatstheaters* zerstörte – Menschenleben sind zum Glück nicht zu beklagen – ist für die Kur- und Fremdenstadt Wiesbaden ein verhängnisvolles Ereignis.[17] Man rüstete bereits für die *Frühjahrssaison* und plante als Auftakt vier «Parsival»-Vorstellungen, mit denen man just am Ende der laufenden Woche zu beginnen gedachte. Diese *Pläne* und die Erwartungen, die man an sie knüpfte, sind jetzt vorerst *zunichte* geworden. Schlimmer aber ist noch der ideelle Schaden, den darüber hinaus der Brand in kritischer Zeit dem deutschen Geistesleben im besetzten Gebiet zugefügt hat. Wegen der Höhe seiner künstlerischen Leistungen genoß das Wiesbadener Theater von jeher internationalen Ruf und war darum in hervorragendem Maße dazu geeignet, auf bedrohtem Außenposten eine wichtige *kulturelle Sendung* zu erfüllen. Nun es vorläufig ausgeschaltet ist, hat eine Quelle zu fließen aufgehört, aus der viele Tausende sich aufzufrischen und seelische Widerstandskraft zu schöpfen vermochten.

***

Die *Brandstelle* bietet ein Bild der Verwüstung. Von der Parkseite aus betritt man das offene *Bühnenhaus*, das wie ein Schornstein ausgeraucht ist. Auf dem Bühnenboden lagern in chaotischer Wirrnis die heruntergestürzten Eisenkonstruktionen der Dachkuppe, die kläglichen Überreste des großen eisernen Vorhangs, der die Vorderbühne von der Hinterbühne trennte, halb verbrannte Prospekte usw. – eine einzige *Schuttmasse*, die niemand mehr zu entwirren vermag. Die vielen eisernen Führungsschienen der Prospekte hängen lose und verbogen, als seien sie Kinderspielzeug, an den kahlen Seitenwänden herab. Die umlaufenden Arbeitsgalerien sind verschwunden, von dem Schnürboden mit seinen vielen Tauen und Stricken fehlt jede Spur. *Der eiserne Vorhang*, der zum Glück standhielt, ist gewellt wie ein Tuch und an einer Stelle auseinandergesprengt. Auch der Bühnenboden weist natürlich große Risse auf, wie überhaupt sämtliche maschinellen Einrichtungen des Bühnenhauses völlig zerstört sind. Die Aufräumungsarbeiten, die am Montag früh sofort einsetzten, werden wohl eine Reihe von Tagen in Anspruch nehmen. Zur Zeit schafft man sorgfältig Stück für Stück der Prospekte ins Freie. Die Beseitigung des Riesenknäuls der Eisenkonstruktionen steht als schwerste Arbeit noch bevor. Ein seltsamer Anblick, diese rauchgeschwärzten hochragenden Mauern, die in den oberen Regionen irgendwo ohne Grund plötzlich aufhören, dieser ganze ungeheure leere Raum, auf dessen sinnlos und unordentlich gehäuftes Eisengerümpel der kaltblaue Himmel des Vorfrühlings lächelnd herniederscheint.

Bei alledem hatte man noch Glück im Unglück. Dekorationen, Versatzstücke und Prospekte sind nur in geringer Anzahl zerstört, da von der «Rienzi»-Aufführung her lediglich der Rundhorizont mit Stilbühne stand. Die unmittelbar zu beiden Seiten der Bühne angrenzenden Garderoben- und Büroräume haben kaum eine Beschädigung erlitten. Überhaupt ist der unersetzliche *Fundus* des Theaters – Kostüme, Musikinstrumente, Bibliothek – so gut wie völlig *unversehrt* geblieben, desgleichen die ganze Versenkungsmaschinerie sowie der Maschinenraum; bloß einzelne in der Rüstkammer befindliche Ausstattungsstücke sind von dem Feuer angegriffen worden. *Gerettet* ist auch, was die vielen auswärtigen Theaterfreunde besonders interessieren wird, der herrliche *Zuschauerraum*, in den die nach oben treibenden Flammen gar nicht eingedrungen sind. Am Morgen nach dem Brand fand man noch auf den Orchesterpulten die unbeschädigten Noten zum «Rienzi».

***

Erst um $1/2$ 11 Uhr, als der «Rienzi» längst zu Ende geführt war und das Haus in völligem Dunkel lag, wurde der Ausbruch des Brandes bemerkt. Die durch verschiedene Feuermelder sofort alarmierte städtische Feuerwehr war trotz des Hindernisses der leider noch immer bestehenden Telephonsperre bereits um 10 Minuten vor 11 Uhr vollzählig zur Stelle. Zur Absperrung erschienen unaufgefordert zwei Kompanien der französischen Besatzungstruppen, die sich im übrigen an den Löscharbeiten nicht weiter beteiligten. Schon um 1 Uhr gelang es der Wiesbadener Feuerwehr, den Feuerherd zu lokalisieren, ohne daß sie hierzu der Unterstützung der auf französischen Anruf herbeigeeilten Mainzer Feuerwehr bedurft hätte. Sie setzte gleich nach Erscheinen die Berieselung des eisernen Vorhangs zum Zuschauerraum in Tätigkeit, griff das Bühnenhaus mit

achtundzwanzig Leitungen an und beseitigte so durch ihr um-
sichtiges Vorgehen die Gefahr für die anstoßenden Bauteile.
Die Witterung kam ihr zu Hilfe. Hätte statt des Ostwindes West-
wind geherrscht, so wäre ein Übergreifen der Flammen auf das
benachbarte Foyer-Gebäude kaum zu verhindern gewesen.
Durch die Wasserfluten, die das Feuer erstickten, sind naturgemäß auch die das Bühnenhaus umlagernden Räumlichkeiten sowie die Versenkungsvorrichtungen überschwemmt worden. Dieser Schaden wird aber am schnellsten zu beheben
sein. Auf den Rasenflächen vor dem Theater sonnen sich
schon, harmlosen Untieren gleich, riesige Dekorationsstücke
und auch die vielen flachen Seitendächer sind geradezu übersät mit dem bunten Flitterwerk durchnäßter Kostüme, die
friedlich zum Trocknen ausgebreitet liegen.

**

Der *Grund* für den Ausbruch der Brandkatastrophe ist noch
ganz unaufgeklärt. Der Obermaschinenmeister selber über-
wachte das Auslöschen der Fackeln am Schlusse des «Rienzi»,
und ein Versehen von dieser Seite erscheint umso mehr als
ausgeschlossen, als ein Bühnenkünstler, der geraume Zeit
nach Beendigung der Vorstellung noch einmal die dunkle
Bühne überschritt, nichts Verdächtiges beobachtete. Kurz-
schluß kommt, so wird von den Fachmännern versichert,
ebenfalls nicht in Frage, da die gesamten elektrischen Leitungen im Theater nach Theaterschluß ordnungsgemäß stromlos
gemacht worden sind. So tappt man vorerst völlig im dunkeln
und darf auf die Ergebnisse der im Gang befindlichen Unter-
suchung sehr gespannt sein.
Der *Schaden* beziffert sich, wie wir bereits mitgeteilt haben,
nach den ersten überschlägigen Schätzungen, auf rund *drei
Milliarden Mark*. Dem Vernehmen nach ist zum mindesten ein
Teil der gewaltigen Summe durch Versicherung gedeckt. Nicht
unerwähnt mag bleiben, daß über die Erhöhung dieser Versicherung gerade mit der Stadt, die Eigentümerin des Theaters
ist, verhandelt wurde.

**

Was soll jetzt geschehen? Das ist die Frage, die alle Gemüter beschäftigt. Nun, die beteiligten Kreise sind sich einig darin, daß sobald als möglich wiederaufgebaut werden muß. In einer außerordentlichen Sitzung beriet der Magistrat bereits über die zunächst zu treffenden Maßnahmen, und die Verhandlungen mit dem Ministerium sollen alsbald aufgenommen werden. Wie entschlossen und tatkräftig man vorgeht, beweist die eine Tatsache, daß schon gestern ein *neues Dach* für das Bühnenhaus bestellt worden ist. Als wesentliche Erleichterung wird es empfunden, daß die Werkpläne für das ganze Theater mitsamt seinen maschinellen Einrichtungen noch vollständig vorliegen. Der Intendant Dr. *Hagemann* ist der Überzeugung, daß bei großer Beschleunigung der Bauarbeiten das Theater binnen einem halben Jahr wieder in seinem alten Glanz erstehen kann.

Inzwischen wird man sich in der Hauptsache wohl oder übel mit dem «Kleinen Haus», dem ehemaligen Residenztheater, behelfen müssen. Dieses wenige Jahre vor Kriegsbeginn von dem jetzigen Kurdirektor Dr. *Rauch* erbaute entzückende Theaterchen sank im Krieg zur Operettenbühne, späterhin gar zum Kino herab, und wurde schließlich, als es in die Hände von Ausländern zu gelangen drohte, von der Stadt auf längere Zeit gepachtet. Vor rund anderthalb Jahren richtete das Kultusministerium unter dem jetzigen Intendanten eine zweite Staatsbühne in ihm ein, die nunmehr dem Schauspiel und der kleinen Spieloper dient und sich großer Beliebtheit erfreut. Für Opernaufführungen kommt das Kleine Haus freilich ebenso wenig in Betracht wie der Kurhaussaal, dessen Umbau für einen solchen Zweck sich als technisch unmöglich erweist und ja auch allzu große Kosten verschlingen würde. Immerhin ist es nicht ganz undenkbar, daß man doch noch ein Provisorium schaffen kann, das über die opernlose, die schreckliche Zeit hinweghilft.

(21.3.1923, 1. Morgenblatt, S. 2)

Neues von der Frankfurter Messe

Zur Frühlingsmesse vom 15. bis 21. April soll die sich an das Haus Offenbach anschließende neue Halle *Schuh und Leder* eröffnet werden. Die nach den Plänen des Architekten Franz Roeckle errichtete Halle umfaßt zwei Geschosse und weist eine Bodenfläche von rund 6500 Quadratmetern auf. Besonders schwierig gestaltete sich die Belichtung des Erdgeschosses, dessen Breite 32 Meter beträgt. Der Architekt bewältigte diese Schwierigkeit sehr glücklich dadurch, daß er in der Decke des Erdgeschosses *vier große Öffnungen* anordnete, die das zur Erhellung der mittleren Teile des Erdgeschosses erforderliche Licht von den Fenstern des schmaleren Obergeschosses aus zuführen. An der Verbindungsstelle zwischen dem Haus Offenbach und der neuen Halle befindet sich die behäbige dreiarmige Haupttreppe, der noch zwei an den Seitenwänden der Halle gelegene Nebentreppen zugesellt sind. Die vier Reihen der die Deckenkonstruktion und die Dachlast tragenden Stützen teilen das Innere der mächtigen Halle in fünf Längsschiffe auf. Mit Ausnahme des Daches und der Holzstützen des Obergeschosses sind sämtliche Konstruktionen aus Eisenbeton hergestellt. Diese Holzstützen sollen später mit Rabitz umkleidet und durch Stichbogen miteinander verbunden werden, auch ist zur Verhüllung der vorläufig sichtbaren Dachkonstruktion die Einschaltung einer über dem Mittelschiff gewölbten Zwischendecke vorgesehen. Die konstruktive Durchbildung und Proportionierung des gewaltigen Raumganzen ist vortrefflich gelungen. Eine starke Wirkung wird zumal durch die Lichtöffnungen hervorgerufen, die Erd- und Obergeschoss zur architektonischen Einheit verschmelzen.

Was die in der Sparbauweise von Eurich ausgeführten *Fassaden* betrifft, so ist die Nordfassade noch Fragment. Ein richtiges Bild erhält man hier erst, wenn die geplanten baulichen Erweiterungen hinzutreten, die das Haus Offenbach mit dem Werkbundhaus verbinden sollen. Das Werden von Messebauten kann eben nur nach und nach erfolgen, und es hat sogar sei-

nen eigenen Reiz, dieses *allmähliche Wachstum* zu beobachten
und von Zeit zu Zeit festzustellen, wie scheinbar zusammen-
hangslose Bruchstücke sich über kurz oder lang als Teile eines
größeren Ganzen erweisen. Die Südfassade überzeugt ebenso
wie das Innere durch ihre guten Proportionen und ihre ruhige
Geschlossenheit. Daß das Projekt so schnell in die Wirklichkeit
umgesetzt werden konnte, ist das Verdienst des mit der Bauleitung betrauten Baurats *Grörich*. Die Einrichtung der Kojen hat
auf Veranlassung der Aussteller Prof. Hugo *Eberhardt* übernommen.

(28.3.1923, 2. Morgenblatt; Rubrik: Frankfurter Angelegenheiten, S. 2)

Das Klubgebäude des Sportklubs «Frankfurt 1880»

Den am Kühhornshof gelegenen neuen Sportplatz des Sport-
klubs «Frankfurt 1880», über dessen Eröffnung vor kurzem hier
berichtet wurde, ziert ein kleines *Klubgebäude*, das rein als architektonische Leistung einige Beachtung verdient. Architekt
Paravicini, der Schöpfer der ganzen Anlage, hat das langgestreckte, flach abgedeckte Gebäude inmitten der drei Wett-
spielplätze für Rugby, Hockey und Tennis auf zwei Terrassen
angeordnet, die einen vollwertigen Ersatz für Zuschauertribünen bieten. Der niedrige Bau enthält eine große, mit hohen
Fenstertüren versehene «Diele», zu deren beiden Seiten sich
die Herren- und Damengarderoben und anderen Nutzräume
befinden. Trotz aller Einfachheit ist diese Diele, die durch ein
Büffet in direkter Verbindung mit der Küche steht, sehr apart
eingerichtet. Die nach Entwurf angefertigten roten Tische und
Stühle heben sich gut von den grünen Wänden ab und das charaktervolle kantige Bretter-Motiv, das mannigfach variiert, an
den verschiedensten Stellen auftaucht, gibt dem Raum seine

besondere Note. Wohl gelungen ist vor allem die Anbringung der Beleuchtungskörper an den Pfeilerköpfen und den originell geformten Wandarmen. Nach außen hin tritt das schmucke Häuschen seiner Bestimmung gemäß sehr anspruchslos auf. Das richtige Bild von dem zweckmäßig und übersichtlich angelegten Gelände wird man erst nach etwa sechs Wochen erhalten, wenn die als Einfassung der Plätze dienenden Platanenbäume und die Ligusterhecken an den Terrassen zur vollen Höhe gediehen sein werden.

(19.6.1923, Stadt-Blatt, S. 2)

«Neue Lichtbühne» [18]

Zu den vielen *Kinotheatern* Frankfurts ist jetzt ein *neues* hinzugekommen: die «Neue Lichtbühne» auf der Bilbelerstraße, die sich gestern mit dem oben besprochenen[19] Großfilm «Friedrich Schiller» auf das beste eingeführt hat. Um einen genügend großen Raum zu schaffen, hat man das frühere Odeon-Kino durch einen Anbau erweitert, der den seitlichen Hof zum Teil überdeckt. Berücksichtigt man die Schwierigkeiten eines solchen Umbaus, zieht man auch mit in Erwägung, daß durch die strengen baupolizeilichen Anforderungen die Freiheit des architektonischen Planes vielfach begrenzt wird, so erscheint die Raumlösung in praktischer Hinsicht zufriedenstellend. Durch einen breiten, mit großen Wandspiegel ausgestatteten Vorraum, in dem Kasse und Büro gelegen sind, betritt man das Theater, dessen 630 Sitzplätze sämtlich den erwünschten Überblick über die Leinwandfläche gewähren. Der Bühne gegenüber ist eine weit ausladende Galerie angeordnet, hinter der sich der Raum für den Operateur befindet. Die Entleerung des Hauses erfolgt durch mehrere Seitenausgänge nach dem Hofe zu, der direkt auf die Straße mündet und, gemäß den baupolizeilichen Bestimmungen, so breit ist, daß die Feuerwehr in ihn einfahren und an seinem rückwärtigen Ende wenden kann. Decke und Wände des von dem hiesigen Architekten *Bender* mit der Architekturfirma *Opfermann* umgebauten und erweiterten Theaterchens sind in hellen, ein wenig kalten Farben gehalten, die Ornamentik hätte man sich moderner und kräftiger gewünscht. – Die Lichtbühne will vor allem Filme zeigen, die für die *Jugend* geeignet sind, und zwar außer den Unterhaltungsstücken auch wissenschaftliche Filme, die der Belehrung dienen. Wir halten diese Absicht für sehr begrüßenswert und glauben, daß ihre Durchführung einem in weiteren Kreisen gehegten berechtigten Bedürfnis entgegenkommt.

(1.7.1923, Stadt-Blatt; Feuilleton, S. 1)

Vom Institut für Sozialforschung

Das im März dieses Jahres in Angriff genommene Gebäude des Frankfurter Instituts für Sozialforschung, eine Gründung bekannter Förderer der Universität und ihrer Einrichtungen, nähert sich der Vollendung. Über seine Bestimmung ist bereits früher von uns berichtet worden (vergl. Stadt-Blatt vom 26. Oktober 1922). Es hat die Aufgabe, in einer Bibliothek alles zu sammeln, was an Spezialliteratur und Sonderveröffentlichungen über das ihm anvertraute Arbeitsgebiet vorhanden ist. Daneben tritt als nicht minder wichtige Aufgabe die Anlage eines Archivs, dem die Zusammenstellung des in in- und ausländischen Zeitungen, Zeitschriften, Denk- und Flugschriften zerstreuten Materials obliegt, ferner die Schaffung einer Kartei, die als Zentralnachweis der im Institut selber nicht erreichbaren Werke auszubilden sein wird.

Das vom Architekten Franz *Roeckle* errichtete Institutsgebäude

erhebt sich in unmittelbarer Nähe der Universität an der Vikto-
ria-Allee. Es gliedert sich in drei Hauptteile: einen Teil, der
dem akademischen Schulbetrieb dient, einen anderen, der
Spezialforschung gewidmeten Teil und schließlich einen Teil
für Bibliotheks- und Verwaltungszwecke. Die Räume für den
allgemeinen Schulbetrieb gruppieren sich sämtlich um die
große Mittelhalle, die sich durch die zwei unteren Hauptge-
schosse erstreckt. Sie umfassen außer etlichen Dozenten- und
Assistentenzimmern eine Anzahl von Seminarräumen, die in
der Hauptsache als Stiftung an die volkswirtschaftliche Fakultät der Universität übergehen sollen. Der eigentliche Instituts-
betrieb, der von dem Lehrbetrieb ganz abgetrennt ist, spielt
sich in den beiden Obergeschossen ab, zu denen zwei links
und rechts beim Eingang gelegene seitliche Treppen empor-
führen. Den Kern dieser Abteilung nimmt der die beiden Geschosse erfüllende Lesesaal ein, der über der Mittelhalle liegt
und durch hoch angebrachte Seitenfenster sein Licht erhält.
Schmale Zimmer von normaler Geschosshöhe, die den Benüt-
zern des Instituts als Arbeitsstätte dienen, umlagern ihn wie
Mönchszellen den Klosterhof. In Verbindung mit ihnen sind
auch die Räume für Archiv und Karthotek sowie das Zimmer
des Direktors angeordnet. Nach rückwärts schließt sich der
fünfgeschossige Verwaltungsteil an, der durch eine Wendeltreppe mit dem Institut und der Mittelhalle verbunden ist. Im
Erdgeschoss befinden sich Buchbinderei und Buchdruckerei,
darüber liegt die Hausmeisterwohnung, die schon bald bezogen werden soll. Die drei oberen Geschosse bergen ihrer
ganzen Ausdehnung nach die Büchermagazine in sich, die
rund 60 000 Bände aufnehmen können; ein Ausleihe- und Ab-
gaberaum vermittelt den Verkehr zwischen ihnen und dem Lesesaal. Die erforderlichen Nebenräume, wie Garderoben, Pa-
piermagazin, Aktentresor, Keller für Brennmaterialien und
Zentralheizung, sind alle im Souterrain untergebracht. Auch
ein großes Kistenmagazin, das gleichzeitig als Auto-Unterstell-
raum dient, fehlt übrigens nicht.
Die schwierige Aufgabe, einen baulichen *Organismus* zu schaf-

fen, der so verschiedenen Bestimmungszwecken gerecht wird, ist voll bewältigt. Klar und übersichtlich greifen die Raumgruppen ineinander, Zusammengehöriges steht in zweckmäßiger Verbindung und nirgends erhält man den Eindruck der Künstelei. Bei der Grundrißbildung und Fügung des Ganzen hat äußerste Sparsamkeit gewaltet. Damit das unerläßliche Höhenmaß nicht überschritten werde, sind die Seminarräume und der Lesesaal von niedrigeren Zwischengeschossen umgeben, in denen die kleineren Räume Unterkunft gefunden haben. Auf massive Konstruktionen ist überall großer Wert gelegt. Im wesentlichen hat man mit Eisenbeton gearbeitet, der in Pfeilern und Deckenbalken unverhüllt zum Ausdruck gelangt.

Die *Fassaden* sind folgerichtig aus dem Grundriß entwickelt. Sie sollten ursprünglich in Klinkern ausgeführt werden, da aber nach der Sperrung der Grenzen dieses Material aus dem besetzten Gebiet nicht mehr zu beschaffen war, griff man zum Fränkischen Muschelkalk. Er verleiht dem Äußeren einen ernsten, beinahe festungsartigen Charakter, den der durch die flachen Dächer erzielte horizontale obere Abschluß noch beträchtlich steigert. Auf den ersten Anschein hin wirkt diese schmucklose Architektur, die bewußt auf die Übernahme traditioneller Stilelemente verzichtet, etwas befremdend, zumal ihre Beurteilung erschwert wird durch das hohe Nachbarhaus, dessen Stockwerk- und Fensterteilung einen falschen Maßstab hergibt. Aber hat sich erst das Auge richtig eingestellt, so gewinnt die äußere Erscheinung mehr und mehr an Überzeugungskraft und man spürt, daß sie das gedrungene und komprimierte Innere mit großer künstlerischer Unbefangenheit zur Darstellung bringt.

(24.11.1923, Stadt-Blatt; Rubrik: Groß-Frankfurt, S. 1)

Das Schicksal des Dominikanerklosters

Das Frankfurter Dominikanerkloster an der heutigen *Battonn-straße* ist eine Schöpfung des Dominikaner-Bettelordens um die Wende des 13. Jahrhunderts. Im Gegensatz zu den adligen Orden der Benediktiner, Zisterzienser und Prämonstratenser, die ihre Niederlassungen fern den Städten gründeten, siedelten sich die Bettelorden inmitten der Städte an, um sich gemäß der Lehre des hl. Franziskus und des hl. Dominikus der Armenpflege und Seelsorge in der Landessprache zu widmen. Zumal den Dominikanern gehörten die größten Gelehrten und Mystiker des 14. Jahrhunderts an: so Albertus Magnus, Meister Ekkehart, Suso, Tauler usw. – Die monumentale Kargheit des hiesigen Dominikanerklosters bezeugt, daß auch in Frankfurt der Orden in seiner Frühzeit das Armutsgelübde zu erfüllen trachtete. Bis ins 19. Jahrhundert hinein – der Orden wurde 1803 durch die Franzosen aufgelöst – war das Kloster eine große *Sehenswürdigkeit*, da es in seiner Kirche berühmte Gemälde von Holbein d.Ä., Grünewald, Dürer, Uffenbach usw. barg. Diese bilden seit kurzem einen Hauptschmuck des Städels. In der Folgezeit diente das säkularisierte Kloster den verschiedensten Zwecken. Von 1886 bis 1923 war die *Battonn-schule* darin untergebracht; die in der Mitte geteilte Kirche wurde als Turnhalle für die Schule und als sogenannte «Stadthalle» für Volksvorlesungen und ähnliche Veranstaltungen verwandt.

Es erhebt sich die Frage, was heute mit den leeren Räumen geschehen soll. Der Magistrat plant, in dem ersten Stock des Klostergebäudes die *Kassen* des Gas-, Wasser- und Elektrizitätswerkes zusammenzulegen. In dem Erdgeschoss, das den noch schön erhaltenen Kreuzgang umschließt, will das Tiefbauamt Werkstätten für die *Wassermesserprüfung* einrichten. Vom Ordensprovinzial Albert Magnus bis zum Wassermesserklempner – immerhin kein kleiner Schritt.

Daß das Gebäude für solche profanen Zwecke denn doch zu kostbar ist, sollte nicht zu bezweifeln sein. Eine bessere Ver-

wendung seiner Erdgeschossräume hat seit einem Vierteljahre
der «Bund tätiger Altstadtfreunde» auf eigene Initiative hin gefunden. Er betreut und speist dort in den geheizten Sälen den
ganzen Nachmittag hindurch über *500 Altstadtkinder.* Bei
gutem Wetter dient der von allen Seiten geschützte Kreuzhof
als Spielstätte, bei schlechtem Wetter der ihn umziehende
Kreuzgang. Solche Fürsorge für die sonst völlig verwahrlo-
sende Altstadtjugend entspricht dem Willen der Stifter des Gebäudes gewiß mehr als die Anlage von Werkstätten, für die
etwa eine Unterkunft in historisch belangloseren Gebäuden
gefunden werden müßte. Der Sparzwang darf keineswegs dazu führen, daß man den Kindern diesen idealen Platz in der
Altstadt wieder nimmt und damit zugleich ein Gebäude von
hohem geschichtlichem Rang seiner inneren Bestimmung entfremdet.

Und die *Kirche*? Der Besuch der Stadthalle ist seit der Gründung des Volksbildungsheims immer mehr zurückgegangen
und die frühere Turnhalle im Chor wird gegenwärtig überhaupt nicht benutzt. Uns dünkt nach alledem, daß jetzt der
richtige Augenblick gekommen ist, eine schon alte Anregung
von Stadtbaurat *Schaumann* und Geheimrat *Kautzsch* zu verwirklichen. Sie ging dahin, die der Stadt gehörige (zur Zeit in
der Kegelbahn des Liebighauses zusammengestapelte) Sammlung von Abgüssen der *mittelalterlichen deutschen Monumen-
talplastik* in einem besonders geeigneten ehemaligen Kirchen-
raum aufzustellen. Leider kommt die Karmeliterkirche, die
vorläufig Theaterkulissen beherbergen muß, hierfür in abseh-
barer Zeit nicht in Betracht. So scheint die Dominikanerkirche
geradezu berufen, eine solche Bestimmung zu erfüllen. Diese
Verwendung böte mehrere große Vorteile. Einmal würde die
frühgotische Kirche durch die Herausnahme der Zwi-
schenwand wieder in ihrer alten Schönheit erstehen, zum anderen erhielte Frankfurt kostenlos eine mustergültige *Schau
von Skulpturen* aus der Blütezeit des deutschen Kunstschaf-
fens. Da man die Bildwerke in den Seitenschiffen unterbringen
könnte, bliebe außerdem das breite Mittelschiff, das über tau-

send Personen faßt, für Vorträge, Konzerte usw. jederzeit frei verfügbar.

Wir besitzen in Deutschland noch kein großes Museum mittelalterlicher Plastik. Umso weniger sollte man in Frankfurt die seltene Gelegenheit verpassen, die sich jetzt für seine Verwirklichung bietet. Der Gedanke, daß ein derartiges Museum, das die Versenkung in die Meisterwerke der deutschen Vergangenheit ermöglicht, mit ganz geringen Mitteln sich schaffen läßt, müßte alle Hindernisse zurückdrängen, die seiner Gründung etwa entgegenstehen.

(14.12.1923, Stadt-Blatt; Rubrik: Groß-Frankfurt, S. 1)

Ein moderner Fabrik-Verwaltungsbau

An der Mainzer Landstraße erhebt sich seit kurzem das neue *Verwaltungsgebäude* der *Peters Union*. Es wurde errichtet, weil die gegenüberliegende Fabrik erweitert werden sollte und keinen Platz mehr für Büroräume bot. Die Ausführung des im Oktober vollendeten Gebäudes nahm die Zeit von anderthalb Jahren in Anspruch.

Der Neubau, eine Schöpfung des Frankfurter Architekten A. *Aßmann*, ist ein mächtiger Block, der eine Rechtecksfläche von rund 1700 Quadratmetern bedeckt. In seinen fünf Geschossen, die sich um zwei symmetrisch angeordnete Innenhöfe gruppieren, sind alle für die Verwaltung dienlichen Räume untergebracht; sie haben gleich so große Ausmaße erhalten, daß sie bequem das doppelte Personal bergen können. Eine geräumige, wohlproportionierte Halle, in deren Mitte die breite Haupttreppe einmündet, empfängt den Eintretenden. Er mag von ihr zu Kasse und Buchhaltung auf der einen Seite, zum Stadtverkauf und zur Ersatzabteilung auf der anderen gelangen. Im ersten Obergeschoss liegen die Direktorenzimmer und

nach hinten zu der große Sitzungssaal, der mit einem Beratungszimmer in unmittelbarer Verbindung steht. Büros und
Lagerräume, alle hell erleuchtet, fügen sich in den verschiedenen Geschossen dem Grundrißschema stets ohne Gewaltsam-
keit ein. Zuhöchst befindet sich die ausgedehnte Reklameab-
teilung mit einer eigenen kleinen Druckerei und das Kasino
für Beamte und Angestellte, das durch die Speisenausgabe mit
einer elektrisch eingerichteten Küche zusammenhängt. Von
seinen Fenstern aus genießt man einen schönen Blick auf die
Gleisanlagen des Hauptbahnhofs.

An das Verwaltungsgebäude schließt sich ein niedriges, lang-
gestrecktes *Lagerhaus* an, das schon bestehenden Schuppen
vorgebaut ist und mit dem Keller drei Geschosse umfaßt. Die
Güterwagen fahren dicht an die Laderampe vor, so daß die
Verladung ohne Schwierigkeit erfolgen kann. Später sollen
nach dem Hof zu noch mehrere Garagen in ihm Unterkunft
finden.

Der zweckmäßigen Organisation des Grundrisses entspricht
die Güte und Gewähltheit der *Architektur*. Es versteht sich von
selbst, daß sie auf prunkvolle Entfaltung verzichtet und sich
ganz schlicht gibt. Wahl des Materials und manche architektonische Feinheiten tragen dazu bei, daß das *Äußere* trotz dieser
Einfachheit reizvoll wirkt. Erdgeschoss, Fenstergewände, Gesimse und andere ausgezeichnete Bauteile sind in einem gelb-
lichen Tuffstein ausgeführt, von dem der grüne Putz angenehm
absticht. Der oberen Abschlußlinie des mit einem flachen Dach
versehenen Gebäudes verleihen die konsolartigen Ausbuch-
tungen des Hauptgesimses eine abwechslungsreiche Gestalt,
wie überhaupt die guten Profilierungen der umlaufenden Bänder und Gesimse das Ganze beleben und klangvoll machen.
Das häufiger wiederkehrende Dreiecksmotiv, das sich mit den
Spitzbogen der oberen Fensterreihe wohl verträgt, bricht die
Starrheit der Horizontalen und erzeugt eine leichte Bewegtheit
der Fläche. Der wenige Schmuck sammelt sich über der Fassa-
denmitte, der ein von Pfeilern getragener Balkon im Erdgeschoss vorlagert. Es wird von zwei liegenden männlichen Ge-

stalten bekrönt, die sich der Architektur richtig einfügen und ihr einen wesentlichen Akzent verleihen. Sie sind das Werk des Bildhauers Ohly, der auch den Sturz über der Eingangstür sehr glücklich ornamentiert hat. Beabsichtigt ist noch, auf der Mitte des Hauptgesimses die Bronzeplastik eines Bärs, des bekannten Reklamezeichens von Peters Union, anzubringen. Doch auch ohne dieses Tüpfelchen auf dem I vermag das Baumassiv zumal von der Einfahrt in den Hauptbahnhof her, die Aufmerksamkeit auf sich zu lenken.

Die *Innenausstattung* steht hinter dem Äußeren nicht zurück. Vornehm wirkt vor allem die mit geblümtem Jura verkleidete Eingangshalle, die architektonisch einwandfrei gelöst ist. Wandschränke sind vielfach eingebaut, alle Nischen praktisch ausgenutzt. Zusammengehalten werden sämtliche Räume durch die einheitliche Formensprache, die den Decken, Möbeln, Beleuchtungskörpern ihr Gepräge verleiht.

(15.12.1923, Stadt-Blatt, S. 1)

Ein Geschäftspalast

Die kahlen Flächen rechts und links des *Schumann-Theaters*, die schon seit langem als störende Lücke empfunden wurden, sollen nun endlich bebaut werden. Eine *Industriehaus-Bauaktiengesellschaft* (Technische Oberleitung: Baumeister Walter *Fischer*) hat sich aufgetan, die hier einen Baukomplex schaffen will, der Unterkunft für Geschäftsräume, Bureaux und Unternehmungen der verschiedensten Art gewähren wird. Die Baumaterialien, mit denen sich das Konsortium rechtzeitig eingedeckt hat, lagern bereits alle im Osthafen. Finanziert wird das Projekt auf *genossenschaftlicher* Basis. Das heißt, die Mietinteressenten tragen durch Übernahme von Aktien einen Teil der Ausbaukosten. Diese Beteiligung an der Substanz hat u.a. den

Vorteil für sie, daß die von ihnen für zehn Jahre gemieteten Räume ohne weitere Kosten nach ihren besonderen Wünschen ausgebaut werden können. Wegen der Schwierigkeit der Kapitalbeschaffung ist ihnen auch eine Bezahlung in Raten ermöglicht worden.

Der erste Bauabschnitt ist der Neubau an der *Taunusstraße*, der eine Frontlänge von rund einundsiebzig Metern hat. Er umfaßt einschließlich des Erdgeschosses und des teilweise ausgebauten Dachgeschosses *acht* Geschosse, die, nach den Plänen zu urteilen, wirtschaftlich aufs äußerste ausgenutzt sind. Die Läden enthalten Galerie-Zwischengeschosse, auch ein Café ist vorgesehen. Sämtliche Räume sind bereits vermietet. Das Gebäude, das als Eisenbetonrahmenbau hochgeführt wird, soll am 1. Oktober bezugsfertig sein. Um die Bauarbeiten in dem gewünschten Tempo zu fördern, werden ungefähr *dreihundert Arbeiter* eingestellt. Der zweite, an der *Karlstraße* gelegene Bauabschnitt, der annähernd dieselbe Größe wie der erste hat, soll spätestens im Mai in Angriff genommen werden und am 1. Dezember beendet sein. Auch hier sind die Räume schon fast alle vergeben. – Der dritte Bauabschnitt nach der *Moselstraße* zu schließt sich unmittelbar an den zweiten an. Man beabsichtigt, ihn höher als acht Geschosse zu führen und seinen Hof durch einen niedrigen zweigeschossigen *Garagenbau* zu überdecken, der über fünfzig Einzelgaragen und zwei geräumige Hallen umfassen soll. Die Durchführung dieses Sonderprojekts wird eine eigens gegründete Betriebsgesellschaft übernehmen.

In *wirtschaftlicher* Hinsicht ist die Errichtung des Riesenkomplexes sicherlich ein Gewinn für Frankfurt. Sie eröffnet dem Bauhandwerk vielfältige Arbeitsmöglichkeiten und schafft, was ebenso wesentlich ist, Räume für Firmen, die bisher notdürftig in der Innenstadt untergebracht waren. Man darf also hoffen, daß der Neubau auf dem Gebiet des Wohnungsmarktes eine gewisse Erleichterung bringt, da eine Anzahl jetzt noch durch Büros belegter Wohnungen wieder verfügbar wird. Über die *Architektur* läßt sich auf Grund flüchtigen Einblicks in die

Pläne nur soviel sagen, daß sie sich in ziemlich konventionellen Gleisen zu bewegen scheint. Bei der Bedeutung des Projekts für das Stadtbild halten wir es für *dringend* geboten, daß dem *Beirat* zur Erhaltung der Eigenart des Stadtbildes Gelegenheit gegeben werde, Stellung zu ihm zu nehmen.

(8.2.1924, Stadt-Blatt, S. 1)

«Deutsche Kunstbühne»[20]

Aus dem früheren Kristallpalast, der mit seiner Flachkuppel und den Altfrankfurter Einbauten recht primitiv wirkte, ist in der knappen Zeit von vier Monaten die *«Deutsche Kunstbühne»* hervorgegangen. Architekt *Böcher* hatte bei dem Umbau eine Fülle technischer Schwierigkeiten zu überwinden, indessen sind die Notausgänge so günstig angeordnet, daß die Baupolizei ohne Anstand die erforderlichen Dispense erteilte. Von der *Vorhalle* aus, die ganz neu hergerichtet ist, gelangt man von den Garderoben und an einem farbig dekorierten *Erfrischungsraum* vorbei in den *Zuschauerraum*, der 1200 Plätze faßt. Die weit ausladende *Galerie*, die unbekümmert um die nicht auszumerzenden Mittelpfeiler den ganzen Raum durchzieht, läßt die unsymmetrische Anlage ein wenig vergessen. Wohin man nur blickt, entfaltet sich die etwas überladene Pracht der Stukkaturen, deren Ornamente an den Deckenprofilen von grünem Glas unterbrochen sind, durch das während der Vorführungen ein matter Lichtschimmer dringt. Die ganze Einrichtung mitsamt dieser Lichteffekte wirkt zwar keineswegs sehr künstlerisch, trägt aber wohl den Ansprüchen Rechnung, die das Publikum heute an ein großstädtisches Vergnügungsetablissement zu stellen pflegt. Die Besucher der Deutschen Kunstbühne finden ferner im selben Hause nicht nur ein rötlich erstrahlendes Foyer vor, das sich nach Schluß der Vorstellung in ein *Weinrestaurant* verwandelt, sondern stoßen auch, von Genuß zu Genuß fortschreitend, auf die Nischenintimität eines *Cabarets*, dessen Ausstattung offensichtlich kunstgewerbliche Aspirationen hegt.

(4.5.1924, Stadt-Blatt, S. 3)

Der Ausbau des Frankfurter Messegeländes

Der Mittelpunkt des Frankfurter Messegeländes ist die seinerzeit von Thiersch errichtete *Festhalle*, die windschief zu den angrenzenden Straßen liegt und sich architektonisch schlechterdings nicht eingliedern läßt. Um dieses unglückselige Erbe aus Wilhelminischen Zeiten lagern in geringeren oder größeren Abständen die verschiedenen massiven Messebauten: Haus Offenbach, Haus Schuh und Leder, Osthalle C, Haus Werkbund und Haus der Technik; sie sind, zum Teil auf Grund eines vorläufigen Bebauungsplanes des Architekten Roeckle, im Lauf der letzten Jahre entstanden, wie es gerade die praktischen Bedürfnisse mit sich brachten.

Solange die Frankfurter Messe noch in den Anfängen steckte, mochte man sich, oder mußte man sich sogar mit diesem provisorischen Aneinanderflicken der Hallen und Häuser begnügen. Inzwischen aber ist sie das geworden, was man einen «Wirtschaftsfaktor» nennt und die Notwendigkeit räumlicher Ausdehnung drängt zu neuen baulichen Taten. So bleibt denn keine Wahl mehr: man muß auf eine Ausfüllung des Geländes und eine organische Verbindung des vorhandenen baulichen Konglomerates sinnen. Das Messeamt hat daher vor einiger Zeit einen – leider zu kurz befristeten – allgemeinen *deutschen Ideen-Wettbewerb* ausgeschrieben, der brauchbare Vorschläge für die *Gesamtbebauung* fordert. Laut Programm sollen die neu zu errichtenden Hallen lediglich Messezwecken dienen und so angeordnet sein, daß das städtebauliche Bild endlich sich rundet.

Die 178 eingegangenen Entwürfe stehen im Hause Werkbund zur Schau. Das Preisgericht, in dem u.a. Peter Behrens saß, hat auf die Zuteilung eines ersten Preises verzichtet und statt dessen sechs Projekte mit gleichen Preisen bedacht, vier weitere angekauft. In dem Gutachten heißt es, daß die Schwierigkeiten der Aufgabe und die ungünstigen Platzverhältnisse wohl die Hauptschuld daran trügen, wenn der Wettbewerb nicht zu einem unmittelbar baureifen Entwurf geführt habe.

Das Studium der Projekte lehrt, daß in der Tat den Architekten eine wahre Sisyphusarbeit zugemutet wird. Da ist als wichtigste Verkehrsader der vom Hauptbahnhof kommende Platz der Republik, der vor den Zugängen zur Messe weit ausbuchtet; er ist aber hier nicht eigentlich ein Platz, sondern viel eher ein zufälliges Zusammentreffen verschiedener Alleen, die sich spitzwinklig begegnen. Hinter diesem unübersichtlichen Vakuum liegt in einiger Entfernung die Festhalle, die von keinem Orte aus als point de vue sich anzubieten vermag. Die Frage ist nun: soll man den Raum zwischen ihr und jenem Vakuum als einen *geschlossenen* Hof ausbilden, oder soll man die rechts und links von ihr vorzuziehenden Flügelbauten *offen* stehen lassen, damit sie selber gewissermaßen zur Platzwand werde? Im ersten Falle bleibt ihre Cliché-Fassade gnädig verhüllt, im zweiten Falle ist sie zwar sichtbar, kann aber durch die Akzentverlegung auf den westlichen Flügel vergleichgültigt werden. Erschwerend tritt noch hinzu, daß bei der Lösung des Platzabschlusses auch auf das gegenüber gelegene künftige Hochhaus Rücksicht genommen werden muß. Mit der Aufgabe, die Verhältnisse vor der Festhalle vernünftig zu regeln, konkurriert und kollidiert die andere, von dem neuen Platze aus zweckmäßige Verbindungen zu dem westlichen Teil des Messegeländes zu schaffen, den das Haus der Technik exzentrisch begrenzt. Es ist ein Gebiet für sich, das keinerlei architektonisch einleuchtende Beziehungen zu dem Vorraum der Festhalle unterhält. So ist denn schließlich seine Bebauung ein weiteres

Problem, das die Behandlung der übrigen nicht eben erleichtert.

Die *preisgekrönten* Entwürfe – ihre Verfasser sind Architekt L. *Goerz* (München), Architekt Fr. *Leykauf* (Düsseldorf), Prof. *v. Loehr* und Architekt R. *Wollmann* (Frankfurt), Baurat Fr. *Riedel* und Baurat H. M. *Schmidt* (Hamburg), Architekt G. *Schaupp* in Firma C. T. Steinert (Frankfurt) und Architekt Fr. *Thyriot* (Frankfurt) – im einzelnen zu diskutieren, verbietet sich aus zwei Gründen. Einmal zeichnet sich infolge der mannigfachen an die Planung gestellten Ansprüche kein Projekt so unzweideutig vor den Nebenbuhlern aus, daß man es durchaus an die Spitze verweisen müßte, zum anderen ist das Programm viel zu vage und weitmaschig, als daß sich aus seinen Forderungen ein sicherer Maßstab für die Beurteilung gewinnen ließe. Es eröffnet durch seine Unbestimmtheit den Verfassern hunderterlei Möglichkeiten, die gegeneinander abzuwägen bei der innigen Verflochtenheit des Ästhetischen mit dem Praktischen ein Unding wäre. Da außerdem nirgends sämtliche Schwierigkeiten zugleich bewältigt sind, sondern bald diese, bald jene zurücktritt oder sich vordrängt, ist die Bemühung um zweifelsfreie Wahl ein schier aussichtsloses Beginnen. Das Preisgericht muß dergleichen gefühlt haben, denn es hat ganz heterogene Entwürfe prämiiert und mangels einer festen Haft in den Programmvorschriften der bloßen Bildwirkung hie und da mehr Beobachtung geschenkt, als sie verdiente. Immerhin ergeben sich aus dem Vergleich der Entwürfe einige allgemeine *Richtlinien* für die zukünftige Bebauung. Man erkennt etwa, daß in städtebaulicher Hinsicht die offene Platzlösung den Vorzug vor der geschlossenen behauptet und daß es nicht wohl angeht, die unbequeme Festhalle durch daneben gepflanzte Hochhäuser und utopische Türme ihres Übergewichtes zu berauben. An die Entwürfe, die nach diesen Grundsätzen verfahren, wird man am ehesten anküpfen können. Was die *angekauften* Projekte betrifft – sie stammen von Architekt O. *Biel* (Berlin und Frankfurt), Architekt R. *Ermisch* (Charlottenburg), Prof. O. O. *Kurz* und Architekt M. *Wiederanders* (München), Prof. *v. Loehr* und

Architekt R. *Wollmann* (Frankfurt) –, so läßt sich über sie nicht viel anderes sagen, als daß sie die Hauptthemen auf mehr oder weniger originelle Weise variieren. Ein paar der anonym gebliebenen Arbeiten hätte man ihnen getrost zur Seite stellen oder gar ebenfalls mit einem Preise belohnen dürfen.

Das *Gesamtbild* der Ausstellung ist wenig anmutend. Zahlreiche Bewerber haben die schwache Grundlage des Programms zum Vorwand genommen, um allen realen Bedingungen abzusagen und auf dem Papier ihre luftigen Phantasien zu verüben. Sie machen ungültige Anleihen bei namhaften Baukünstlern, bauten hemmungslos die exotischen Stilarten aus und tragen ihre Unbeschwertheit mit Prätention zu Markt. Der Zeitspiegel ist wahrhaft erschreckend, denn Anarchie, Willkür und krause Verworrenheit sind kaum noch der Steigerung fähig. Die Felsenfassade von M'schatta prangt neben dem Grabmal des Theoderich und einer arabischen Kuppelstadt; Entartungen der Siegesallee gesellen sich zu Manifestationen aus Glas, und aus diesen wurstförmigen oder zickzackartigen Grundrissen entquellen Gebilde perversen Ungeschmacks. Unausführbar vieles und ohne jeden Bezug auf die Wirklichkeit. Wie zumeist, so überwiegt auch hier am Ende die Mittelmäßigkeit, die ihre Langeweile durch Achtbarkeit zu tilgen meint.

Das Preisgericht hat zu Protokoll gegeben, daß seiner Überzeugung nach die gewonnenen Ergebnisse sehr wohl zur Grundlage eines Ausführungs-Entwurfes verwandt werden könnten. Erforderlich hierzu wäre freilich die Ausarbeitung eines genauen Bauprogrammes, das feste Grenzen zieht und die Erfahrungen nutzt, die man dem Wettbewerb verdankt. Bei seiner Verwirklichung sollte man der Preisträger nicht vergessen, die an der schwierigen Aufgabe sich abgemüht haben.

(23.5.1924, 1. Morgenblatt; Feuilleton, S. 1–2)

Erweiterung eines Kunstgewerbe-Hauses

Die Frankfurter Firma *H. und S. Langenbach* hat die Zahl ihrer
Ausstellungsgeschosse noch um zwei weitere vermehrt, so daß
sie nun ihre Inneneinrichtungen auf sieben Stockwerke vertei-
len kann. Auch bei den neuen Räumen ist Wert darauf gelegt
worden, daß jeder von ihnen mit den in ihm gezeigten Möbel-
stücken harmonisch zusammenklingt. Wände, Dielen, Beleuchtungskörper: das alles ist auf die Schauobjekte angepaßt,
um eine leichtere Beurteilung ihrer Wirkung im eingerichteten Zimmer zu ermöglichen. Die verschiedene Größenabstu-
fung und architektonische Behandlung der Gemächer trägt
den mannigfachsten Raumansprüchen Rechnung, wie auch
das in ihm Gebotene selber vom schlichten Typenmöbel an bis
zum reichverzierten Stilmöbel vielfältigen Zwecken und Ge-
schmäckern Rechnung trägt.

(4.11.1924, Stadt-Blatt, S. 1)

Die Erweiterung des Opernhauses

Die Direktion der städtischen Bühnen hat vor kurzem den
städtischen Behörden Programm und Pläne zu einer großzügi-
gen *Erweiterung* des *Opernhauses* mitgeteilt. Über die Gründe,
die zu diesem Projekt führten und seine Verwirklichung in der
einen oder anderen Form als notwendig erscheinen lassen, sei
das Folgende mitgeteilt.
Schon seit langer Zeit befriedigt das Opernhaus nicht mehr die
stetig wachsenden *Raumbedürfnisse*. Es fehlt eine Probebühne –
der hierfür provisorisch mitverwandte Ballettsaal ist zu klein –,
es fehlt ein Orchester-Probesaal und mangelt an Garderoben
und den dringend erforderlichen Bade-Einrichtungen für die
Darsteller. Auch die Schreinerei in der Hochstraße reicht für die

heutigen Dekorationen längst nicht aus, und die ungünstige
Lage des Malersaales hoch oben im Vorderhaus erschwert über
Gebühr den Kulissentransport. Die Magazin-Verhältnisse gar
sind völlig unzugänglich. Klage geführt wird schließlich über
den Orchesterraum, dessen Zugänge viel zu schmal sind.
Was innerhalb des vorhandenen Baus zur Abhilfe dieser Un-
zuträglichkeiten geschehen konnte, war nicht viel. Direktor
Müller-Wieland hat einige Kellerräume erschlossen, ferner
etliche Probezimmer und einen neuen kleinen Ballettsaal eingerichtet. Aber das sind nur Notbehelfe, die zudem teilweise
auf Kosten der Garderoben geschaffen werden mußten.
Das jetzt von der Direktion eingereichte *Projekt* sucht die Übel
von Grund auf zu beheben. Es zerfällt in zwei Teile: den Umbau des Zuschauerraumes und die Erweiterung des Bühnenhauses. Jener steht eine *Senkung* des *Parketts* um rund zwei
Meter vor, durch die das Parkett endlich die baupolizeilich ge-
forderten Seiten-Ausgänge erhielte und die Zahl seiner Sitze
um über *dreihundert* neue (unter den Logen) vermehrt werden
könnte. Hand in Hand mit seiner Umwandlung würde eine
Tieferlegung des *Orchesterraumes* gehen, der sich dann unter
die Proszeniumslogen erstreckte und ebenfalls beträchtlich an
Raum gewänne.
Der eigentliche *Erweiterungsbau* soll nach dem vorläufigen
Projekt den *Opernplatz überqueren* und den einen Seitenflügel
des Bühnenhauses mit dem gegenüberliegenden Kulissenhaus
verbinden. Er ist als vier- bis fünfstöckiger Bau gedacht, der in
einer Länge von etwa 42 Metern und einer Breite von ungefähr
20 Metern auszubilden wäre und natürlich die notwendigen
Durchgänge für den Passanten- und Wagenverkehr enthalten
müßte. Die Kulissen ließen sich auf elektrischem Wege durch
diesen Verbindungstrakt transportieren. Außerdem plant Direktor Müller-Wieland in ihm unterzubringen: einen Ballettsaal, eine Probebühne, einen Chorsaal und einen Orchester-
probesaal, eine Schreinerei mit Abstellräumen, eine Herren-
und Damenschneiderei mit Magazinen, den Malersaal, Garderoben, Probezimmer, Bade-Einrichtungen und zulängliche

Aufenthaltsräume für das Personal. Nicht zuletzt hätte der Anbau zum Teil die neu anzuordnende *Schiebebühne* aufzunehmen, die eine bessere Ausnutzung der Dekorationen und Verkürzung der Pausen gestatten würde.

Anstelle der Überbrückung des Opernplatzes wäre übrigens auch – als *Variante* dieses Projekts – der symmetrische Anbau kürzerer Trakte zu beiden Seiten des Hinterhauses möglich, der im Prinzip die Raumansprüche in gleicher Weise befriedigen könnte. Nicht zu empfehlen wäre dagegen eine Erweiterung nach hinten. Da sie die Einrichtung der Schiebebühne ausschlösse und überdies den Zug der Promenaden durchschnitte.

Die *Ausführung* der baulichen Arbeiten brauchte nach der Ansicht von Direktor Müller-Wieland keine Einschränkung des Spielbetriebs nach sich zu ziehen. Der innere Umbau hätte während des Sommers gleichzeitig mit dem Anbau zu erfolgen, der, ohne die Vorstellungen zu stören, ruhig noch in die Spielzeit fallen dürfte. Die Schiebebühne ließe sich dann während der nächsten Sommerferien einbauen. Was die *finanzielle* Seite des Unternehmens betrifft, so geht die Meinung dahin, daß die Baukosten durch die Mehreinnahmen aus den neu hinzukommenden Parkett-Plätzen im Verlauf einiger Jahre einzubringen sind.

***

So beschaffen ist das Projekt. Wir haben früher schon einmal andeutungsweise davon gesprochen. Es unterliegt zur Zeit der Prüfung durch die Behörden und wird noch die Stadtverordneten-Versammlung zu beschäftigen haben. Daß im Interesse des Kunstinstituts unserer Oper die Schaffung der fehlenden Räume sich als unumgänglich notwendig erweist, duldet wohl keinen Zweifel, und wir sind der Überzeugung, daß sich auch die Behörden dieser Notwendigkeit nicht verschließen werden. Die Frage ist nur, wie der Umbau und die Erweiterung ausgeführt werden sollen, damit sie auch den künstlerischen und städtebaulichen Anforderungen genügen. Bei der Senkung des Parketts sowohl wie gar bei der Bebauung des Opernplatzes handelt es sich um Aufgaben, deren Lösung des feinsten künstlerischen Taktes bedarf. Der Zuschauerraum birgt ästhetische Werte, die mit Zartheit bewahrt zu werden verlangen, und das Äußere des Monumentalbaues unserer Oper mitsamt der angrenzenden Platzanlage ist so in sich geschlossen und als geschlossene Gestaltung dem Allgemeinbewußtsein so tief eingeprägt, daß ein Wandel des Bildes den Architekten vor die größten Schwierigkeiten stellt. Das soll aber keineswegs heißen, daß sich ein Eingriff in den vorhandenen architektonischen und städtebaulichen Organismus überhaupt verbiete, wenn – wie in diesem Falle – praktische Erwägungen ihn fordern, es besagt nur, daß jede bauliche Veränderung der Oper mit dem vollen Einsatz des künstlerischen Gewissens zu geschehen hat. Da eine Verwirklichung des Projektes das Gesicht unserer Stadt wesentlich umgestalten wird, hat die Öffentlichkeit, haben zumal die Kreise der Kunstverständigen einen Anspruch darauf, die etwaigen Planungen rechtzeitig kennenzulernen, um sich zu vergewissern, ob bei der Durchführung eines so tief einschneidenden Vorhabens den künstlerischen Gesichtspunkten voll Rechnung getragen werde. Ohne uns vorläufig auf weitere, die Ausführung des Projektes betreffende Fragen einzulassen, meinen wir im übrigen, daß für seine ästhetische Ausgestaltung in erster Linie der neue Stadtbaumeister zuständig sei, der uns hoffentlich bald ersteht.

(7.2.1925, Stadt-Blatt; Rubrik: Groß-Frankfurt, S. 1)

Der Neubau der Deutschen Bank

Die Direktion der *Deutschen Bank* hatte gestern zu einer Besichtigung ihres Neubaus an der Kaiserstraße eingeladen. Das Äußere des von Architekt *Plate* errichteten Gebäudes ist in schlichten Formen gehalten, die den Renaissancecharakter der

Nachbarfassaden aufnehmen und gemäßigt weiterbilden. Auch die Geschosshöhen passen sich den angrenzenden Bauten an, und was die Achsenteilung betrifft, so ist bei ihr schon die Rücksicht auf eine etwaige spätere Erweiterung maßgebend gewesen.

Bei der Gestaltung des Innern hat ersichtlich das Prinzip der *Sparsamkeit* geherrscht, ohne daß darum die Repräsentationspflichten vernachlässigt worden wären. Die Grundrißbildung ist bedingt durch das Erfordernis, bequeme Anschluß-Möglichkeiten an die vorhandenen Teile des Bank-Komplexes zu erhalten – ein Erfordernis, das auf die Tiefe der Räume und die Anlage der Korridore bestimmend eingewirkt hat. Das Erdgeschoss wird im wesentlichen durch die große zweigeschossige *Kassenhalle* ausgefüllt, die dem Verkehr mit der Privatkundschaft dient. Abgesehen von dem Marmorbelag, der in vielen Räumen verwandt wird und überall eine individuelle Ausbildung erfährt, sind solche Materialien hier nicht benutzt, wie ja überhaupt das Bestreben sich bemerkbar macht, mit den geringsten Mitteln eine gute ästhetische Wirkung zu erzielen. Das gilt auch für die Ornamentik, die – man darf wohl sagen, zum Glück – nur ganz bescheiden hervortritt. An die Kassenräume schließen sich die dazugehörigen Arbeitsräume, Lese- und Sprechzimmer an. Die *Tresor*-Räume, von dem Lesezimmer aus erreichbar, liegen im Souterrain. Sie sind, wie sich von selbst versteht, mit allen ordentlichen Sicherheitsvorrichtungen der modernen Technik ausgestattet und erweisen sich nach menschlichem Ermessen auch ohne die ständig geübte Kontrolle jedwedem Einbruchsversuch gegenüber als hieb- und stichklammerfest. Ein zweiter Keller unterhalb der Safesräume ist zur Aufbewahrung von Silbersachen bestimmt.

Das erste *Obergeschoss* beherbergt die Räume der *Direktion*, würdig ausgestaltete holzvertäfelte Arbeits-, Sprech- und Beratungszimmer mit eingebauten Wandschränken, über denen in langen, den Monteuren zugänglichen Schächten die Kabel zur Speisung der ausgedehnten Schwachstrom-Anlage untergebracht sind. Von der in Direktions- und Sitzungszimmern sonst

üblichen Anordnung zahlreicher Apparate für die Schwach-
strom-Leitungen auf den Arbeitstischen usw. ist hier abgesehen worden. Es sind vielmehr kleine fahrbare Telephon-Tisch-
chen neben den Arbeitstischen aufgestellt, die sämtliche
Zuleitungen in sich aufnehmen und auf einer einzigen Platte
alle Druckknöpfe zur Bedienung der Leitungen vereinen.
Im zweiten Stock des sonst für Büroräume ausgenutzten Gebäudes befindet sich der große *Sitzungssaal*, den Waldemar
Coste mit Fresken ausgemalt hat. Er bietet ein von der gewohnten Einrichtung solcher Säle abweichendes Bild. Wände
und Decken zeigen eine Mannigfaltigkeit allegorischer Kompositionen, die das menschliche Leben von der Geburt bis zum
Tode versinnlichen. Die Farben sind in den nassen Putz aufge-
tragen – eine seit langer Zeit geübte Fresko-Technik, die der
Künstler handwerklich vortrefflich gemeistert hat. Der Figu-
renreichtum ist so diszipliniert, daß die Gefahr einer aufdringlichen Wirkung vermieden wird. Von Coste rührt übrigens auch das große Fresko-Gemälde zur Ehrung der im Krieg
gefallenen Bankbeamten her, das die Eingangshalle schmückt.

(13.2.1925, Stadt-Blatt; Rubrik: Groß-Frankfurt, S. 1)

Der Wettbewerb «Hauptzollamt»
Ein städtebauliches Problem

Das *Bauprogramm* für das künftige Hauptzollamt ist von dem
Hochbauamt in Gemeinschaft mit den Zollbehörden festgestellt worden. Es sieht als Baugrund den Platz an der Domgasse
vor dem Rebstock vor. Man kann über die Wahl dieses Orts verschiedener Ansicht sein. Vielleicht haben die maßgebenden
Stellen beabsichtigt, durch die Verlegung des Zollgebäudes in
die Nähe des Domes der Altstadt einen stärkeren Verkehr zu-
zuleiten. Indessen ist es zum mindesten problematisch, ob die

nun getroffene Wahl auch die *praktischen* Bedürfnisse hinreichend befriedige; an einem der großen Verkehrszentren befindet sich jedenfalls das Zollgebäude in der Gegend der Braubachstraße nicht. Fragwürdiger noch erscheint seine Lage an dieser Stelle vom ästhetischen Gesichtspunkt aus. Da der Rebstock nun einmal freigelegt ist, wäre viel eher daran zu denken gewesen, daß man mit ihm als Hintergrund eine *Platzanlage* geschaffen hätte, die mit dem Domplatz zusammen ein schönes städtebauliches Bild hätte ergeben können. Der Möglichkeiten hierzu waren und sind genug; es ließe sich etwa an niedrige Flankengebäude zu beiden Seiten des Rebstockes denken.

Infolge seiner Zweckbestimmung hat das Bauprogramm diesen Möglichkeiten *nur ungenügend Rechnung tragen* können. Darüber hinaus hat es manche Unklarheiten gelassen, manche Auswege sogar vielleicht verriegelt. Die von ihm vorgezeichnete städtebauliche Linie, die gegenüber der «Wage» polygonal verläuft, hat nach dem Urteil von Wettbewerbsteilnehmern zu Einengungen geführt, die unter Umständen zu vermeiden gewesen wären. Ferner fehlten in dem Programm genauere Angaben über die Zukunft des Rebstocks und die Häuser an der Braubachstraße.

***

Für den Architekten und Städtebauer bietet die Bebauung des auserkorenen Platzes eine Fülle von Schwierigkeiten. Es gilt die Nähe des *Domes* zu berücksichtigen, es gilt dafür Sorge zu tragen, daß das alte Rebstockgebäude durch den Neubau nicht erdrückt werde, sondern nach Möglichkeit unverkümmert sich darbiete. Wesentlich ist ferner der Blick von dem Domplatz her; auch auf die *Trierische Gasse* als das Haupteinfallstor haben die Baumassen sich auszurichten.

Die Aufgabe ist an sich von hohem Reiz. Je mehr Bedingungen der Baukünstler unterstellt ist, umso zwingender wird die schließliche Lösung. Ist ein Gelände gegeben, das nach allen Seiten hin offenliegt und ohne Rücksicht auf Monumente und Blickpunkte der Nachbarschaft bebaut werden kann, so ist zugleich damit der Willkür Spielraum gewährt und die Freiheit der Entscheidung voller Gefahren. In diesem Falle dagegen scheint die Bewältigung des architektonischen Problems von den verschiedensten Seiten her in eine eindeutige Richtung gedrängt, und der Architekt, der den mannigfachen praktischen und ästhetischen Notwendigkeiten Rechnung trägt, mag sich am Ende sagen, daß sein Entwurf so und nicht anders habe ausfallen können.

Trotz der an sich erwünschten fixierten Voraussetzung indessen schließt die Bauaufgabe wesentliche Faktoren der *Unsicherheit* ein. Sie sind weltanschaulicher Art und schwer nur läßt sich ihnen entrinnen. Die Umgebung bedeutender historischer Bauwerke nämlich legt schon in den Anfängen der Entwurfsbearbeitung die Frage nahe, ob sich die Gruppierung und Formsprache des Neubaues dem feststehenden Charakter des Gesamtbildes anpassen solle oder unbedenklich aus der heutigen Baugesinnung heraus zu erwachsen habe.

Manche Gebäude der Braubachstraße sind abschreckende Beispiele einer gefühllos historisierenden Architektur, und es versteht sich von selbst, daß mit ihr eine richtige Einfühlung in die bauliche Stimmung des Gevierts nicht gleichbedeutend sei. Aber immer noch bleibt es ungewiß, ob eine solche Einfühlung, wie sie etwa von der Schule Theodor Fischers in vielen Fällen musterhaft geleistet worden ist, den Vorrang vor der zeitgemäßen Sachlichkeit des Zweckbaus verdiene. Die Verfechter des modernen Stilgebarens können sich nicht ohne weiteres darauf berufen, daß auch die Barockbaumeister (etwa Balthasar Neumann) ihr Stilempfinden ohne Hemmung den gotischen Kathedralen aufgeprägt haben, daß sie, mit anderen Worten, so unhistorisch wie nur möglich verfahren sind. Sie waren fähig hierzu, weil ihr Ausdrucksvermögen sich noch in die Dimensionen der Gotik hinein erstreckte. Während die architektonischen Gestaltungen unserer Zeit, so groß sie auch auf dem Gebiet des Technischen sich darstellen, die symbolische Gewalt der historischen Architekturdokumente nicht mehr erreichen. Es ist darum eine stets wieder neu sich bietende Schwierigkeit, wie der heutige Architekt zu verfahren habe, wenn er an die Gegenwart alter Baudokumente gebunden ist. Radikale Modernität ist mitunter ebenso unrichtig wie ein passives Sicheinfügen. Man wird hierüber von Fall zu Fall zu befinden haben.

Die eingegangenen *Entwürfe* sowohl – sie sind zur Zeit im *Haus Werkbund* ausgestellt – wie die Urteile des Preisgerichts verraten eine gewisse Unentschiedenheit, die sich eben aus der angedeuteten Situation erklärt. Man hat zum Teil moderne, zum Teil gefällig sich anschmiegende Arbeiten ausgezeichnet; solche, die sich als Neubau unabhängig durchzusetzen trachten, und solche, die eine Art von Mimikry mit ihrer Umgebung anstreben. Aus der Übersicht über die zahlreichen eingegangenen Lösungen ergibt sich dem Beschauer unzweideutig, daß eine gewisse *Eingliederung* in den Bestand der vorhandenen Architektur gefordert ist. Das Jahrhunderte alte Bild dieses Stadtteils ist zu fest in sich geschlossen, als daß es verleugnet und gewaltsam durchbrochen werden könnte. Eine Reihe von grob modernen Architekturkästen ist daher mit Recht von vornherein ausgeschieden worden.

Der zweite Preis – ein erster Preis ist nicht ausgeteilt worden – fiel an den Entwurf der Architekten *Kesseler* und *Ziegler*. Der tektonischen Gliederung ihrer Baumassen ist anzumerken, daß sie Schüler des leider viel zu früh verstorbenen *Paravicini* gewesen sind. Sie berücksichtigen den Rebstock, ohne sich zu irgendwelchen Konzessionen zu verstehen. Ihre Grundrißlösung ist vortrefflich; sicher empfunden ihre Anordnung von Arkaden. – Besser freilich, weil charakteristischer, erscheint uns die Arbeit der anderen Träger des zweiten Preises: der Architekten *Hallenstein* und *Hebebrand*. Ihre Pläne enthalten eine originelle Bauidee. Der Bauteil vor dem Rebstock ist flach gedrückt, damit der Rebstock selber gehörig sich darstelle, und der Teil nach dem Domplatz zu wird hochgeführt – eine Gliederung der Baumassen, die uns dem Orte am meisten gerecht zu werden dünkt. Der Entwurf prägt sich von allen vorhandenen am meisten ein; man fühlt aus der anfänglich befremdenden Aufteilung Sinn und Struktur heraus. – Die Arbeit der Träger des dritten Preises, der Architekten W. *Bangert* und M. *Cetto,* hält die Mitte zwischen unbefangener Aussprache des gegenwärtigen Fühlens und der Anpassung an das Gegebene mit Verständnis inne.

Von den Ankäufen sei der ein wenig spielerisch geratene Entwurf des Architekten Fritz *Berke* erwähnt. Der des Architekten *Löscher* hat Ähnlichkeit mit dem ersten preisgekrönten Entwurf.

Unter den zur engeren Wahl gestellten Arbeiten fällt die Lösung des begabten Architekten G. *Schaupp* auf, der das Motto: «Alte Sachlichkeit» gewählt hat. In der Tat hat er es verstanden, durch zierliche Glaserker dem Rebstock sein Recht werden zu lassen, ohne vorhandene Motive unkritisch aufzunehmen. Sauber sind die Entwürfe der Architekten *Aßmann* und Fritz *Nathan.* Genannt sei schließlich die gediegene Arbeit Ernst *Balsers,* die vielleicht etwas zu kastenförmig ausgefallen ist.

(29.7.1926, Stadt-Blatt, S. 1)

Das Heim eines Architekten

In Ginnheim bei Frankfurt hat sich der neue Frankfurter Stadtbaurat Ernst *May* sein Haus errichtet. Es blickt von einem Hang auf die weite Niddaebene mit ihrem lockeren Baumwuchs und ihren abgeteilten Feldern; im Hintergrund dehnt sich der Taunus. Das Haus ist aus jener entschlossenen Baugesinnung geboren, die bisher zumal in Holland sich ausgewirkt hat. Man hat für diese Gesinnung nicht zu Unrecht das Schlagwort der *«neuen Sachlichkeit»* geprägt. In der Tat, ihre Absicht ist, sachlich zu sein; auf Schmuck zu verzichten, der den Bedürfnissen einer vergangenen Gesellschaft entsprach: Flächen, Räume, Massen zu schaffen, die dem technisch geschulten Sinn des heutigen Menschen die Antwort erteilen. Solche Sachlichkeit ist ästhetisch gefordert, weil sie die moderne Lebenswirklichkeit so unromantisch hinnimmt, wie sie sich gibt. Daß dieser Konstruktivismus nur ein Durchgangsweg zu erfüllteren Gestaltungen sein kann, muß nicht ausdrücklich erst gesagt werden. Doch ist er darum nicht minder notwendig. Seine Kargheit entlarvt die Scheinhaftigkeit des von früheren Epochen erborgten Prunks, sie ist der Strenge unseres äußeren Lebens gemäß. Das Haus von May besteht aus zwei Baukörpern: dem Hauptbau, der sich von Osten nach Westen erstreckt, und dem Wirtschaftsflügel in nordsüdlicher Richtung. Die kubischen Massen sind ohne jede Beschönigung mit drastischer Klarheit aneinandergefügt. Um die Ebene und den Taunus in das Haus einzubeziehen, hat der Architekt Mauern aus *Glas* gebildet; die Landschaft dringt völlig nach innen, wenn die Riesenfenster versenkt werden. Sie schließen den Mittelraum ab, der durch die zwei Geschosse geht. Die drei Wohnräume des Erdgeschosses stehen durch breite Schiebetüren mit ihm in Verbindung. Öffnet man sie, so bilden die Räume einen einzigen Raumkristall. Von seinem Kern, der großen Halle, führt eine Treppe zur Galerie, die den Zutritt zu den Schlaf- und Mädchenzimmern und dem Sonnendach vermittelt. Auf dem flachen Dach des Hauptbaus kann man sich tummeln. Licht und Luft gelangen ohne Umschweife in die entlegensten Ecken. Man genießt sie vor allem in dem nach Süden zu angeordneten Garten, der, eine gerne geleistete Konzession an das Stadion, ein windgeschütztes Wasserbadebecken enthält. Die technischen Einrichtungen sind vollendet. Statt des Tischtuchs dient die mattgeschliffene Glasplatte des Eßtisches; durch den Tunnel einer Durchreiche werden die Speisen von dem Küchentisch aufs Büfett und zurück befördert. Die Küche selbst ist ein mechanisches Kunstkabinett. Das Innere ist glatt und kubisch geformt. Ein Zuviel an Linien sucht man vergeblich, die unentbehrlichen sind schnittig und von großem Zug. Die Tektonik der Möbel stimmt mit der des Hauses überein. Beleuchtungskörper und Stühle zeigen ein kantiges Benehmen, das entschieden, doch nicht ungefällig ist.

Auch die Farben geben sich mit jener Sicherheit, die das ganze
Gehäuse bestimmt; inmitten des weißen Grundtons führen
Korallrot und Blau eine kräftige Sprache. Dies ist ein Heim für
gerade Menschen, die dem Dunkel abhold sind, Bewegung lieben und bewußt Anteil nehmen an der Zeit. Fast nimmt sich der
Flügel in der Halle ein wenig anachronistisch aus. Doch es ist
gut, daß er hier eine Stätte gefunden hat.
(19.9.1926, 2. Morgenblatt; Beilage: Für die Frau Nr. 8, S. 8 und S. 15)

Der Völkerbundsrat soll entscheiden!
Um den Völkerbundspalast

Wir haben im gestrigen Ersten Morgenblatt die Meldung gebracht, daß von dem Fünferkomitee für die Auswahl des Bau-
projekts für das neue Völkerbundsgebäude der Entwurf von
Renot und Flegenheimer zur Ausführung bestimmt worden ist.
Den Verfassern ist auferlegt, sich zur Ausarbeitung des endgültigen Projekts mit den Architekten Broggi, Vaccaro und Franzi
in Verbindung zu setzen.
Schlimmer hätte die Wahl nicht getroffen werden können. Mit
einem Raffinement sondergleichen sind genau *die* Entwürfe
ausfindig gemacht, in denen ein längst verschollener *Ungeist*
schrankenlos waltet. Renot und Flegenheimer haben sich mit
der Reißschiene eine Architektur ausgeheckt, die den Fassa-
denschematismus eines Postgebäudes mit der abgelebten Feierlichkeit einer Säulenkolonade mechanisch zusammenbringt.
Jene anderen Entwerfer aber, die ihnen zur Unterstützung beigegeben sind, haben mit gigantischen Motiven so toll gewirt-
schaftet, daß einem Hören und Sehen vergeht. Die Kuppel ist
noch das Geringste. Vorne eine Säulenkombination – ohne
Säulen geht es bei den Palästen auf Reißbrettern nicht ab –, die
Bernini hinter sich läßt. Oben auf dem Dach eine Statuen-Ver-

sammlung und Gäule, lauter Gäule. Wer soll auf ihnen davon-
reiten? Die Delegierten?

Das sind die Entwürfe, aus deren Vereinigung die Kommission
das zukünftige Völkerbundsgebäude gewinnen will. In eine
Schablonenarchitektur, die niemals lebendig war, möchte sie
den Völkerbund hineinpressen, der das Leben der Nationen regelt. Das darf und kann nicht geschehen. Denn die lächerlichen Monumente, die hier mit einem unerhörten Mangel an
Spürsinn hervorgeholt worden sind, widerstreiten dem Geist,
der in Europa herrschen soll. Es ist eine Unmöglichkeit, daß
das repräsentative Haus, in dem die Geschichte der Völker entschieden wird, eine Totgeburt ist, wie sie nur je auf dem Papier
stand.

Die endgültige Wahl des Bauprojektes steht dem *Völkerbunds-
rat* zu. Wir erwarten, daß er sich eines Besseren besinnt. Er
sollte sich noch einmal mit den Projekten befassen, die ihm die
Sachverständigen vorgeschlagen haben. Unter keinen Umständen darf er es zulassen, daß die Völkerbundsversammlung zwischen Säulen, Statuen und Gäulen tagen muß, die das Zeichen
einer vergangenen Epoche sind, deren Wiederkehr eben der
Völkerbund endgültig zu verhindern hat.

(23.12.1927, Abendblatt; Feuilleton, S. 1)

Auf Reisen

Ein Abend im Hochgebirge

Wir befanden uns in der *Silvretta-Klubhütte* 2300 Meter hoch. Die Sonne war bereits untergegangen, und draußen wehte ein scharfer Höhenwind. Die Gaststube war ganz mit Touristen angefüllt; bald entspann sich eine rege Unterhaltung, da sich jeder nach den glücklich überwundenen Anstrengungen eines entsetzlich heißen Tages in gehobener und mitteilsamer Stimmung befand. Wir tranken Grog und aßen die unvermeidlichen «Frankfurterli mit Kraut». Zwei Studenten rauchten ihr Pfeifchen, und in der Ecke saß mit verschränkten Armen ein Engländer, die Sektionskarte auf den Knien ausgebreitet. An der Fensterbrüstung machte sich der alte *Führer* zu schaffen, der morgen mit dem Engländer die gefährliche Tour auf den *Groß-Litzner* unternehmen wollte. Eine alte Petroleumfunzel über dem Tisch erhellte spärlich den holzgetäfelten Raum. Der Rauch unserer Zigarren zog sich in blauen, qualmigen Wolken langsam und auf Umwegen nach der verräucherten Zimmerdecke hin. Trotzdem die Fenster schon angelaufen waren, fror keiner; im Gegenteil, wir fanden es alle recht gemütlich.

Da warf ein junger Bursche die Frage auf, ob es in *Graubünden* noch Bären gäbe. Er habe davon gehört und möchte gerne wissen, wie es sich damit verhalte. Über das energische Gesicht des *Führers* aber glitt ein leichtes und feines Lächeln.

«Wenn es Sie interessiert», so sprach er, «kann ich Ihnen ein lustiges Geschichtchen erzählen, das sich abspielte, als man vor drei Jahren am *Flüela* den letzten Bären fing.» (1904 wurde oberhalb *Schuls-Tarasps* ein Bär erlegt. D. Red.)

Wir wollten natürlich alle hören und rückten näher zusammen. Bloß der Engländer verharrte in seiner Ecke. Der Führer zog noch einmal kräftig an seiner Pfeife, ließ sich ein Glas Veltliner bringen und begann zu erzählen:

«Es war, wie ich schon sagte, vor drei bis vier Jahren am Flüela, nicht allzuweit von hier. *Der Bär* trieb dort sein Unwesen, richtete ungemeinen Schaden unter den Herden an und brachte die ganze Gegend in Aufruhr. Endlich glückte es durch mancherlei Schliche, seiner lebendig habhaft zu werden. Jetzt entstand die Frage, was mit diesem hundertfachen Mörder zu beginnen. Das Schlimmste war noch zu gut für ihn. In der Bevölkerung hatte sich eine ungeheure Wut gegen ihn angesammelt, die Genugtuung für die vielen Untaten verlangte. Nun, es sollte *Kriegsrat* über den Sünder abgehalten werden ...»

Der Mann trank jetzt einen Schluck und steckte die halberloschene Pfeife wieder an. Dann fuhr er fort:

«Also ein regelrechter Kriegsrat! Die Bauern kamen mit Dreschflegeln, Stangen und allen möglichen Waffen herbei, und der Ortsvorsteher fragte sie, der Reihe nach, was sie mit dem Missetäter zu tun gedächten. Der eine sagte recht bitter: ‹Er muosch ersaufen!› Ein anderer wollte ihn am höchsten ‹Zweigli› gehängt sehen; ein dritter hatte eine vorsintflutliche Hellebarde mitgebracht, um ihn hinterrücks zu durchbohren; wieder einer machte dem gefesselten Bären drohende Bewegungen und meinte, was dem ‹luampigen Chroatekirl› zuerst gehöre, sei eine tüchtige Tracht Prügel. Kurzum, jeder hatte dem armen Tier neue Marter und Todesqualen ersonnen. Einem *Bäuerlein* aber schien das alles noch nicht zu genügen; denn kaum konnte es erwarten, bis es an die Reihe kam. Es war ein altes, gebücktes Männli mit einem verhutzelten, kummervollen Gesicht. Als es nun zu guter Letzt auch um seine Ansicht befragt wurde, da sagte es, indem es pfiffig aufblinzte und den Bären von der Seite anblinzelte:

‹Lascht en hüraten! Das Gruasigst’, was es giabt, ischt hüraten!›»

Als sich unser Gelächter endlich gelegt hatte, setzte der Führer noch hinzu:

«Dies war, soviel ich weiß, der letzte Bär in unserer Gegend. Man machte ihm kurzen Prozeß und schoß ihm trotz aller gutgemeinten Ratschläge eine Kugel durch den Kopf.»

Dann stand er auf, reinigte bedächtig seine Pfeife und ging hinaus. Der *Engländer* hatte sich von jemandem die Geschichte erklären lassen; er lachte leise vor sich hin und schien erst jetzt völlig zu begreifen. Es erfolgte nun allgemeiner Aufbruch, denn die meisten wollten morgen in aller Frühe über den Gletscher.

Ich trat noch einmal hinaus ins Freie. Weit vor mir lagen die Graubündner Berge, von abendlichem Dunst umwoben. Ganz hinten sah der *Tödi* hervor, und über seiner Spitze verblaßte das letzte rote Wölkchen. Der Wind wehte schneidend kalt. Von Zeit zu Zeit konnte man irgendein verspätetes Murmeltier ängstlich pfeifen hören. Hinter mir türmten die Verstankla-Hörner ihre gewaltigen Felsenblöcke riesenhaft auf, die schwarzen Spitzen reckten sich drohend himmelan. An ihrem Fuß zog sich ernst und erhaben der weiße Gletscher hin. Die Einsamkeit der Nacht lag schon schwer im Hochgebirge, und über den Schneefeldern breitete sich in ruhiger Größe der tiefdunkle, sternklare Himmel aus.

(23.8.1906, 2. Morgenblatt; Feuilleton, S. 1)

Bad Homburg

Selten gestaltet sich die Begegnung von Ebene und anstrebendem Gebirgszug so heiter, ja festlich wie in Bad Homburg. Gewundene, sorgsam gepflegte Parkwege leiten unmerklich in die Wälder über, breite Alleen, von Hotels, Sanatorien und Pensionen umkränzt, führen mitten in die freundliche, offene Schönheit der Taunuslandschaft hinein. Die Natur ist hier kultiviert, sie gibt sich ganz von ihrer geselligen Seite und schmiegt sich überall zutunlich dem Menschen an, gleichviel, ob man nur im nahen Umkreis sich hält oder weiter hinaus zur Saalburg oder auf den Herzkopf wandert.

Seine geschützte Lage in einer derart vermenschlichten, das Gemüt unnennbar beruhigenden Landschaft macht Homburg zu einem *Luftkurort* ohnegleichen. Und als wolle die Natur an diesem einen Punkte dem Menschen ihr ganzes Entgegenkommen bezeigen, hat sie ihm überdies noch *Heilquellen* geschenkt, deren segensreiche Wirkungen sich zumal auf Stoffwechselkrankheiten erstrecken. Alles ist geschehen, um die Kraft der Quellen auszunutzen, vielerlei Heilungen zu erzielen und die Genesung in angemessenem Tempo zu fördern. In dem bequem gelegenen Kaiser-Wilhelms-Bad reiht sich Zelle an Zelle für Mineralbäder, die übrigens auch in verschiedenen Sanatorien und in dem ersten Hotel der Stadt verabfolgt werden, man wühlt sich hier in den erquicklichen Schlamm der Moorbäder ein oder lässt sich, sofern man an Rheumatismus oder Gicht leidet, Tonschlamm-Packungen anlegen, deren Therapie von der Homburger Ärzteschaft im Lauf der Jahre wissenschaftlich erforscht und planmässig entwickelt worden ist. Nicht zu vergessen die Homburger Diätbehandlung, die man auf Grund der Kriegserfahrung neuerdings so vereinfacht hat, daß sie in jedem Hotel und jeder Pension ohne Schwierigkeit durchgeführt werden kann.

Für angenehme Unterbrechungen des monotonen Tagwerks der Brunnengänger, Badenden und sich gesund Bummelnden ist hinreichend gesorgt. Gute Konzerte auf der Terrasse des Kurgartens, ausgiebige Abendunterhaltungen, Five o'clock teas, Réunions in den oberen festlichen Fluchten des von Blanc um 1840 erbauten, erstaunlich geschmackvollen Kurhauses – wessen bedarf es eigentlich mehr? Wer aber, Männlein oder Weiblein, damit noch nicht zufrieden ist, der mag abends im Kasino verschwinden, um sich durch ein harmloses Jeu in temperierte Aufregung zu versetzen. Zwischen Ruhe, die nicht in Langeweile ausartet, und Abwechslung, die nicht eben überanstrengt, wird gerade der hygienisch bekömmliche Mittelzustand aufrechterhalten.

***

Hinzu gesellt sich der *Sport*, der in Bad Homburg von jeher seine Stätte gefunden hat. Nahe beim Kurhaus sonnen sich Tennis-, Golf- und Croquetplätze inmitten des Kurparks, und dicht vor den Toren der Stadt liegt der Tontauben-Schießplatz. Die besten deutschen Spieler geben sich auf diesen Plätzen ihr Stelldichein, und wer nicht selber mitspielt, kann doch zum mindesten reichlich Zuschauerfreuden geniessen. Auch die

Automobilturniere, die mit dem internationalen Gordon-Bennett-Rennen im Jahre 1904 von Homburg ihren Ausgang genommen haben, werden sorgsam weiter gepflegt. Manches andere ist noch in der Entwicklung begriffen. So entsteht eine Sportanlage für Reit- und Fahrsport auf der dem Tennisplatz benachbarten Stammwiese, und der nichtsahnende stille Kurparkweiher soll eine Vergrösserung erfahren, die es Freunden des Segelsports erlaubt, ihn an langen Nachmittagen kreuz und quer zu befahren. Der tätige Müßiggang des rege ausgeübten sportlichen Treibens verleiht dem Bilde der Badestadt sein besonderes Gepräge. Wann und wohin man auch schlendert, man sieht schlanke Gestalten in farbigen Jumpers, die sich mit Grazie durch die grünen Wandelgänge des Parks von und zu ihren Spielplätzen bewegen. Wichtige Zäsuren in diesem täglichen Sportleben sind die grossen Turniere, die eine Menge von Leuten nach Homburg wirbeln und nicht nur die Spieler und Schiedsrichter in Atem halten. Bis dann nach wenigen Tagen der Spuk verweht und alles wieder, als sei nichts geschehen, in gewohntem Gleichmaß vor sich geht.

***

Der *Besuch* hat mit dem schönen Wetter seit Anfang Juli stark eingesetzt. Wie alle deutschen Badeplätze leidet naturgemäß auch Homburg darunter, daß sich die Zahl der verfügbaren Fremdenbetten nach Kriegsende verringert hat – eine Tatsache, die ihre einfache Erklärung darin findet, daß Auslandsdeutsche, Bewohner der abgetrennten Gebiete, Flüchtlinge und Verdrängte, die in den Städten keine Dauerwohnung fanden, nach den Kurorten gezogen sind. Trotz dieser Raumnot, der in den kommenden Jahren mit allen Mitteln abgeholfen werden muß, ist indessen immer noch Platz genug für Kurgäste vorhanden. Auch die Nachbarschaft des besetzten Gebietes sollte niemanden verhindern, in Homburg Erholung zu suchen; der Ausflugsziele in die nähere und weitere Umgebung sind viele, und von einer spürbaren Einschränkung der Bewegungsfreiheit kann nirgends die Rede sein.
Die allgemeine ökonomische Umschichtung in Deutschland ist

begreiflicherweise nicht ohne Einfluß auf Art und Herkunft der Besucher geblieben. Bezeichnet werden mag nur die Erfahrung, daß, während der gute alte Mittelstand sich immer spärlicher einstellt, die Zahl der aus der werktätigen Bevölkerung stammenden Kurgäste stetig anwächst. Was den *Ausländerverkehr* anbetrifft, so haben ihm die erst seit kurzem aufgehobenen Paßverordnungen der Reichsregierung Abbruch getan; zumal für den Besuch aus Übersee ist diese Aufhebung zu spät erfolgt. Hauptsächlich sind Besucher aus dem Osten vertreten, auch Neutrale finden sich mehr und mehr ein.

***

Die Angst vor den *Preisen*, die gerade viele der früheren Besucher davon abhält, wieder in Homburg Aufenthalt zu nehmen, ist nicht eigentlich begründet. Zwar sind hier wie anderswo den Kosten nach obenhin keine Grenzen gezogen, aber sie setzen dafür auch in einer bescheidenen Höhe ein, die selbst von weniger begünstigten Zeitgenossen sich noch erschwingen läßt. Die mit der jeweiligen Schlüsselzahl – gegenwärtig beträgt dieser Multiplikator 23 000 – zu vervielfältigenden Grundpreise für Pensionen heben, wie von uns versichert, schon bei rund 4 bis 4,50 Mark an, und die Grundzahlen für den Gebrauch der Kurmittel bewegen sich von 0,80 Mark an aufwärts. Statt rein mechanisch und allzu pauschal Ausländer einfach mit dem üblichen Valutazuschlag zu bedenken, zieht man es vor, die Preise nach dem Einkommen zu staffeln, was ihre labilere und gerechtere Gestaltung ermöglicht. Kurdirektor und Hoteliers mit ihrem Blick für Gepäck und Auftreten der Reisenden sind Menschenkenner genug, um in der Mehrzahl der Fälle die Leistungsfähigkeit ihrer Gäste richtig einzuschätzen. Im übrigen wird auf individuelle Behandlung großes Gewicht gelegt. Minderbemittelte genießen weitgehende Begünstigungen.

***

Zu einem Kurort gehört wesensnotwendig ein *Programm der Veranstaltungen*, und dieses Programm wiederum setzt einen Mann mit wirtschaftlicher, gesellschaftlicher und künstlerischer Phantasie voraus, der es entwirft und darum Kurdirektor

genannt wird. Der Beruf eines solchen Mannes ist merkwürdig
genug; sein Ernst beginnt genau dort, wo andere Leute sich von
dem Ernst ihrer Geschäftigkeit erholen, er ist der einzige, dem
das Vergnügen kein Vergnügen bedeutet, der überhaupt inmitten der ihm Anvertrauten eine Sonderexistenz führt, weil sein
Alltag just auf ihren Sonntag fällt. Gleichviel indessen, wie es
sich damit verhalte: der neue Homburger Kurdirektor *Anders*,
der früher den gleichen Posten in Kreuznach bekleidete, hat jedenfalls die Situation erfaßt. Er will Homburg, das vor dem
Krieg noch weithin als Luxusbad galt, zu einem wirklichen
Heilbad und Luftkurort machen, und derart eine Entwicklung
fördern, die nicht auf Entfaltung von Reichtümern, sondern auf
Geschmack und Einfachheit der gesellschaftlichen Zusam-
menkünfte abzielt. Dem entspricht denn auch das Programm,
das bei aller Reichhaltigkeit – geplant ist z.B. in nächster Zeit
außer Vorträgen und musikalischen Vorführungen ein Fest in
historischen Kostümen: «Tag aus dem Dreißigjährigen Krieg»
sowie ein «Rheinland-Tag» als Opfertag für die Rhein- und
Ruhrkinder – nirgends zu töricht-prunkhaftem Aufwand her-
ausfordert. Auch sollen Automobiltouren nach schönen deutschen Städten (Heidelberg, Braunfels usw.) unternommen und
«Bäder-Picknicks» veranstaltet werden, bei denen sich Homburger Kurgäste mit kleineren Gruppen aus den benachbarten Bä-
dern an einem dritten Ort zum Zweck seiner Besichtigung und
– wer weiß? – auch des Flirts gesellig vereinigen. Mehr in die
Ferne weist ein Projekt, das auf die kalte Jahreszeit Beschlag
legt und für den Winter anstelle des obligaten Sportprogramms
eine Folge künstlerisch eigenartiger Veranstaltungen vorsieht.
Warum auch in aller Welt im Dezember lassen, was im Juli
durchaus erreichbar ist? Homburg als *Wintergesellschaftsplatz*:
so lautet die Parole der Zukunft.

***

Sehr im Irrtum befindet sich, wer nun etwa wähnt, dass man
sich dem Gesellschaftstrubel in Homburg nicht entziehen
könne. Im Gegenteil: gerade die *Abseitigen*, die Stillen im Lande
haben hier gute Tage. Niemand wird sie daran hindern, sich ir-

gendwo privat einzunisten und ein beschauliches Leben nach eigenem Gutdünken zu führen. Parkgehege und Landschafts-raum sind so weit, daß die Menschen bald darin verschwinden, und nur eine Ahnung noch von bewegtem Hintergrund zurück-bleibt, die den Reiz der selbstgewollten Einsamkeit beträchtlich erhöht. Sei es nun, daß man sich im Kurpark und den angren-zenden Wäldern oder im abgeschiedenen Schloßgarten ergeht, sei es, daß man über Dornholzhaufen zum Gotischen Haus pilgert: stets gibt es Pfade genug, die zu friedlicher Einkehr locken. Besonders schön für die der Ruhe Bedürftigen ist es, auf geglätteten Wegen in den Feierstunden des Spätnachmittags dahinzutrödeln, wenn Männer, Frauen und Kinder, die ganz unwirklich geworden sind, auf den Bänken pflanzenhaft die Zeit verträumen und ein unvergleichlich mildes Licht Wiesen-flächen und Baumgruppen umglänzt.

(15.7.1923, 2. Morgenblatt; Beilage: Bäder-Blatt, S. 1)

Der blaue Main
Vorfrühlings-Wanderung 1924

Um von Lohr nach Aschaffenburg zu gelangen, nimmt sich der Main hinreichend Muße. Gemächlich windet er sich zwischen Odenwald und Spessart, Baden und Bayern hindurch, nur bei Miltenberg sich zu einem schärferen Knick entschließend. Un-gezügeltes Pathos ist nicht sein Fall, und auch die Sucht zu glänzen, die eitle Gier nach überraschenden Aspekten liegt ihm fern. Still, sehr still vielmehr umschleicht er die geschwunge-nen Waldhügel, begleitet die rötlichen Terrassen der Neben-hänge und zieht an Sandsteinbrüchen von bescheidener Monu-mentalität vorbei. Die schmalen Flachufer zu beiden Seiten bieten Raum für langgestreckte Dörfer und Städtchen, deren bunte Hausreihen, Fachwerkwände, Barockgiebel und Kirchturmspitzen im Wasser gebrochen widerscheinen. Chausseen, mit Bildstöcken und Votivtafeln reichlich ausgestattet, folgen dem Fluß, und auf der Höhe lungern müßig verfallene Burgen, die sich nicht recht in die Zeit schicken mögen. Der Main selber duldet gelassen den Gegensatz von Ringwall und moderner Fabrik, von Nepomuk-Brücke und Eisenkonstruktion. Er liebt es auszugleichen und das Häßliche schweigend zu mildern, denn er hat schon zu viel erfahren, um noch lärmend zu protestieren.

***

Mainaufwärts an hellen Vorfrühlingstagen. Ohne die ihm eigene Fassung zu verlieren, wiederholt der Main, seine dunkleren Gründe verbergend, das blasse, reine *Blau* des unsüdlichen Himmels, und entfaltet eine bedächtige Heiterkeit, die ihn so gut wie die Umgebung kleidet. – Kurzer Aufenthalt in *Klingenberg*, bekannt durch sein Tonbergwerk und seinen Wein. Ein dicker Torturm unterbricht als einzige Zäsur die endlose Straßenzeile. Es ist der Sonntag der bayrischen Landtagswahlen, und so mengen sich in das Glockengeläute Orchesterklänge eines sozialdemokratischen Lastautos, das die Mainbevölkerung zum Wahlgang ermuntert. An der Rathaustüre plakatiert die Vaterländische Arbeitsgemeinschaft neben den kommunistischen Bilderbogen von Grosz – sichtbares Zeichen dafür, daß im kleinsten Örtchen Raum für achtundzwanzig Parteien ist. Die Klingenberger sind bedauernswerte Opfer der Inflation; empfingen sie früher alljährlich einen Tribut aus dem Gemeindesäckel, so müssen sie jetzt wie ganz ordinäre Bürger ihre Steuern entrichten. Ein romantischer Schluchtweg führt zwischen bemoosten Sandsteinfelsen und noch unbelaubten Buchenstämmen nach dem Bergwerk; der Boden ist feucht und die kostbare rote Materie heftet sich zäh an die Sohlen. Zur obligaten Burg grüßt nachbarlich der Gickelhahn des nahen Kirchturms herüber, der auf Renaissance-Spiralen in der Frühsonne schwimmt.

***

Eine Fähre setzt von Groß-Heubach nach *Klein-Heubach* über. Sechzehn Stunden täglich treibt der Fährmann von Ufer zu

Ufer, ein bewegliches Standbild mitten im blauen Fluß. Zwei
grimmige Löwen bewachen den Eingang zum Heubacher
Park. Links im Barockschloß residiert der Fürst von Löwen-
stein angesichts des Engelsberges, zu dessen Wallfahrtskirche
Treppen ohne Zahl geleiten. Wandert man auf wohlgepflegtem
Parkweg nach Miltenberg, so bleiben Berg und Kloster bald
zurück; nur der Main rauscht stets gleich nahe hinter Baumgruppen, die ihn meist verdecken.

In *Miltenberg* ist viel Mittelalter, und zumal der berühmte
Marktplatz hält, was die Ansichtskarten versprechen. Schloß,
Burgwall, Wein und Sandstein verstehen sich von selbst. Hinter
dem gotischen Rathaus thront, seines Alters bewußt, das Gasthaus zum Riesen, in früheren Jahrhunderten die Herberge von
Fürsten, heute gediegenes Quartier für Autofahrer, Sommergäste und Stammpublikum. Der Herr Professor hat hier seinen
Mittagstisch, er wird oft und gern mit Herr Professor angere-
det, und man vernimmt sogleich, daß der Herr Professor am
Sonntag keine Kartoffeln ißt. Wahlen und schönes Wetter
locken kleinstädtische Eleganz auf die Straße, die zum Glück
der noch nicht wahlpflichtigen Jugend von dem musikalischen
Auto durchfahren wird. Alles ist zum Empfang der Ostergäste
bereit; in der Konditorei strömt Schlagsahne, soviel Du be-
gehrst, Häuser sind frisch verputzt, und die Natur rüstet sich,
zu grünen. Eine Bahn zweigt nach Amorbach ab, das nicht nur
Ausgangspunkt für Odenwaldtouren ist, sondern freundlich
sich selbst genügt.

***

Zwischen Miltenberg und Wertheim baut sich hinter bleichender
Wäsche *Freudenberg* auf. Eine in die Länge gezogene Vielheit
von Farbflecken in Claude-Monet-Manier, von der schnurge-
raden Mainbrücke mitten durchbohrt. Das riesige Burggemäuer
dicht darüber, in dem es einst wenig gemütlich zugehen mochte,
ist zum harmlosen Kinderspielzeug geworden. Rauchende Dorf-
lausbuben fläzen sich auf den Grasflächen hin, erklettern Bastion
und Turmsöller, und benutzen ohne jedes historische Interesse
die mit Efeu überrankten Blendarkaden für ihre indianerhaften

Zwecke. Ringsum Wälder, deren Wege Ausblick verheißen. Auf einer Bank im Gebüsch häkeln drei kleine Schulmädchen und gackern miteinander. In der körperlosen Landschaft steht der Fluß, ein gläserner Spiegel, dessen Blau die Nachmittagssonne mit Gold untermischt. Graue Flöße, ewig sichtbar, gleiten hin, Kähne verlieren sich unmerklich und ein winziger Schleppdampfer schleppt und surrt. Wieder am Ufer, trifft man Leute mit Angelgeräten, die von ihrem kontemplativen Tagewerk nicht eben unbefriedigt scheinen.

***

Bei *Wertheim* trödelt die Tauber in den Main, der sich um diesen Zuwachs nicht weiter kümmert. Die badische Stadt hält, wie es heißt, zu den Koalitionsparteien, während das bayrische *Kreuzwertheim* gegenüber gar nicht kreuzbrav ist, sondern sich vorwiegend deutsch-völkisch betragen soll. Mag nun das Schloß nächst dem Heidelberger die größte Ruine sein oder nicht, es genügt jedenfalls heroischen Bedürfnissen. Die Maler wissen, warum sie sich hier zusammenballen: da sind mannigfache Durchblicke und Überschneidungen, verschwiegene Treppenaufgänge und krumme Gassenfurchen. Auch Historiker und Kunstgeschichtler kommen auf ihre Kosten. In der aus romanischer Zeit stammenden Pfarrkirche befriedigen die Sarkophage der Wertheims, Stolbergs, Löwensteins, Wanderscheids den genealogischen Forschertrieb, und die St. Kilianskapelle daneben, eine Kostbarkeit in reiner Hochgotik, birgt seit kurzem die beachtliche Sammlung des Wertheimer Altertumvereins. Wer nicht den Zwang zur Besichtigung in sich verspürt, wird schon durch das bloße Bummeln in mittelalterliche Stimmung versetzt. Was das Praktische betrifft, so schmeckt Mainhecht mit Buttersauce vortrefflich; die Menschen sind umgänglich wie überall den Fluß entlang, und die Preise mäßig. Wie sehr man im weiten Umkreis diese und andere Vorzüge Wertheims zu würdigen weiß, verrät die Tatsache, daß über die Feiertage die Mehrzahl der Betten bereits vergeben ist.

***

Über die Höhe *Bronnbach* im Taubertal, einer Zisterzienserabtei aus dem 12. Jahrhundert. Schloß, Kloster und Gasthaus bilden eine harmonische Trias, deren behäbiges Dachgeschiebe das Tälchen verriegelt. An der romanischen Abteikirche schrauben sich vor den schweren Pfeilern die goldenen Säulen der Barockaltäre empor, die Mühsal der Anfänge virtuos überspielend. Der anschließende Kreuzgang, ein wundervolles Geviert mit reichem Kapitälschmuck und Grabplatten in den Wänden, ist nach Art des Maulbronner angelegt. Die Schweden und der Brauereibetrieb, der wie das ganze Gut Fürstlich Löwensteinsches Besitztum ist, haben manches zerstört, doch mag das zwölfprozentige Starkbier immerhin empfohlen sein. Die Ausmaße der Siedlung passen sich der Tauber an, die selber das Diminuitiv eines Flusses ist und ohne Aufhebens ihre niedlichen Schnörksel durch die Wiesen zieht.

***

Fazit: man komme, sehe, liebe. Anderer Orte sind noch viele – *Triefenstein* etwa, oder *Rothenfels* mit der Quickborn-Burg –, lyrische und epische Stimmungen nach Belieben, Ausflugsziele von jeder Beschaffenheit. In der Helle des Frühlings vermißt man hier nicht Sorrent noch Sizilien, sondern weiß sich geborgen an fremdem Gestade, von blauer Unwirklichkeit eingehüllt. Wandern und Weilen: beides zusammen tut freilich not. Jagt man nur hin, so geht man nicht ein in die Zeitlosigkeit, in der Fluß, Ufer, Dörfer verharren, und liegt man nur still mit ihnen vor Anker, so erfährt man nicht, daß sie zeitlos sind.

(13.4.1924, 2. Morgenblatt; Beilage: Bäder-Blatt, S. 1)

Schwarzwaldreise
Triberg – Schönwald – Donaueschingen

Die Blüte im Kinzig- und Gutachtal wäre an sich wenig bemerkenswert, wenn sie nicht ihre ernsten Hintergründe hätte. Der *Schwarzwald* nämlich ist schwarz, sehr schwarz sogar, und so muß sich das Apfelblütenweiß überall die dunkle Folie hochstämmiger Fichten gefallen lassen. Das Ganze bleibt darum mitnichten eine monotone Schwarzweiß-Angelegenheit. Leuchtendes Junggrün scheinet in der Finsternis, und nützliche Rapsfelder blitzen gelb und verführerisch von den Hängen herüber. Mitunter drängt sich auch die lockere Punktmannigfaltigkeit des Birkenlaubs ein, die, einem hellen Raster gleich, in dem ausgefüllten Luftraum steht.

Langsam bohrt sich der Offenburger Personenzug durch die nahen Kulissen, die so gescheckt wie die hier beheimateten Kühe sind. Hinter Gutach, dem Stammplatz der Maler und Volkstrachten, beginnt man zu spüren, daß er hoch hinaus will, und Hornberg bereits würdigt man aus der Vogelperspektive. Von nun an verliert das Dasein jede Kontinuität. Man lebt nur noch in den kurzen Intervallen zwischen zwei Tunnels und lebt auch da nur halb, weil der Zweifel stets nagt, ob man nicht rechts oder links eine wichtige Momentaufnahme überschlage. Die Wälder decken den Himmel zu, Seitentäler öffnen und schließen sich auf höchst gewundene Weise und drunten die braune Gutach spritzt ihren Schaum durch die Blüten. Dazwischen kleine Granitfels-Kolonien, Sägewerke, Schwarzwaldhäuser im Postkartenformat. Zur Vertiefung der Kenntnisse sind ab und zu Repetitionskurse eingeschaltet, in denen man auf die früher befahrene Strecke herabsieht und sich der jetzt gehobenen Existenz mit einem gewissen Stolz erfreut. Sie ist mit den Anstrengungen der zwei Lokomotiven und langwierigen Milchverladungen nicht zu teuer erkauft.

***

Triberg, die Hauptzäsur in der endlosen Flucht der Tunnels ist der Treffpunkt etlicher Gebirgszüge und Bäche; jene kesseln es ein, diese dienen praktischen, hygienischen und ästhetischen Zwecken. Straßen und Häuser helfen sich in der engen Waldmulde, so gut es geht. Man nimmt Rücksicht aufeinander, bescheidet sich, wenn es sein muß, und stellt sich jedenfalls immer auf den hügeligen Boden der Tatsachen. Haben auch, wie es sich für einen Luftkurort geziemt, die vielen Gasthöfe, Pensionen und Hotels entschieden das Übergewicht, so bleibt doch Raum genug für die Industrien des Landes. In der Gewerbehalle, wo ihre Produkte vorgeführt werden, herrscht rastloses Pendelgekribbel wie in einem Ameisenhaufen; unzählige Schwarzwälder Uhren, alte und neue, holzgeschnitzte und metallene, verrichten emsig ihre Anzeigepflichten und schlagen die Zeit mit oder ohne Musikbegleitung tot.

Durch die Wälder, durch die Auen zieht in einiger Höhe der ebene *Panoramaweg*, eine Art von viale dei colli, der die Mulde umkreist und hunderterlei Ausblicke auf das Städtchen gewährt. Mein ortskundiger Begleiter kommentiert die lose aneinandergereihten Impressionen mit aller wünschenswerten Genauigkeit. Der Bergsee etwa, an dem wir vorbei wandern, gibt ihm Gelegenheit, zu begeisterten Fußnoten über den Eislauf im besonderen und die Wintersaison im allgemeinen. Seinen Andeutungen ist zu entnehmen, daß man sich hier, dank den vereinten Bemühungen der wegeschaffenden Kurverwaltung und der schneespendenden Natur, auf Skiern ebenso angenehm fortbewegen kann wie auf Rodelschlitten und daß der Jünger des Bobsports nicht wenige sind. Über solchen winterlichen Gesprächen gelangen wir zur Naturbühne des Bergwaldtheaters, die zwanglose Hinweise auf die Sommerereignisse gestattet. Da die Luft sich selber ohne viel schöne Reden preist, gedenkt mein Chronist vorwiegend der geplanten Konzert- und Theaterveranstaltungen, läßt ein Wort über die Lesehalle und die Kinos einfließen und erklärt unumwunden, daß die ganz- oder halbtägigen Höhenautofahrten zu den segensreichsten Einrichtungen der Anfang Juni beginnenden Saison gehörten. Während wir den Prisenbach kreuzen, entfaltet er vor meinem äußeren und inneren Auge das ganze Strahlen-

bündel von Spazierwegen und Ausflügen, auf denen Erholungsbedürftige sich erholen, nervös Erschöpfte neue Substanz
ansetzen mögen, und an dem Dreikaiserfelsen wird er zum
Kritiker der Inflationszeit, die den Rückschlag im Vorjahr auf
dem Gewissen habe. Aber der aufgeschobene Kurhaus-Neubau
sei kein aufgehobener, und zum Empfang der aus mancherlei
Weltgegenden eintreffenden Sommergäste und Radio-Kon-
zerte stehe alles bereit. In diesem Zusammenhang erörtert er
auch das trockene Kapitel der Pensionsweise, aus dem nur soviel mitgeteilt werde, daß man je nach der Wahl des Hotels von
etwa 6, 7 oder 9 Mark an ein gepflegtes Dasein führen kann.
Also zwischen Prospekten und Aspekten hinwandelnd, landen
wir auf dem *Hofeck*, einem Sattel, von dem aus man erst das
Doppelgesicht der Landschaft gewahrt. Das Bild nach Westen
zu trägt die bekannten Züge. Hier liegt mitten im Hoch-
schwarzwald das allseitig umstellte Triberg, sich an die Matten
lehnend, die hinauf nach Schonach ziehen – ein waldstrotzen-
des Ineinander der dunklen Kuppen, Falten und Schluchten,
ohne Eingang und Ausgang. Nach Osten zu in der Richtung auf
St. Georgen, die ungehinderte Fernsicht auf die waldärmeren
Höhenzüge, die allmählich in die «Baar», die Hochebene des
Ostschwarzwalds, einschwingen und ihrer Rasse nach schon
an die Rauhe Alb gemahnen. Die hellen Flächen, die in dem
Licht des Spätnachmittags sich wärmen, sind besät mit den
grauen Schindeldächern der «Zinden», weiträumiger Gehöfte,
deren jedes in seinem eigenen Feld- und Waldbezirk sich
selbst durchaus genügt. Auf der Scheide von Hell und Dunkel
begegnet uns ein Waldhüter, in der Hand einen soeben erleg-
ten Schwarzspecht, den er nicht ohne Befriedigung vorweist.
Er geht nach Kurhaus Geutsche weiter, von wo, ist das Wetter
nur klar, Kniebis und Hornisgrinde am Horizont zu erspähen
sind.

***

Der Triberger *Wasserfall* verdient einen gesonderten Abschnitt.
Ob Triberg um seinetwillen, ob er für Triberg besteht, mag füglich unentschieden bleiben. Gewiß ist, daß die beiden in einer

Symbiose leben, wie sie sich inniger kaum denken läßt, daß sie auf Gedeih und Verderb miteinander verbunden sind. Wäre er nicht: wer kühlte Triberg im Sommer, spendete Wasserkraft, erzeugte die üppige Vegetation und gäbe sich als malerische Staffage her? Und wäre Triberg nicht: wer umschmeichelte ihn mit Parkwegen, beleuchtete seine Kaskadenkünste bengalisch, meißelte Erinnerungstafeln in die Felsen ein und verewigte jede seiner Eskapaden auf Ansichtskarten ohne Zahl? Freilich, er steht in der Ehe unter dem Pantoffel und bezahlt den Ruhm mit Gefangenschaft. Die freie Bahn, die man seiner Tüchtigkeit zubilligt, ist begrenzt, seine Wildheit unterliegt der Kontrolle, und abgemessen sind die Ausschreitungen, die er begehen darf. Tröstlich immerhin, daß ihm die Gitter so erspart sind wie den Bestien bei Hagenbeck, die hinter unsichtbaren Gräben stolzieren. Zwischen Bänken, Gasthäusern und Brücken, um die er sich nicht zu kümmern brauchte, kann er scheinbar ungezügelt herabstürzen und als tosendes Spektakel-Stück alle Welt entzücken. In dem ehrwürdigen Naturschutzpark nehmen sich seine Bekundungen auch recht gewaltig aus, und wiesen nicht überall Schilder zurecht, man vergäße für Augenblicke die Zivilisation.

***

Oberhalb dieses bezwungenen Naturphänomens setzt die gewellte Hochebene an, ein Mikrokosmos für sich, den die Landschaft nach *Schönwald* durchzieht. Sumpfwiesen und saatbereite Felder drängen der Morgensonne entgegen und verebben im Blau. Eingebettet in sie, streichen Waldungen hin, glänzt ein Staubecken, vom Winde gezupft. Dicht an der Chaussee kleine Bauerngüter, eine Uhrenfabrik und in kurzen Abständen Wirtshäuser, die den Bedürftigen mit Benzin und anderen Getränken versehen. Zugänge zu den Höhenwegen zweigen ab, Schwarzwaldjugend – blondes Haar und braune Augen – bevölkert das Land. Irgendwo um die Ecke liegt frei und hoch Schönwald selber, der richtige Sommerfrischlerort, voller renovierter Pensionen und altmodischer Lädchen, überragt von der Kirche und einem monströsen Riesenkasten, der jetzt als

Erholungsheim für Beamte dient. Harmlose Spaziergänger, die sich nur auslüften wollen, und gewichtige Touristen, die es nach ernsthaften Zielen gelüstet, treiben als bewegliche Punkte rings in der Gegend umher. Eine nicht unwesentliche Unterbrechung des Stillebens bildet das vergilbte Postauto, das sich zwischen Schulkindern und Mistwagen nach Furtwangen durchschlägt und an scharf konturierten Hängen vorüberzischt, die skikundigen Augen ein Labsal sind.

***

In *Donaueschingen* schließt die tunnelreiche Episode der Schwarzwaldbahn ab. Dafür entspringt hier die Donau der kleinen Ursache eines figurengeschmückten Wassertopfes, dem man es keineswegs zutraut, daß er so große Wirkungen aus sich entläßt. Die Bedeutung der Stadt beschränkt sich indessen nicht darauf, Ausgangs-, End- und Durchgangspunkt zu sein. Sie nennt sich vielmehr mit Recht ein Solbad und ist der Wohnsitz des Fürsten zu Fürstenberg, dessen Brauerei einen guten Ruf genießt. Zu den Qualitäten des Biers gesellt sich die berühmte altdeutsche Gemäldesammlung, treten die Handschriftensätze der fürstlichen Bibliothek, die in dem aus Meßkirch stammenden spätheiteren Rokokogetäfel des Schau-Saals geborgen sind. Parzivaltext und Schwabenspiegel liegen kühl hinter Glas und die frühen Miniaturen betören durch ihr Gold und ihr Blau, in denen der Blick sich unendlich verliert. Tastet man aus den Dämmergewölben ins Freie, so findet man sich kaum noch in dem Jahrhundert zurecht. Erst die Neustadt wieder trägt Gegenwart heran; sie ist nach dem Brand von 1908 errichtet worden und besteht aus einer Gemeinschaft ichbewußter Hausindividuen, die sich betont malerisch gruppieren. Der Rückweg aus diesem schaufensterreichen Bezirk führt an Barockgiebeln und einer klassizistischen Pfeilerfassade vorbei in die Zeitenthobenheit des fürstlichen Parks, den hinter marmorerfüllten Ziergarten die weiß gezuckerte Schloßfront als point de vue begrenzt. Er verkörpert die Idee des Parks in ihrer ganzen Reinheit, und grüben nicht fleißige Männer im Schweiße des Angesichts ihr Stückchen Pachtland

um, man versänke durchaus im Glück der Faulenzerei. Hie
und da weiten sich inselgleich Baumrondells, die nach vielsil-
bigen Frauennamen heißen. Schwäne aus Andersens Märchen
schwimmen auf den Teichen würdig einher, die Schürzen der
Kindermädchen blinken durchs Grün, und im Laubgang wandelt ein Geistlicher, übers Brevier geneigt.

(25.5.1924, 2. Morgenblatt; Beilage: Bäder-Blatt, S. 1)

Aus den Grödner Dolomiten

Eine kleine Schmalspurbahn, die als Hauptnachschublinie für
die österreichischen Kampfstellungen im Jahre 1915 erbaut
wurde, führt von Klausen in das Grödner Tal hinauf. Haupt-
fremdenort ist *St. Ulrich*, heute Ortisei genannt, ein richtiges
Sommerfrischen-Städtchen mit guten Gasthöfen und Pensionen, als Ausgangspunkt für Hochtouristen und bequeme Erholungsbedürftige gleich sehr geeignet. Das vielgestaltete Hochtal bietet hier eine Fülle von Wandermöglichkeiten, und wohin
man sich auch wendet, stets treten hinter Almwiesen und Tannenwäldern die Dolomiten hervor; Sella, Geislerspitzen, Lang-
kofel, deren Wände bald in heller Glut zu stehen scheinen,
bald bleich sich abheben von dunklerem Himmel. Ihnen näher
schon liegt das gern besuchte *St. Cristina* (1400 Meter), dem
das bereits zu Selva (früher Wolkenstein) gehörige Albergo
Grisi folgt, eine freundliche Gaststätte, die, wie andere Hotels
der Gegend auch, sich auf den Wintersport eingerichtet hat.
Selva selber (1560 Meter), etwas mondäner im Zuschnitt, wird
beherrscht durch das Sella-Massiv, das in seiner ganzen Breite
das Tal nach Süden verriegelt. Ostwärts verengen sich breite
Wiesenflächen zum edelweißreichen *Vallunga*, das zwischen
steinernen Bastionen aufwärts zieht und nicht nur seiner
Lichtkontraste wegen an die Landschaft des Engadins ge-

mahnt. Endpunkt der Bahn und des Tales ist *Plan*; hier beginnt die Kriegsstraße über das Sellajoch, von dem aus man den schönsten Blick auf die breiten Schneehänge der Marmolata genießt. Die Autolinien, die das Joch überqueren, gewinnen den Anschluß an die Dolomitenstraße, die ostwärts nach Cortina und westwärts nach Karersee–Bozen führt. Eine beliebte Tour von dem Grödner Tal aus ist vor allem die leicht zu erreichende Seifer Alpe mit dem Schlern, der weiteste Alpenaussicht gewährt. Schwere Kletterexkursionen mag man von der Regensburger Hütte aus oder im Langkofel-Gebiet unternehmen. – Das Publikum setzt sich im August aus Italienern und Österreichern zusammen. Reichsdeutsche findet man nur in verschwindender Menge. Ihre geringe Zahl hat seinen Grund mit darin, daß die Auslandsgebühr zu spät aufgehoben wurde und man im übrigen der näher gelegenen und früher schwerer erreichbaren Schweiz den Vorzug erteilte. – Die Preise in den besseren Häusern heben bei etwa 35 Lire (7 Mark) an; jetzt in der Nachsaison mögen billigere Vereinbarungen getroffen werden.

(31.8.1924, 2. Morgenblatt; Beilage: Bäder-Blatt, S. 1)

Empfang in den Dolomiten

Es kann nicht gut geleugnet werden, daß die Italiener in den ehemals K. K. Österreichischen Dolomiten sich heimisch fühlen. Ihre zahllosen Autos nehmen die bedenklichsten Kurven ohne Signal und knattern mit offenem Auspuff daher, voller Genuß am eigenen Geräusch. Was die Herrschaften betrifft, so tragen sie nobles Schuhwerk, das die Schlankheit weiblicher Knöchel im besten Lichte zeigt und geringe Neigung zu touristischen Unternehmungen verrät. Wozu auch allzu tief sich einlassen mit jenen oft barbarischen Naturdingen, die als

Hintergrund unvergleichlich sind? Den Mantel über die Schultern und in farbigen Umhängen entfaltet man sich auf der Hotelterrasse oder schlendert gesellig durch die Landschaft, gar nicht blasiert, sondern erfreut durch sich selber und anmutig an Gebärde. Die Signore wissen sich zu bewegen und bewegen sich wissend; die Signori, bartlos zumeist und schmalen Gesichts, sind von charmanter Unsachlichkeit und als Kavaliere vollendet schlechthin.

Darf man sich gar zu einer *nationalen* Festlichkeit vereinen, so ist die Beglückung groß. Gelegenheit zu dergleichen Improvisationen bietet sich in den neuen Provinzen ungesucht. Die Nation errichtet hier Heime für italienische Soldatenkinder, und die schönen Gesinnungsmonumente, die in der zuträglichen Luft allenthalben gedeihen, verlangen nach würdiger Bestätigung ihres nicht nur humanen Zwecks. Man findet sie etwa im Grödner Tal, ja, man findet, um es genau zu sagen, in St. Cristina eines von ihnen, das der Eröffnung eben harrt. Es einzuweihen, ist der Sonntag zumal geeignet, und welcher Sonntag käme mehr in Betracht, als der, an dem die Bevölkerung Kirchweih begeht?

Man versammelt sich also unter Mittag auf staubiger Landstraße und wartet, wie es sich ziemt. Da ist zunächst das Volk, in seiner Farbenpracht anzuschauen wie eine exotische Vegetation. Es spricht sein ladinisches Idiom, dessen Wortgebilde phantastischer als die Grödner Dolomiten sind. Die Burschen mit grünen Westen und grünen Federn auf dem Hut haben sich zu einer Kapelle formiert, die bestickten Jungfrauen umsäumen weiß und geduldig den Weg, der zum asilo infantile führt. Dazwischen wandeln in Gesellschaft etlicher Honoratioren drei Geistliche, die Hände bedachtsam auf den Rücken gelegt.

Vor den Hotels, auf Balkonen und Veranden steht die Menge der Zuschauer: Sommergäste und Passanten, die als Menge zu bezeichnen, beinahe an Despektierlichkeit grenzt. Man hat ziemlichen Aufwand an Toilette gemacht, und eine Welle von Parfüm durchzittert die Luft.

Bedürfte es eines Beweises für die Erlesenheit dieser Assemblé, die Autos erbrächten ihn. Der stattliche Wagenpark hält sich bescheiden im Hintergrund am Rand der Chaussee. In seinem Umkreis räkeln sich gleichmütig die Chauffeure umher wie Seeleute auf dem Land. Vorne auf dem Kühler eines vornehmen Autos sitzt ein metallener Bully mit der zierlichsten Halskrause der Welt, genaues Nachbild eines Hündchens, das sich in Ermangelung hochrassiger Gesellschaft nahebei einsam vergnügt. Daß die Gendarmerie nicht fehlt, ist eine pure Selbstverständlichkeit. Die Erscheinung der Carabinieri wirkt pompös, doch sie verblaßt neben dem Fascistentrupp, der aus verborgenen Gründen mit den Gewehren hantiert. Jeder dieser Jünglinge ist durchaus ein römischer Legionär und von dem Bewußtsein getragen, daß das Vaterland hier und jetzt zu entscheidenden kriegerischen Taten seiner bedarf.

An gewissen ausgezeichneten Punkten spannen sich Girlanden über die Straße, die der Bewillkommnung und dem Bildabschluß dienen. Hinter den Tannenhügeln wächst der Langkogel auf, der sich um die Angelegenheit zu seinen Füßen weiter nicht kümmert. Zur Bekundung seines Desinteressements hat er mit einem leichten Wolkenschleier sich umhüllt.

Das Ganze gleicht dem Finale einer peristischen italienischen Oper. Das Ensemble in seinen Stilkostümen ist bis auf die Heldin vollzählig zur Stelle, Solisten und Statisten erwarten das Zeichen zum Einsatz, und alles drängt der großen Schlußapotheose zu.

Nun wirklich löst sich der Bann. Das lebende Bild gerät in scheinbare Verwirrung, und die Kapelle stimmt eine fröhliche Weise an, die sämtliche Mitwirkende zu rhythmischem Händeklatschen begeistert. Was ist geschehen, was geschieht?

Ein blumengeschmücktes Auto kommt angefahren, es hält am Platz, der Chauffeur öffnet beflissen und eine perlgraue Dame entsteigt, die huldvoll die Zähne zu einem Lächeln entblößt. Die englisch aussehende Dame ist die *Duchessa d'Aosta*, die Gemahlin eines italienischen Generals. Sie hat geruht, den Festakt durch ihre Gegenwart zu beehren, und in der Tat: ihre Anwesenheit schon verbreitet einen Glanz, der bedrückt.

Die folgende Szene ist einer Steigerung kaum noch fähig. Sig-

nore und Signori verfolgen, ohne an Distinguiertheit einzu-
büßen, jede Bewegung der hohen Dame, die in gemächlichem
Tempo zwischen Jungfrauen und Honoratioren, Kameras und
Gewehren entschreitet. Die schwarzhemdigen Legionäre
blicken verwegen, die grünen Musikanten blasen angestrengt,
und manche Einheimische werden durch Anrede geehrt. Der
Höhepunkt ist erreicht, und das italienische Publikum zumal
schwimmt in Leutseligkeit, Wonne und Kulissenpracht. Das
heitere Spektakel fügt sich zuletzt von selber zum hierarchisch
geordneten Zug, der im Mittagsdunst nach dem asilo infantile
entschwebt, das in rot-weiß-grünem Fahnenschmuck seine
Protektorin schon von weitem begrüßt.
Signore und Signori zerstreuen sich nach dem Empfang und
überlassen die weiteren Ereignisse ihrem Verlauf. Auch das
Auto mit dem künstlichen und natürlichen Hündchen rast in
der Richtung des Sellajoches davon.

(11.9.1924[21], Abendblatt; Feuilleton, S. 1)

Station

Schmale Fassaden, bunt und aneinandergeklebt, die einzige
Wand aufgelockert durch das Gewirr der Balkone, Gärten davor, und der helle, so gar nicht bedächtige Eisack[22]; dicht darüber die Burg und höher noch das Benediktiner-Kloster Säben,
dessen Nonnen dieser Welt so verloren sind, daß sie von ihrem
Gipfel aus die schöne Welt nimmer schauen dürfen – das ist
Klausen, heute Chiusa genannt, obgleich es eiliger Italianisie-
rung nicht bedurft hätte, damit der Fremdling von jenseits des
Brenners hier Süden bereits fühle.
Wenige machen Rast in dem Städtchen. Die meisten rauschen
vorbei, durch Speisewagenfenster seine Front allenfalls er-
spähend. Oder sie würdigen Klausen lediglich als Ausgangs-

punkt der im Krieg durch die Österreicher erbauten Schmalspurbahn, einem kleinen, angestrengt tätigen Vehikel, von
dem man sich mit entzückendem Umstand ins Grödner Tal
hinaufwinden lassen mag.
Freundlich vergessen also ist, wer sich zu bleiben entschließt.
Ob er will oder nicht, er gerät ins Schlendern, denn auch die
Zeit vergißt sich hier, und ein jedes Ziel fällt im Spätnachmittag ab. Man trödelt am Ufer hin, gegenüber die lange Wand mit
den Balkonen, auf denen mitunter, hoch und unnahbar fast,
eine Mädchenerscheinung sich zeigt. Dann sticht die Brücke
mitten ins Bild hinein, der flache Schein der Fassaden wird zur
Wirklichkeit mehrdimensionaler Hausgebilde, und aus dem
Halbdunkel schält die eine Gasse sich endlos heraus. In ihrer
Schattenenge versteckt sich eine Rokokotür, dringt spitz ein
Erker vor, wie sie im Inntal sich finden – geformte Dingwelt
ehrwürdigen Alters, durch die mit der Selbstverständlichkeit
der Lebendigen das Volk sich bewegt. So das Übliche: man
plaudert vor den Läden und in Torgängen, gebärdet sich ernsthaft und politisch nach Burschenart und verständigt sich
schließlich mit den Töchtern des Landes zu heiterem Unsinn,
weil es eben am schönsten so ist. Dazwischen italienische Uni-
formen, die zum Ensemble gehören.
Unser deutsches albergo, alias Hotel, mag das treppenreiche
heißen. Stufengänge führen in halber Höhe der behäbigen cu-
cina vorbei, hören im Dämmer irgendwo auf und beginnen an
anderer Stelle von neuem; sind ihre steilen Wege auch nicht
berechenbar, so münden sie doch am Ende mit untrüglichem
Instinkt vor dem Zimmer ein, das dem Gast jeweils zube-
stimmt ist. In diesem labyrinthischen Organismus herrscht ein
patriarchalisches Leben, an dessen Spitze die Wirtin und Mutter ihres Doppelberufes sorgfältig waltet. Zwei Kostbarkeiten
lernt der Blick bald unterscheiden: die große Terrasse über
dem Eisack und einen Backfisch, das Töchterlein, das auf den
Anruf Hilde zögernd sich naht.
Man sitzt bei rotem Südtiroler auf der Terrasse, während Fluß
und Berge dem Abend sich langsam befreunden, man spürt die

unabweisliche Wandlung zum Kühlen, Distinkten und glaubt
sich selber Figur im erlöschenden Bild. Die Wirtin berichtet von
der Überschwemmung im Jahre 1921, der das damals in Mitlei-
denschaft gezogene Haus seine heute zusammengestückte Existenz verdanke. Noch kommt sie ihren wenig skandalösen
Chronistenpflichten nach – ihr Wort verweht, man ist Figur und
allen Pflichten fern – da bricht ein Lachen ein, das der Stumm-
heit entrückt, und man weiß alsbald: so kann mit ihren Zöpfen
Hilde nur lachen. Und wirklich, Hilde lacht so über den geistli-
chen Herrn, der ihr kleines Äffchen an seine Finger steckt und
damit richtige Komödie spielt. Was tut Hilde, wenn sie abends
müde ist? Wie macht Hilde ihre Morgentoilette? Das Äffchen
kopiert in allen Stücken seine Herrin, die auch in solchem Spiegel naiv sich erkennt.
Der geistliche Herr ist als Maler von der gleichen Delikatesse.
Er hat in Hildes Stammbuch ein sauberes Engelköpfchen ge-
zeichnet, und dieses Stammbuch darf man Blatt für Blatt jetzt
besehen. Hilde steht dabei, sie setzt sich ohne Zagen und gibt
karge Erklärungen ab über die vielen Freundinnen aus dem
Internat zu Brixen, die in dem Buch hier alle verewigt sind. Die
kleinen Mädchen beteuern italienisch und deutsch in vollen-
deter kalligraphischer Ausführung zarte Empfindungen der
Liebe, sie ranken farbige Blümchen um Maximen der Lebens-
weisheit und wahrhaftig, sie sind beschlagen genug, um sogar
aus Schillers ästhetischen Schriften den einen oder anderen
bedeutenden Hinweis heranzuziehen. Man wird gebeten, sich
einzutragen, und findet zum Glück ein Plätzchen noch frei, auf
dem ein wohlgeratener Spruch den Namen des Gastes für Kinder und Enkel erhalten mag.
Das Bild der Landschaft ist nun getilgt, nur der geschwätzige
Monolog des Eisacks dringt zur Terrasse empor. Der geistliche
Herr hat längst sich entfernt, und Hildes Stimme sinkt klein
und traurig in sich zurück. Sie klagt über verlassene Abende,
die Musik und Lektüre nicht füllen, sie sehnt sich, ohne daß sie
es sagte, nach Wechsel, nach Autos und Schals. Objektiv zärt-
lich streicht der Nachtwind um das Geschöpfchen, und wer

weiß, was geschähe, riefe die Mutter nicht laut ins wohnliche
Labyrinth.
Morgen entführt das emsige Vehikel fauchend von der Station.

(14.9.1924, 2. Morgenblatt; Beilage: Bäder-Blatt, S. 1)

Jenseits des Brenners

Bozen schon, das heute die Bezeichnung Bolzano tragen muß,
ist in jene Helle getaucht, die von nun an dauernd umfängt.
Man stürzt aus Dolomitenhöhe herab, vom Karersee etwa, wo
man genug des Lichtes hatte, eines Lichtes jedoch, das nicht als
Hülle sich um die Dinge legte, sondern mit Kulissen und Hori-
zonten spielte, so daß das Raumgefühl sich verwirrte und man
körperlos über grasgrünen Flächen und Gipfeln in klarer, sicherer Unendlichkeit zu schweben meinte – durch das Eggental
zwischen Felsbastionen und Tannenwäldern kommt man hier
angetaumelt und findet sich mitten in blendender Hitze, die
man nur immer liebkosen möchte, um sich der Gegenwart zu
versichern. Es ist Spätnachmittag, und der Rosengarten löst sich
zu einem bloßen Schimmer auf, zu irisierenden Arabesken von
ungeahnter Erfindung, die für eine kurze Weile an diese Welt
sich verschwenden, ehe auch sie dann verblassen. Böschungen
und Gassen fangen jetzt ein, Scheinfassaden mit unechten
Sgraffitofriesen schwingen hinter Gärten, die noch ein wenig
künstlich und schüchtern sind, und durch das Gemenge der
vielen militärischen Figurinen und Passanten drängen die Autos sich durch. Fremde aller Nationen überwiegen: die Italiener
und Franzosen reich an Gemeinsamkeiten äußerer Haltung, die
Deutschen sachlich und ungelenk wie früher mit Rucksack und
wallender Feder am Lodenhut, die Engländer gering nur do-
siert. Zwei Kategorien insgesamt lassen sich unterscheiden –
solche, die Unterkunft suchen, und solche, die schon gefunden

haben. Jene ringen verzweifelt mit Portiers ohne Gemüt, werden nach Gries verschickt und landen schließlich weit draußen am Ende der Welt und der Tram, diese lustwandeln bei Schrammlmusik bis in die Nacht hinein auf dem Waltherplatz, den das Denkmal des Minnesängers immer noch schmückt. Die Peripherie ist italianisiert, die Stadt ist deutsch im Herzen. Man schlendert durch den gesättigten, tosenden Tag nach dem Obstmarkt, der Goethe schon entzückte, und alle Sinne verstricken sich in der Trauben- und Pfirsichpracht. Man ergeht sich in den alten Lauben mit ihren gediegenen Läden und kauft hier oder dort, durch eine Auslage verlockt. Man steht auf moosbewachsenem Pflaster in einem Renaissancehof, sitzt nach dem Lunch unter Hotelpalmen und fährt auf einen der Berge, die unmerklich vom Himmel sich lösen. Es ist zuletzt nicht wichtig, was man tut und daß man es tut. Müßig sein und stille und ohne Begehren, es wäre genug.

***

Die Bahn nach *Riva* führt durch Kriegsgebiet. Hinter Rovereto mehren sich zerschossene Ruinen und durchlöcherte Kirchtürme, und statt der üblichen Steinmauern säumen Stacheldrähte die Felder ein. Von dem Zerstörten heben die vielen Neubauten sich ab, die fast ebenso schlimm wie die Ruinen sind. Es scheint zum mindesten zweifelhaft, ob das fascistische Dekret Erfüllung finden könne, das die Tilgung aller Kriegsspuren binnen Jahresfrist fordert. Erschreckender noch als die menschlichen Verwüstungen sind die der Natur selber, die hier chaotisch und anorganisch sich gebärdet. Das Hochtal zwischen Mori und Arco ist mit Geröll und Felsblöcken übersät, als hätten mythische Wesen in dieser Gegend sich Entscheidungskämpfe geliefert. Drohend starren die unwirschen Halden auf die weiche Fläche des *Gardasees*, der allein dem befreundeten Himmel entgegenglänzt. Seine blaue Schönheit wäre zu sündhaft vollkommen vielleicht, wenn nicht Natur aufstünde wider Natur, und gewaltige Unfruchtbarkeit die Fragwürdigkeit auch des Schönen entlarvte.

***

Man hat sich eingeschifft und läßt eine romantisch-heroische
Landschaft vorübergleiten. Da sind sie alle leibhaftig, die Motive, die in der ersten Hälfte des neunzehnten Jahrhunderts
deutsche Maleraugen beglückten: schwindelnde Felsschluch-
ten, verfallenes Gemäuer mit bizarr gekrümmten Olivenstäm-
men, Staffagefiguren, soviel man begehrt, und immer der
Doppelspiegel von Himmel und See. Die Bilder jener Maler
sind längst verschollen, doch das vollendet durchkomponierte
Original ist jung und frisch wie vordem. Solche Reife der Natur
spottet künstlerischer Wiederholung überhaupt, und will das
Kunstwerk sie einholen, so muß es von dem eingeborenen
Lichte sich nähren, statt an dem äußeren nicht zu erlangenden
sein Genüge zu finden.

Je weiter man nach Süden dringt, desto weiter rückt man in
der Kunstgeschichte vor. Die weißen Pfeiler der Zitronenhaine
leuchten vom Ufer herüber und Zypressen und Pinien – man
glaubt erst allmählich an ihre natürliche Existenz – stehen in
Reih und Glied. Es wird böcklinisch, toteninselhaft, und am
Ende setzt der Impressionismus sich durch, über den hinaus
hier nicht zu gelangen ist. Die Berge treten zurück, die Konturen sänftigen sich, und die anfängliche Festigkeit des Gefüges
lockert sich zu einem Miteinander unbeschreiblich zarter
Farbwerte, denen es an jeder Körpersubstanz gebricht. Kein
Einzelmotiv herrscht mehr vor, sondern alles einzelne geht unter, als sei es gar nicht vorhanden, es zerstiebt, und was bestehen bleibt, ist eine unbeständige, ausgedehnte Seifenblase, für
deren Dauer man die ernstesten Befürchtungen hegt. Das
spielt und schillert, und gewiß, das platzt einmal, denn es ist zu
dünn und luftig, um nicht lautlos zu vergehen. Nur das massive
und schmutzige Schiff, dessen Nichtsein schlechterdings un-
glaubhaft ist, überzeugt von der Konsistenz auch des Lichtge-
bildes, und erst recht das Publikum, gewöhnlicher Mittelschlag
mit Reiseführern und Flitterwochengebärden, wie er überall
zu sehen ist, ohne daß er von der Welt etwas sähe.

In *Gardone* endlich wird man seiner ledig. Unmittelbar am
Wasser entfaltet sich die langgestreckte Pracht der Hotels, de-

ren kitschige Erscheinung dem unsoliden südlichen Zauber durchaus angemessen ist. Ci siamo e ci resteremo.

***

In und auf dem Wasser verbringt man die Stunden, um deren Länge oder Kürze der Uhrzeiger nur weiß. Der Kahn wiegt sich ziellos auf dem Widerschein leichten Gewölks, das von der Sonne modelliert wird, die zum Versinken sich schickt. Nur Blau und Rosa ringsum, die Hänge hingehaucht wie in Pastell, und eine Lauheit, die wohlig erschlafft. Man vergißt zu fragen und einer Antwort bedarf es nicht. Heiterkeit des Südens, vielleicht, doch nicht im Sinne Nietzsches, der diese Heiterkeit mißverstand, weil er sie als Befreiung von deutscher Schwere allzu naiv unterstrich. Sie ist weder Erlösung noch Lösung, ihr Geheimnis vielmehr ist die *Melancholie*. Das Glück der schönen Sichtbarkeit, der Charme des Sinnlichen: diese romanische serenitas kann nur gelebt und erfahren werden, wenn der Grund des Wesens verschlossen und traurig ist. Bräche er auf, er sprengte den schmalen und festen Reif, den das Geformte, Heitere um die Seele legt. Man muß verzichtet haben und gebrochen sein, um in der Erscheinung weilen zu dürfen, deren Zärtlichkeit ganz nur dem Hoffnungslosen sich gibt. Der Kahn treibt weiter inmitten der Farben und Düfte, aber es ist, als vernähme man ein Weinen, das dem Tag unhörbar bleibt, den es melancholisch sich träumt.

***

Sucht man Ziele und feste Punkte in dem aus Atmosphäre gewobenen Raum, sie finden sich ungesucht. Gardone di sopra schon gewinnt an einem Vormittag Gestalt. Zwischen Gärten, verwahrlosten und sorglich gepflegten – Gärten, in denen der Lorbeer blüht und Pilaster streng geschnittene Schatten werfen – an niederen Mauern vorbei, die den Eidechsen als Tummelplatz dienen, und über gewundene Sonnenwege gelangt man zu den zerstreuten Hausgruppen mit ihren tiefen Höfen und all dem treppenreichen Gewinkel. Gabriele *d'Annunzio* bewohnt hier eine stattliche Villa, deren lapidare Inschrift dem Besucher Schweigen anbefiehlt, bis die Pforte sich öffne. Da der große Mann in seinem Heim zur Zeit poetischen Pflichten sich widmet, schweigt man eben und zieht vorüber. Trödelt hinan nach der Kirche S. Michele, oder fährt im Motorboot nach der Punta San *Vigilio*, deren Lob Photos und Ansichtskarten mit gutem Grunde verkünden. Verstaubte graugrüne Oliven und Zypressen mit obligater Bubi-Frisur begleiten die Straße, die an dem Vorgebirge vorbei nach Garda zu sich senkt, dunkelblauer Bucht entgegen, die der schmale, weiße Uferstreif vornehm begrenzt. Auf der Rückfahrt grüßen die Jugendstil-Kurven des Kaps von Manerba und *Isola di Garda* mit dem Schloß der Fürstin Borghese, dessen Baustil zwischen venetianischem Palazzo und Synagoge die ungefähre Mitte wahrt.

(19.9.1924, Abendblatt; Feuilleton, S. 1)

Der Reisevorschlag
Eine Viertagereise nach Würzburg und Bamberg

Zum voraus: vier Tage sind knapp, doch man kann auch in dieser Zeit etwas sehen, wenn man sehen kann.

Die Straßen *Würzburgs,* dem der erste Tag gewidmet sei, sind wundersam verschlungen wie Gekröse; die Kirchen stellen darin die Knoten-, Halt- und Blickpunkte dar. Der Dom mit den Grabmälern der Bischöfe liegt in der Mitte dieser Museumsstadt; an ihn gelehnt Neumanns Schönbornkapelle, eine von Allegorien des Todes und der Seligkeit gezierte Rokoko-Schöpfung, deren religiöse Attitüde mit dem romanischen Ernst St. Kilians ein Bündnis schließt. Gegenüber das Neumünster, im 17. Jahrhundert wie so viele Kirchen umgestaltet und hinter einer Barockfassade geborgen, die gewaltig tönt. Auf dem nahen Markt – aber alles ist nah – ragt schmal und hoch die Marienkapelle, die Barockatmosphäre gotisch durchstoßend. In ihr zwei füllige Holzstatuen Tilman Riemenschneiders, dessen

Geist und Werk die Stadt beherrschen – gesättigt und im Endlichen vollendet alles von ihm Gebildete, klassische Bürgerlichkeit ohne Dämonie. Durch allerlei Gäßchen – Brunnen und Höfe, man kann sie in Kürze nicht nennen – am alten Rathaus, an Klöstern und der Alten Universität vorbei gelangt man auf hübschen Umwegen zur Residenz. Der Platz davor ist weit und gehalten, ein Adagio maestoso inmitten der Turbulenz. Von dem Gewölbe des Treppenhauses prunken Tiepolos kalt-festliche Fresken herab. In der Flucht der Säle und Gemächer, die unermeßlich dünkt, ruft die Kunst der Rokoko-Dekorateure vergangene Epochen und fremde Zonen zu einträchtigen Spielen in die Welt der Erscheinung. Der Hofgarten, in dem Studenten, Kinder und Damen spazieren, ist mit seinen Terrassen, Putten, Beeten und Baumbeständen ein bezähmter Mikrokosmos für sich. Nachmittags führt die Schaulust zum jenseitigen Ufer. Man überschreitet die alte Mainbrücke, die eine Miniatur-Ausgabe der Prager Karlsbrücke ist; oder vielmehr: man überschreitet sie nicht einfach, denn ihr geselliges Wesen lädt zum Verweilen. Auf dem Marienberg genießt man Mittelalter und Rundblick. Wieder am Fuß der Bastionen schlendert man dann, den Frühbau der Burkards-Kirche einbeziehend, zu den mächtigen Treppenaufgängen, als deren oberer Abschluß die Wallfahrtskirche von Neumann in immer anderen Überschneidungen sich zeigt. Wagners Stations-Skulpturen geleiten zum «Käppele» empor, die Natur fügt den gewaltigen Perspektiven sich ein. Im Kapelleninnern schlüpfen Muschelornamente leichtfertig über den Rahmen, der den geöffneten Himmel des Deckengemäldes umschließt. Nun kehrt man in die abendliche Stadt zurück, mäßig im Tempo wie sie, deren geheimes Gesicht sich so schnell nicht entschleiert. Der ortsansässige Bocksbeutel trinkt sich in den Weinstuben viel und gut.

Gleich in der Frühe des zweiten Tags empfiehlt sich die viertelstündige Bahnfahrt nach *Veitshöchheim*. Der berühmte Park hier ist ein Welt-Theater, in dem sich die Gestalten der Mythologie ein galantes Stelldichein geben. Schnurgerade Alleen, von gesitteten Bäumen umreiht, bergen ornamentale Weg-Mu-

ster und tausend symmetrisch angeordnete Überraschungen.
Eine Gruppe von Wassergöttern, Springstrahlen speiend, verhält sich perspektivisch zu dem hoch aufsteigenden Pegasus
mitten im See, dem die Musen verführerisch lächeln. Pavillons,
Muscheltempel, Fabeltiere, Faune – das ganze Universum bietet der Rokoko-Gesellschaft dienstbar sich an. Aber hinter den
heiteren Allüren lauert das Bangen vor den Naturmächten, und
der verblaßte Glaube, scheinlebendig im Zeremonial, tröstet
nicht mehr. Nach kurzem in Würzburg wieder mag Versäum-
tes nachgeholt werden. Das Fränkische Luitpoldmuseum zumal, eine mustergültige, erstaunlich reichhaltige Provinz-
Sammlung, in der eine Anzahl Riemenschneiders bewußt
residieren. Nachmittags nach *Bamberg.* Die Außenviertel in
der Bahnhofsgegend sind häßlich: kahle Häuserreihen, Klein-
stadt, die mehr sein möchte.
Am dritten Tag wird die Schale durchdrungen. In der Verkehrs-
mulde des Grünen Markts, wo der Abendbummel vonstatten
geht, beginnt das Reich der Dientzenhofers, deren Barock-
Gesinnung allenthalben schwungvoll sich ausprägt. An die
Martinskirche hier schließt die Staatsbibliothek sich an, die seltene Handschriften und Miniaturen enthält. Nun die obere
Brücke, von dem Rathaus überquert – ein vertrauter Aspekt,
durch die Ansichtskarten kolportiert. Zu beiden Seiten gute
schnittige Betonbrücken, im Hintergrund malerisches Haus-
gerümpel, Klein-Venedig, wie aus Papiermaché. Noch eine
steile Windung, und der Domplatz tut sich auf. Jahrhunderte
umstehen ihn, es scheint ein Trug und ist doch Wirklichkeit, vor
der vieles Trügerische abfällt. Erstarrte Geschichte, Folge der
Zeiten, vom Romanischen zum Barock, geronnen im Stein. Die
plastischen Monumente außen am Dom und innen gleichen
Urphänomenen: der Reiter am Pfeiler, eine Vision aus anderem
Reich, märchenhafter als das Einhorn, die Sibylle, deren Ge-
wandfalten Beschwörungen sind, der schmalwangige Hohen-
lohe von zartestem Geist. Nicht zu vergessen das Gestühl des
Peters-Chors, die Krypta, die Kaiserornate des Domschatzes
Aufzählung ist Geplapper, es gilt, Auge zu sein und zu wissen.

Draußen der Hof der Alten Hofhaltung, in dem Blut schon zu Hohenstaufenzeiten floß, gegenüber das Gebäude der Neuen, deren Saalfolge rustikaler als die Würzburgische ist. Im Umkreis liegen die Kirchen, eine bei der andern, treppauf, treppab: die Obere Pfarrkirche mit dem gotischen Chor und dem Veit-Stoß-Altar, Stephans- und Karmeliterkirche. Auf dem Weg zu ihnen überfallen die Barockwucherungen des Bökinger-Hauses, dessen Hof unter südlicherem Himmel gewachsen scheint. Jenseits des Domviertels dann führt eine Allee hinan zu der Michaelskirche, einer reinen Barockentfaltung, von einem Gebäudekranz eingehegt, der auch die Kunstsammlungen in sich faßt. Volk wallfahrt hier zu Feierstunden, man feiert viel, Zeit ist genug. Alte Frauen knien vor den theatralischen Altären, ihre Gesichter sind unpersönlich und wie aus Stein, objektiver Frömmigkeit voll. Nahebei gleich eine Gartenlokalität, man lebt im Glauben und lebt darum. Es ist Mitte des Nachmittags und zur Altenburg nicht weit. Abends sehe jeder, was er mit sich anfange – vorausgesetzt, daß er früh nicht enden will.

Gemäß der Reisedisposition scheint am vierten Tag die Sonne. Sie leuchtet über Staffelstein, das man frühmorgens in dreiviertelstündiger Eisenbahnfahrt erreicht. Auf dem tafelförmigen Staffelberg haust ein freundlicher Einsiedler in seiner Klause. Ein kurzer Marsch führt nach *Vierzehnheiligen*. Balthasar Neumann hat das hohe Kirchenhaus geschaffen, dessen Türme auf Fernsicht berechnet sind. Das von Feuchtmayr geschmückte Innere hat seinesgleichen, wenn überhaupt, nur in der dunkler glühenden Asamkirche. Kreise und Ovale begrenzen dieses himmlische Diesseits, in dessen Mitte der Altar aufjubelt, ein kecker Lustpavillon, der in die lichten Wölbungen springt. Die Rocailles tanzen über antikische Gesimse, Balustraden und Logen klingen mozartisch; weiß, gelb, marmorn und golden sind die Formen und Sinnbilder gebannt, zum letzten Male gebannt, ein Fest vor dem Abschied, Seligkeit und Weinen zugleich. An den Buden vorbei, in denen Wachskerzen, geweihte Glieder, Ansichten, Kulinarisches feilgeboten werden, über den Stationen-Weg in die Mainebene. Die Landschaft ist altdeutsch, umständlich gewellt, Gemälde-Hintergrund. Ein Fährmann holt über, und nach steilem Anstieg, mit dem tunlichst Till-Eulenspiegel-Gefühle zu verbinden sind, labt man sich oben in Schloß *Banz*. Mächtiges Hofgeviert, Trappisten-Enklave, Petrefakten-Sammlung mit Ungetümen, die in den Schachtelhalmen einst rauschten. Auch die Kirche ist handfester Barock. Man übersieht das Land, von dem aus das breit gelagerte Gebäudemassiv überall gesehen wird. Zurück nach Staffelstein wieder oder nach Lichtenfels, wo die Korbwaren geheimatet sind.

Gibt man noch einen fünften Tag in Bamberg zu, so lohnen Pommersfelden mit der Gemäldegalerie und Kloster Ebrach des Besuchs. Ohne Zuhilfenahme eines Autos wird man freilich beide nicht zusammen vereinen können, obgleich sie von derselben Bahnlinie aus zugänglich sind.

(17.5.1925, 2. Morgenblatt; Beilage: Bäder-Blatt, S. 9–10)

Die Sommerfrischen-Länder
Eine Herbstbetrachtung

Im Sommer reisen die Städter in die Sommerfrischen-Länder, wo die kecken Berge stehen, mit den Almen und Tälern darunter. Sie werden zur Erholung benutzt, weil die Arbeit unsere Kräfte verzehrt, deren wir zum Aufbau bedürfen. Das große Gelbhorn ragt im Baedeker hinter Hotel Minerva unmittelbar idyllisch 3157 Meter hoch, die Natur bleibt doch immer erhaben. Während der Wintersaison schon wird der Punkt projektiert, mitten im Frieden; man reibt sich auf für seine Erholung. Vollbesetzt sei es zu jeder Aufnahme bereit, schreibt Minerva zurück, von Preisen und Vorzügen angesichts des Gelbhorns umrankt. Professors kennen seit zwanzig Jahren das Horn, es veraltet nie. Wahrlich, Professors.

Die Koffer begeben sich mit auf die Reise, hin und her, mit
Landschaftsbekleidung bunt-klimatisch bepackt. Wie die Sol-
daten. Nacheinander rollen im Speisewagen die Gegenden ab;
keine wird übersprungen, es ist ihr einziger Trost. Nur die
Fahrpläne ändern sich stracks ...
Die Sommerfrischen-Länder eröffnen sich in jedem Sommer
neu: abgeschabte Berge werden angestrichen, Violetten in die
Beete gesteckt, Panoramen nach Reklamevorlagen ringsum errichtet. Unter Leitung der Direktion beginnt es in der mit Ozon
beschickten Luft zu weben, die Bevölkerungsvereine erproben, ob sie noch schollenhaft seien. Lauter Natürlichkeiten.
«Franz», sagt die junge Dame, «jodle einmal und leere dein
Glas auf mein Wohl.» Auch die Entlein schwimmen im Teich.
Gleich bei der Ankunft müssen die Sommerfrischen-Länder er-
obert werden, sie zieren sich erst. Minerva hat vergessen, ob es
vollbesetzt sei oder zur Aufnahme bereit. Das große Gelbhorn
liegt nicht so, wie es auf der Karte sich zeigt, man rückt es zurecht. Auch die Sonne und das Essen werden begutachtet, bis
sie sich eignen. Da die Menschen sämtlich in die Einsamkeit
geflüchtet sind, ist die ganze Landschaft mit Städtern bedeckt;
alle sind einsam zusammen und beklagen sich darüber, daß sie
sich sehen, was sie erfreut.
Die Erholung besteht aus Beschäftigungen, die an den Sommer-
frischen-Ländern ausgeübt werden. Man könnte auch gar nichts
tun, aber Tätigkeit ist den Menschen angeboren und sie erholen
sich von ihr nur durch sie. Manche besuchen immer den
Hauptaussichtsort, Hochzeitskanzel genannt, weil ein Paar sich
einst hier bergabgestürzt haben könnte – eine Sage, die den
Wert des Ortes erhöht. Sie genießen die Bergwelt, die gebirgig
ist, und die Ebene flach in der Tiefe. Auch bringen sie Atlanten
mit, um sich von der Richtigkeit des Erblickten zu überzeugen.
Vielleicht sind die Orte zerstört oder sie selber befinden sich
nicht auf der Hochzeitskanzel. Auf jeden Fall photographieren
sie sich, nur noch Mensch gleichsam, vor dem Naturgebiet und
verschicken es an die Leute, die wiederum ihre Naturgebiete
ihnen senden. Hin und her, eine Harmonie, alles im Bild.

Andere ergründen die Berge, unerbittlich, immer mit Seil. Wo nur leichte Wege führen, hauen sie Kamine aus; für die Muskulatur, von oben bis unten. Oder auch Platten, an denen sie klimmen. Gipfelskalps auf dem Hut, klettern sie über die Hochzeitskanzel hinweg. Aussicht sind sie sich selbst. Bei der Suche nach dem kleinen Gelbhorn, das es nicht gibt, sind schon viele ums Leben gekommen. Sie stehen mit Lettern in den alpinen Büchern verzeichnet.

Etliche nehmen ihr Auto mit, das wie sie nach Erholung verlangt. Ganz erfüllt von PS rast es über die Sommerfrischen-Straßen, in der Garage verwelkte es schnell. Bunte Kinderdrachen spielen in den Lüften mit Tennisbällen, das Flugzeug erreicht den Hafen vor Nacht. Dazwischen mengt sich Gesang, von der Jugendbewegung geliefert, die auf den Almen ihr Lagerleben vollzieht. Nur noch Natur gleichsam.

In den Pausen sitzen alle auf der Terrasse und stellen sich aus. Sie bilden den Stoff für Gespräche, die das Höhere meiden. Es gilt die Erholung. Der Sohn, der von Mathematik redet, wird zurechtgewiesen; ein Kind noch, so zart. Jeder ist froh, daß er sich geben kann, wie er ist. Da man von zu Hause nichts hören will, spricht man viel von der Stadt: ihren Sängern und Schauspielerinnen, die in den Illustrierten sich bieten. Sie sind zur Unterhaltung gestiftet, die Heilige Johanna war ein Erlebnis. Das große Gelbhorn leuchtet dämonisch, seine Spitze ist gelb wie der Mond, den die Menschen paarweis verwenden. Nicht selten bei Nacht; es gilt der Erholung. In der Gretchenbar auch wird sie gefunden, die Natur bleibt doch immer erhaben. Minerva allüberall.

Zuletzt sehnt sich jeder nach Stadt. Der Ruhebetrieb verzehrt unsere Kräfte, Arbeiten allein dient dem inneren Aufbau. Die Koffer werden mit Minerva beklebt, bald feiern sie Jubiläum. Erinnerung ist das kostbarste Gut. Verlassen stehen die Sommerfrischen-Länder umher, gar nicht mehr keck. Sie werden in Kisten gepreßt, die Hochzeitskanzel härmt sich, mit Fug. Der Hauptaussichtsort, völlig im Dunkeln. «Ein fröhliches Wiedersehen» ist auf den Deckel graviert.

(31.10.1925, Abendblatt; Feuilleton, S. 1)

Zu Sorrent

An dem Golf von Neapel, mitten in der «Unschuld des Südens»,
liegt Sorrent. Es ist hier so unschuldig nicht, wie Nietzsche
meinte, aber umso südlicher dafür: verführerischer Far-
benglanz und eine heitere Oberfläche, hinter der es bedrohlich
brütet. Bei der Überfahrt von Neapel kann man die Tücken des
Meeres erproben; reißt es der Scirocco nicht auf, so ist es gewiß
von unten bewegt. Auch die Haifische bummeln in den blauen
Gewässern. Der Blick umspannt von Sorrent das Rund des Gol-
fes. Unermeßlich die Fülle des Lichts und die gerade noch faß-
bare Weite des Horizonts. Eine Natur mit klaren Umrissen und
so ganz gegenwärtig, daß sie der Sehnsucht keinen Raum läßt,
sondern das Leben in den Augenblick bannt. Jeder Augenblick
ist von dem folgenden verschieden. Die Helle, die den Himmel
und das Meer beherrscht, begrenzt und löst immer neu, ohne
Übergang, ohne Vermittlung. Aus dem Tag, nicht aus der Dämmerung fällt die Nacht herein. Der geschwungene Küstenstrich
wird in ihr eine einzige Lichtlinie, die sich zur glimmenden
Fläche bei Neapel dehnt und als feiner Strich die Cookbahn auf
den Vesuv markiert. Alles geschieht plötzlich und vollkommen.
Es bedarf der Zeit, um die mannigfachen Aspekte auszukosten.
Man muß die langen Vormittage baden und am Strand liegen,
sonst erfährt man nicht die bestimmende Gewalt des Meeres.
Man muß die weiße Landstraße begehen und im Auto befahren,
die über Positano nach Amalfi führt, sonst wird man die vielen
Schluchten und Einschnitte nicht gewahr, aus denen die Konturen sich bilden und ihr stets wandelbares Leben empfangen.
Man muß sich in den Häusergekrösen verirren, da man anders
ihr schwammartiges Ineinander nicht spürt. Sie haben ihre Geschichte, jeder Fleck hat die seine. Römer, Griechen, Norman-
nen und Sarazenen haben auf diesem Boden Blut vergossen
und Friedenskünste geübt. Was sie getan und gewesen sind, ist
nicht nur in Trümmern versiegelt. Es äußert sich in den Qualitäten der Natur, lebt in der Sprache fort, prägt die Physiognomien und die Haltung noch immer. Mitunter bricht es heraus

als heidnisches Unwesen; als Sinn für die Oberfläche und als strahlendes Außen ist es stets vorhanden. Illuminationen und laute Festlichkeiten sind die Regel, alle Feiertage werden verwertet. Der Fremde aber, der dieses Leben miterlebt, mag auf der Hut sein, daß er sich nicht berücken lasse. Nahe bei Sorrent liegen die Sireneninseln, in deren Umkreis selbst Odysseus sich die Ohren verstopfte.

(17.1.1926, 2. Morgenblatt; Beilage: Bäder-Blatt, S. 2)

Lindenfels (im Odenwald)

Der vielbesuchte Ort liegt inmitten des Odenwalds, zu dessen schönsten Sommerfrischen er gehört. Von der Schnellzugsstation Bensheim aus – einem der Hauptpunkte der Bergstraße – mit guten Unterkünften und angenehmen Spaziergängen – fährt das Postauto in einer knappen Stunde nach Lindenfels hinan. Schon von weitem erblickt man die Burg mit dem Städtchen: ein altertümlicher, in sich geschlossener Architekturkomplex, der sich organisch in die Landschaft fügt, die er krönt. Für die Autofahrer wie die Touristen ist hier gleicherweise gesorgt. Jene haben auskömmliche Chausseen zur Verfügung, die nach allen Seiten sich verzweigen. Diese brauchen unter der Anzahl der kleineren und größeren Ausflüge nur zu wählen; auch als Standquartier für zwei- oder dreitägige Exkursionen kommt Lindenfels in Betracht. Wer der Ruhe pflegen will, mag sich an der Aussicht ergötzen, die ein weites Hügelrund umfaßt. An einfachen und besseren Gasthöfen ist kein Mangel. Auch zum Tanzen findet sich Gelegenheit.

(6.6.1926, 2. Morgenblatt; Beilage: Bäder-Blatt; S. 8)

Ich hab mein Herz ...

In *Heidelberg* ist alles so heimelig beieinander, man kann es wirklich verstehen, daß die Gesangsvereine neuerdings ihr Herz hier verlieren. Links oben, mitten im Wald, liegt das rote Schlößchen und unten gehen die Professoren. Wenn es heiß ist, ist es in Heidelberg besonders heiß. Um dem abzuhelfen, fließt der Neckar zwischen den eigens herbeigeeilten Ufern. Er wird zu allen möglichen Verrichtungen benutzt. Morgens rudern die Studenten auf ihm zur Universität, wo sie die Wissenschaft genießen. So gelehrt der Neckar im Laufe der Jahrhunderte auch geworden ist, er hat doch Sinn für die Bedeutung des Sports. Die ganze Bevölkerung schwimmt in ihm spazieren. Wegen der vielen Badeanstalten hat er es mitunter schwer, an den Universitätsinstituten vorüberzufließen, die sich versonnen in ihm spiegeln. Da die Bevölkerung größer ist als er, bedeckt sie auch die seitlichen Wiesen. Sie setzt sich aus Bäuchen und Intellektuellen zusammen, deren Brillen in der Sonne funkeln. Bestände sie nur aus Intellektuellen, so wäre im Neckar für alle Platz. Die größte Genugtuung bereitet es ihm, wenn die Sommer-Seminare in ihm abgehalten werden, er hat seinen Ehrgeiz und fühlt sich als einen der letzten Ausläufer der Romantik. Auch die Pferde gehen in ihm zur Schwemme. Wenn die Regatten über ihn hinfliegen, denkt er an die Antike zurück und freut sich darüber, daß er nicht nach dem Frankfurter Stadion abgeleitet worden ist. Er hängt nun einmal zu einem Teil seines Laufes an der Geschichte, über die in Heidelberg soviel philosophiert worden ist. Daß Spinoza seinerzeit den Ruf hierher abgelehnt hat, kann er immer noch nicht verwinden, es wäre dann manches anders gekommen. Wenigstens sieht George öfters auf ihn herab. Abends schmückt er sich mit Lampions, weil es ihm sonst zu dunkel vorkäme unter den bengalisch beleuchteten Ruinen des Schlosses und der Stadt.

(19.7.1926, Abendblatt; Feuilleton, S. 2)

Saint-Raphael (Valescure)

Dieser entzückende, zwischen Toulon und Cannes gelegene Badeort strebt seit einigen Jahren mit Schnelligkeit in die Höhe. Er liegt an einer großen, sanft geweiteten Bucht, über der in den Morgenstunden die Wasserflugzeuge der nahe gelegenen Militärstation kreisen. Ein langgestreckter Sandstrand bietet ausgiebige Gelegenheit zum Baden und Ruhen. Die Meerpromenade mit ihren Palmen prunkt im Glanz der Riviera. Auf ihr entfaltet sich in die späte Nacht hinein das gesellschaftliche Leben. Autos, kleine und große, befahren sie unablässig. Für Naturattraktionen in der näheren und weiteren Umgebung ist zum Überfluß gesorgt, auch sind die großen Rivieraorte von Saint-Raphael aus, das Schnellzugstation ist, leicht zu erreichen. Wer Weltstädtisches in Saint-Raphael selber sucht, findet es im neuen Kasino, in dessen vornehm ausgestatteten Räumen man nachmittags und allabendlich auf illuminierten Glasplatten tanzt und dem Roulette und dem Baccarat frönt. Neben den Hotels ersten Ranges gibt es kleinere Pensionen, in denen man gut und billig lebt. Dank seinem gleichmäßigen Klima, das selbst an den heißesten Tagen durch eine frische Brise belebt wird, eignet sich der Ort trefflich für Erholungsbedürftige.

(3.10.1926, 2. Morgenblatt; Beilage: Bäder-Blatt, S. 8)

Im Luxushotel

In mittleren Filmen wird mit Vorliebe ein höheres Gesellschaftsleben dargeboten, das in den kleinen Leuten Sehnsucht erweckt. Auf der Leinwand wesen Herren und Damen, die der Filmregisseur mit einem schlechterdings unirdischen Glanz umwoben hat. Sie gleichen den Lilien auf dem Felde: statt der

Sorgen haben sie Jachten. Ein Paradies, das nicht wirklich sein kann, das offenbar nur zu dem Zweck gestellt ist, damit das Publikum sich für eine Stunde über den Alltag erhebt.

Das Märchen ist wahr, und so wenig wie die Sonnenuntergänge auf Öldrucken sind seine Figuren erdichtet. In den Luxushotels lustwandeln sie höchst dreidimensional. Die Frage ist nur, ob sie zu flüchtigem Dasein aus der Leinwand getreten oder jene Filme nach ihrem Vorbild geschaffen sind. Fast scheint es, als lebten sie allein von Gnaden eines imaginären Regisseurs.

**

Unser Luxushotel vereinigt eine internationale Gesellschaft: Hochfinanz, Aristokratie, Großindustrielle, Arrivierte aus freien Berufen und Erben. Ist je ein Krieg gewesen? Man merkt es hier kaum. Unter dem Schutz des Kellogg-Paktes geben sich Bevorzugte der verschiedenen Nationen dem Genuß eines Friedens hin, der umso tiefer ist, als sie für ihren Teil auch das soziale Problem bereits gelöst haben. Vor lästiger Neugier sind sie durch den dreifachen Riesenwall der Pensionspreise besser behütet als durch Anschläge, die Unbefugten den Zutritt verwehren. Sie wollen nicht gesehen werden, sie wollen sich gegenseitig zeigen, ohne sich zu gewahren. Kein Laut der Welt dringt in ihre Enklave: es sei denn ein Hochstapler, der aber nicht laut ist, oder das Kursblatt, das während der Saison die Ruhe nicht ernstlich zu stören vermag.

**

Daß sich unser Hotel in den Alpen befindet, lohnt nicht der Erwähnung; es könnte ebenso gut in der Ebene liegen, am Meer. Streng genommen liegt es überhaupt nicht in einer Landschaft, sondern ist das Panorama, auf das die Landschaft sich ausrichtet, um dessentwillen sie als Landschaft erst Beachtung verdient. Panoramen sind Blickpunkte, sie genügen sich selbst. Da der Gesellschaft die Natur, die allen gehört, zu wenig luxuriös ist, gestattet sich das Hotel den Luxus einer eigenen, die gesellschaftsfähig ist. Sie zeichnet sich vor der landesüblichen dadurch aus, daß sie aus Tennis- und Golfplätzen besteht – eine Natur für Klubmitglieder, von früh bis spät fliegen die Bälle. Die Sonne kommt bestenfalls Wettspielen zustatten. Das Alpenglühen wird den Hotelgästen ersten und zweiten Ranges überlassen. Bei Regenwetter fliegen die Bälle im Innern des Hauses. Ob Saalwand, ob Bergwand: die Umgebung umgibt nur die Sports.

**

Der Müßiggang ist im Luxushotel eine Modenschau. Jede Sportart erfordert ihre eigenen Kombinationen, und der Pullover wie die blaue Golfjacke erlangen die Bedeutung von Charakterzügen; jedenfalls ziehen sie stärker als ein Charakter, der schlecht angezogen ist. Es gibt mehr geheime Zusammenhänge zwischen Krawatten und Socken, als die Mittelschulweisheit sich träumen läßt. Abends prangen die Gesellschaftstoiletten, aber keineswegs jeden Abend die gleichen; obwohl die in ihnen geführte Konversation sich in der Regel gleich bleibt. Nicht nur durch die Notwendigkeit des fortgesetzten Kleiderwechsels ist der Tag so ausgefüllt wie der eines Angestellten. Den Matchs und Konkurrenzen sich fernzuhalten verstieße wider – die Unsitten; der Thé dansant gehört zu den Nachmittagspflichten; die Bälle und Kostümfeste wollen mitgemacht sein. Mittelpunkt ist die Halle, ein weitläufiger Gesellschaftsbahnhof, aus dem man nach einem peinlich geregelten Fahrplan zu den Sportplätzen, dem Speisesaal und der Bar entschwindet. Die ununterbrochene Kette von Tätigkeiten verleiht dem Nichtstun das gute Gewissen, mit dem freilich nichts weiter getan ist.

**

Das Haarsieb mondäner Geselligkeit läßt individuelle Eigenheiten nur spärlich durch; um ganz davon abzusehen, daß Universitätsprofessoren in unserem Luxushotel nicht anzutreffen sind. Sein einziger Professor ist der für Tennis. Am persönlichsten zugeschnitten sind die Physiognomien einiger älterer Herren. Im Gefolge des einen von ihnen befinden sich mehrere unsichtbare Sekretäre, die immer um ihn sind, wenn er sie auch nicht mitgebracht hat. Ein anderes Gesicht wirkt wie ein Privatkontor mit ledergepolsterten Türen und wieder ein anderes erinnert an eine Kaffeeplantage in Holländisch-Indien. Der

Ausdruck wird gedämpft durch die Gegenwart der Familien, die nirgends so einträchtig auftreten wie in der Öffentlichkeit des Hotels. Sie sind sorgfältig komponierte Schaufensterauslagen, deren größere oder geringere Pracht den Reichtum des Besitzers verrät. Ihr Hauptschmuck ist die Dame. Unter den jungen Leuten überwiegen die Sportgents, die Schultern wie Querbalken haben, an denen sie selbst lose herabhängen. Die Mädchen bilden kleine Banden wie in den ersten Bänden von Proust und lachen den ganzen Tag unbeschwert zwischen ihren Tennispartien und den anderen Partien, die für sie angebahnt werden. Nonnen in weißen Hauben beschirmen die Kleinen, die später auch einmal lachen können. Für die größeren Kinder ist ein eigener Tennisplatz angelegt, auf dem sie sich standesgemäß üben. Kein Laut der Welt dringt herein.

***

Mit der Eisenbahnstation hat unser Luxushotel nichts zu tun. Seine Gäste kommen überhaupt nicht an oder reisen gar umständlich ab, sondern sind einfach da, ohne eingetroffen zu sein, und verflüchtigen sich ebenso unbemerkt. Ein Vakuum klafft zwischen ihrem Aufenthalt im Hotel und dem an anderen Orten. Vor dem Portal wartet ein Automobil, aber es ist ungewiß, ob es nur eine Spazierfahrt unternimmt oder mit seinen Insassen für immer entrollt. Freilich auch dann fahren sie spazieren. Der Chauffeur trägt eine weiß-blaue Livree.

(14.9.1928, Abendblatt; Feuilleton, S. 1–2)

Ferien im September

Mer de Glace

An schönen Tagen fahren Hunderte mit der Zahnradbahn nach Montenvers, um das Mer de Glace zu betätscheln. Der breite Gletscherfluß gleicht an der Besichtigungsstelle in der Tat ei-

nem alten ausgedienten Raubtier im zoologischen Garten. Sie
nähern sich ihm mit Halbschuhen und Gebirgsstöcken, ohne es
reizen zu können. Auf den Stöcken ist «Chamonix» eingebrannt.
Berufsphotographen, die am Eingang des Gletschers zu Dien-
sten stehen, verwenden ihn als Hintergrund für Gruppenauf-
nahmen wie irgendeine gemalte Folie im Atelier. Sein Rücken
hat den matten Glanz eines Parkettfußbodens, der durch die
häufige Benutzung stark abgescheuert ist. Da ein Teppich fehlt,
wird er fast stets nur mit Führern betreten. Ältere Damen stoßen
kleine Schreie aus und Kinder legen hier den ersten glitschigen
Grund für spätere Erinnerungen. Nach ein paar Schritten macht
das Publikum Halt, ballt sich inmitten der gezähmten Eiswelt zu
einem Knäuel und blickt zu den Höhen empor, in denen der
Gletscher noch frei strömen darf. Ein Wunder nur, daß es ihn
nicht füttert. Sanftmütig liegt er da, an jenen anderen erinnernd,
den Tartarin für ein künstliches Gebilde aus Papiermaché hielt.

Montblanc

Unten im Hotelgarten blühen Dahlien und Begonien, oben
starrt unentwegt das weiße Montblancmassiv. Das ganze Tal
liegt ihm zu Füßen und weiß warum. Seine Schneegipfel sind
umworben wie kaum eine schöne Frau, die sich in blendenden
Toiletten zeigt. Jedes Wölkchen möchte man ihnen von der
Stirn wischen. Man blickt auf sie in allen Lebenslagen, und
selbst wer einmal nicht blicken wollte, könnte sich ihnen nicht
entziehen, denn sie scheinen in die Zimmer herein. Mit Hilfe
von Schwebebahnen erreicht man Höhepunkte, die auch solche des Daseins sind, da sie eine noch bessere Aussicht gewähren. Die rotbraunen Wägelchen der neuen Funiculaire auf
den Planpraz sind übrigens nette Dinger: sie brummen wie
Schmeißfliegen aus ihrer schrägen Halle heraus und nehmen,
je höher sie entschweben, immer mehr das Aussehen von
Glückskäferchen an, die über die Wälder krabbeln. Es gibt drei
Arten, um auf den Montblanc selbst zu gelangen. Besonders
verdienstlich ist die seiner Besteigung. Sie wird von Touristen
mit ernsten Gesichtern ausgeführt, deren Eispickel vor Pflicht-

bewußtsein heimlich strahlen; heimlich, weil sie zu neu erschienen, wenn sie noch blank wären. Eispickel dürfen nicht
unmittelbar aus dem Geschäft kommen, wenn sie mit Anstand
gebraucht werden sollen. Geringere Mühe als die zweitägige
persönliche Besteigung macht ersichtlich der Flug über den
Montblanc, der gewiß in noch nicht einer Stunde vonstatten
geht. Eine Kleinigkeit. Das Flugzeug fährt niedrig an, zieht ein
paar Spiralen, verschwindet für einen Augenblick und läßt bald
danach als Pünktchen die ganze Eismisere unter sich. Am be-
quemsten gelangt man aber unstreitig durch die zahllosen Te-
leskope ans ersehnte Ziel, die überall im Ort aufgestellt sind.
Sie sind Geschütze, die man nur ein wenig richten muß, um
mit Lichtgeschwindigkeit zum Gipfel geschossen zu werden.
Eines von ihnen befindet sich mitten unter den Dahlien und
Begonien, und die Faulheit ist ein doppelter Genuß, wenn in
vielfacher Vergrößerung eine Karawane sichtbar wird, die auf
dem Montblancmassiv Stufe um Stufe hackt.

Spezialitäten

Welcher innere Zusammenhang zwischen dem Montblanc und
dem Nougat obwaltet, ist nicht zu ergründen. Die äußere Ähnlichkeit liegt auf der Hand: auch das Nougat ist fest und weiß,
und als stamme es aus den Urzeiten, so zeichnen sich die ein-
gepreßten Früchte auf ihm wie Versteinerungen ab. Daß ein
Mächtiger Trabanten um sich sammelt, die es ihm gleich zu
tun suchen, ist ja auch sonst die Regel. Jedenfalls wächst das
Nougat in Chamonix wild; dank einiger Geschäfte, die sich nahezu ausschließlich seiner Fabrikation widmen. Meistens hat
es die Form von Stangen, die schroff und eckig wie die Felsen-
nadeln im Umkreis sind und nach dem Genuß nur zögernd
ihre Süße enthüllen; als seien auch sie von dem Ehrgeiz beseelt, sich ihrem Bezwinger nicht ohne Umschweif zu schenken. In einem Schaufenster prangt die stolze Masse in Gestalt
einer riesigen Birne, die an eine Mandoline gemahnt und bei
Anbruch der Dunkelheit beleuchtet wird; ein herrliches Nou-
gatglühen klingt dann weit in die Nacht hinaus. Das Klingen

hört niemals auf, denn tagsüber wird es von den Kuhglocken besorgt. Eine Fabrik am Ort stellt sie her. Sie hängen an Latten und stehen in Reihen auf den Regalen: ungeheure für Überochsen und winzige für die Kälbchen. Ein Glück, daß sie nicht alle gleichzeitig zu läuten beginnen. Auch in die kleinste noch sind die Züge ihres künftigen Trägers eingraviert.

Café

Das Café hat wie jedes andere in Frankreich seine Tischchen im Freien. Es liegt am Kopfende der hügeligen Hauptstraße, die schwach der von Lourdes gleicht, nur daß sich keine religiösen Basare auf ihr zwischen die profanen mengen. Nach dem Abendessen bummelt die große Welt über den glänzenden Viertelsboulevard und mustert die Kollektionen der Achatschalen, der Stoffpuppen und der Spinnrädchen aus Elfenbein. Das Geschlecht dieser Andenkenartikel währt so ewig wie der Schnee auf dem Montblanc, und dieselben Schweizerhäuschen, die lang vor dem Krieg den Kindern als Souvenirs mitgebracht wurden, bilden noch heute ihre Miniaturdörfer. Eine kurze Frist später sind mit einem Male alle Tischchen besetzt, und Puccini nimmt seinen Lauf. Auch vergessene Schlager werden neu erweckt; wie überhaupt in Sommerfrischen die Beliebtheit von Operettenruinen der verfallener Burgen kaum nachsteht. Unter den täglich wechselnden Cafégästen erhält sich als fester Kern ein Stammpublikum, das so regelmäßig wiederkehrt wie das Musikrepertoire. Es taxiert jede ungewohnte Erscheinung mit der Peinlichkeit einer Steuerbehörde ein, die Hinterziehung wittert. An der Affichenwand gegenüber halten sich zahlreiche Einheimische auf, die von ihren Stehplätzen aus kostenlos das Konzert mitgenießen. Um zehn herum leeren sich die Tischchen, der Boulevard verwandelt sich in eine gewöhnliche Straße zurück und im Kasino fängt das Nachtleben an.

O yes

Die Engländer sind in der Überzahl. Sie haben auf Bildern und in Romanen so hübsche Frauen, nur sieht man sie leider verhältnismäßig selten. Der Trupp weiblicher Boy-Scouts z.B., der gerade in Chamonix und Umgebung seine touristischen Manöver abhält, brauchte gar nicht so energisch aufzutreten, um sich gegen eingebildete männliche Übergriffe zu wehren. Die Mädchen sind alle in die gleiche blaue Uniform gekleidet, mit Signalpfeifchen am Gurt und einer Fülle von Abzeichen auf den kriegerischen Ärmeln. Daß die Abzeichen das Dienstalter bedeuten, ist unwahrscheinlich, obwohl manche dieser Amazonengirls nicht mehr ganz jung sind. In geschlossenen Cadres durchziehen sie zweireihig den Ort und erobern vermutlich in Ermangelung anderer Objekte die Berge der Alliierten stürmender Hand. Auch englische Reisegesellschaften in Zivil brechen herein. Ein fixer Manager weidet sie. Er treibt sie zu den Mahlzeiten zusammen und peitscht das Programm der Sehenswürdigkeiten mit ihnen durch, für dessen Innehaltung er verantwortlich ist. Den Morgennebel, den er ihnen nicht zerteilen kann, durchdringen sie überdies mit ihren Opernguckern, um die Gletscherwelt aus ihm hervorzuklauben. Denn sie sind erst zufrieden, wenn sie sich davon überzeugt haben, daß alle Dinge an ihrem Platz stehen; möglichst an dem, den sie ihnen angewiesen haben. Das scheint in der Regel der Fall zu sein, da sich kein Ausdruck so oft in englischen Unterhaltungen wiederholt wie das O yes. Auf ein einziges Ja kommen mindestens zehn dieser affirmativen Wogen, die immer wieder die Tonleiter hinauf- und hinabgespült werden. England beherrscht auch in der Sprache die See.

P.L.M.

Eine wunderschöne Einrichtung sind die Autocars der Paris–Lyon–Méditerranée, die u.a. die Route des Alpes von Nizza nach Chamonix bestreichen. Täglich treffen sie aus Grenoble, Annecy und Aix-les-Bains ein, und täglich fahren mehrere aus dem Ort heraus. Bei der Ankunft gleichen sie modernen trojanischen Pferden, die mit Bewaffneten bis zum Rand gefüllt sind. Wenigstens sitzen die Insassen so gespannt auf ihren Plätzen, als ob sie es kaum erwarten könnten, sich in voller Reiseausrüstung auf die Ortschaft zu stürzen. Zwar der Augenschein trügt, und es gibt auch Drückeberger bei Besichtigungen. In der Erinnerung taucht eine Szene auf, die sich gelegentlich einer Fahrt im Fremdenauto nach Versailles abgespielt hat. Eine ältere Dame streikte damals, als es die Expedition durch das Schloß und die Gärten galt. Sie blieb einsam in dem großen leeren Wagen zurück, während die anderen das Kunstgebiet überschwemmten. Es war ein heißer Tag, und sie fächelte sich Luft. Als die Herde sich wieder erschöpft im Wagen sammelte, thronte sie abgekühlt und unnahbar auf dem nie verlassenen Sitz. Ein leiser Triumph leuchtete aus ihren Zügen, und der Führer behandelte sie mit besonderer Achtung. Der Anblick der P.L.M.-Autocars regt allerdings nicht gerade zu einem solchen Defaitismus an, wie heroisch immer er sei. Im Gegenteil: wenn sie prall davonrasseln, sehnt sich der Verweilende ihnen nach; noch über Annecy, Aix-les-Bains und Grenoble hinaus.

(19.9.1928, 1. Morgenblatt; Feuilleton, S. 1)

Villars
Das St. Moritz der Westschweiz

Villars, oberhalb von Bex im unteren Rhonetal gelegen, ist einer der schönsten Punkte der Westschweiz. Man erreicht den 1300 Meter hohen Ort von Bex aus mit einer elektrischen Tram, die teilweise als Zahnradbahn ausgebaut ist. Zahlreiche Gipfel schließen sich rund um Villars zu einem wohlproportionierten Alpenpanorama zusammen: ganz links die Diablerets, in der Mitte der Glacier du Trient und die vielgezackte Dent du Midi, nach rechts die Savoier Berge. Außer den Gipfel stehen übrigens in der nächsten Umgebung auch Wälder für die Spaziergänger bereit.

Seinen landschaftlichen und vor allem seinen klimatischen

Vorzügen – das Klima ist mild, gleichmäßig und für Erholungsbedürftige besonders geeignet – dankt Villars den regen Besuch. Es bietet, zusammen mit den Ortschaften *Chesières* und
Arveyes, zahlreiche Unterkunftsmöglichkeiten, die für die verschiedensten Ansprüche sorgen. An der Spitze der Hotels und
Pensionen präsidiert das Palace-Hotel, dessen weithin bekannter Name mit der Entwicklung von Villars zu eng verquickt ist,
um verschwiegen zu werden. Familien, die Haushalt führen
wollen, können sich in einem der vielen Chalets einnisten.
Kinder finden in einer Reihe ganzjährig geöffneter und mehr
oder weniger luxuriös ausgestatteter Heime Aufnahme. Sie haben ihre eigenen Spielplätze, genießen Unterricht und gebrau-
chen Sonnen- und Liegekuren, die etwa in Fällen von Rachitis
und Blutarmut gute Wirkungen erzielen sollen.
Bis zum Jahre 1924 wurde Villars hauptsächlich von Franzosen, Engländern und Belgiern besucht; auch Ägypter und Griechen gehörten zu den regelmäßigen Gästen. Dann kamen
langsam die *Deutschen*. Angezogen durch den freundlichen
Empfang und die Reize des Orts nahm ihre Zahl mit jedem
Jahr zu, und in der diesjährigen Sommersaison überwog sogar
das deutsche Publikum. Italiener und Holländer vervollständi-
gen die Liste der hier vertretenen Nationen.
Villars wäre nicht das internationale Zentrum, das es ist, wenn
es nicht zugleich ein *Sportplatz ersten Ranges* wäre. Der Pflege
sämtlicher Sportarten verdankt es nicht zuletzt den Ruf, das
«St. Moritz der Westschweiz» zu sein. Im Sommer werden Tennis und Golf gespielt und auf dem Stadion des Palace Körper-
kultur getrieben. Wundervoll ist das Schwimmbad mit seiner
Liegewiese, auf der sich der Körper unterm weiten Himmel
dehnt und der Blick das Rund des Gebirgspanoramas um-
schweift. Daß auch der *Wintersport* in Villars seine Weihestätte
hat, versteht sich von selbst. Rühmenswertes läßt sich der
künstlichen Bobbahn nachsagen. Sie ist über 1 Kilometer lang,
steht also der von St. Moritz nicht viel nach; wozu noch kommt,
daß ihre Benutzung wesentlich billiger ist. Man läuft natürlich
auch Schlittschuh, man spielt Eishockey und Curling. Ausgie-

biger Pflege freut sich der Skisport. Die Bedingungen für ihn
sind darum besonders günstig, weil man jederzeit in kurzer
Frist mit der elektrischen Tram das 1800 Meter hoch gelegene
Plateau von *Bretaye* erreichen kann, wo man über Nebel und
Wetterstürze erhaben ist. Die Mitgliedschaft zum Skiklub, der
im verflossenen Winter 480 Mitglieder hatte, ist für 8 Franken
zu erwerben und berechtigt zum Gratisunterricht. Die Sports
sind im übrigen alle organisiert und haben ihren eigenen
Sekretär, der die laufenden Geschäfte versieht. In der ersten
Wintersaison, die von Mitte Dezember bis Ende Januar dauert,
findet sich hauptsächlich englisches Publikum ein, dessen
Kern eine Jahr für Jahr wiederkehrende Stammkundschaft bildet. Man rechnet für die Zukunft, vor allem auch im Februar,
mehr als bisher mit den Deutschen, denen Villars als Winter-
platz noch verhältnismäßig wenig bekannt ist.
Das internationale Publikum will sich amüsieren. Es lebt sich
in *gesellschaftlichen Ereignissen* aus, deren Mittelpunkt naturgemäß das Palace ist. An Dancings ist kein Mangel, Bälle geben
Gelegenheit zur Entfaltung von Toiletten, und Kostümbälle erhöhen das Vergnügen. Tanz überall, im Freien und in der Bar.
Eine sorgfältige Regie bringt Abwechslung in die Veranstaltungen hinein und klügelt die scheinbaren Improvisationen mit
Vorbedacht aus. Sie mischt Foxtrott-Konkurrenzen mit sportlichen Wettspielen, deren es hier nicht unbeträchtliche gibt. So
wird im nächsten Winter zu Villars der berühmte Jackson Cup
für Curling ausgetragen, der über das Championat von Europa
entscheidet. Auch in Bridge tut sich nebenbei bemerkt manches. Kurz, es ist dafür gesorgt, daß der Müßiggang die Form
einer Tätigkeit annimmt, die ihn beschönigt und mindestens so
anregend ist wie die Höhenluft, in der er sich vollzieht.

(25.11.1928, 2. Morgenblatt; Beilage: Bäder-Blatt, S. 8)

Baskische Küste

Saint-Jean-de-Luz

Links die Pyrenäen, rechts das Meer – dazwischen Saint-Jean-de-Luz. Ein netter, komfortabler, Sommer und Winter besuchter Ort, zu dessen Spezialitäten eine bestimmte Sorte von Makronen gehört. Maccarons de Saint-Jean-de-Luz. Sie schmecken wunderbar langsam und süß. Man kauft sie in der schmalen Hauptgeschäftsstraße, in der sich Autos und Badegäste fortwährend miteinander vermischen. Die Badegäste wallen, vor allem vormittags, in herrlich leuchtenden Bademänteln mit Phantasiemustern einher. Manchmal öffnet sich der Mantel unten, und ein Paar entzückender nackter Beine fährt arglos aus dem Dunkel hervor. Bekleidet und doch nicht bekleidet wandelt sich's angenehm in dem sauberen Städtchen, dem kaum noch anzumerken ist, daß hier einst Ludwig XIV. Hochzeit gefeiert hat. Abgesehen von einigen historischen Gebäuden aus jenen Tagen und der Sonne, die dem roi soleil heute wie damals Ehre macht, hat sich inzwischen alles verändert. Große Hotels sind entstanden, mit Glasveranden, in denen man abends die Gäste von außen tafeln sieht. (Der Smoking ist nur bei Gala-Veranstaltungen noch Vorschrift.) Es gibt auch billigere Hotels ohne Glasveranden, Pensionen, Appartements und hübsch möblierte Villen, deren Obergeschosse durch kleine Brückchen unmittelbar mit der Strandpromenade verbunden sind. Verschiedene Restaurants erleichtern die Aufgabe, in ihnen Haushalt zu führen; während die Cafés und Bars mehr das Bedürfnis nach Flirt und Apéritifs befriedigen. In einem dieser Lokale hockt die großbürgerliche Jugend Abend für Abend in einem Klüngel zusammen und fühlt sich als echte Boheme.

Die ganze Lebensweise wird durch den Strand bedingt. Auch wo man ihn nicht vor Augen hat, ist er gegenwärtig. Eine gewaltige Fläche, auf der man trotz der unzähligen Leute und Zelte genügend leeren Raum um sich findet. Sie folgt dem Zug der Riesenbucht, der gegen das offene Meer hin ein dünner Inselstreifen vorgelagert ist. So wenigstens scheint es dem Spaziergänger, der vom erhöhten Strandweg aus das öffentliche Panorama überblickt: unter ihm das undefinierbare bunte Gewimmel der Badenden und im Umkreis das Rund des Ufers mit dem Turm von Saint-Barbe, Ciboure und dem alten Fort Socoa. Das Bild ist bald zu erschöpfen und zum Auswendiglernen bestimmt. Aber die richtige Einstellung ist hier allein die horizontale. Dem Liegenden verschwindet das Schema der Konturen, die Eindrücke wandeln sich ihm unaufhörlich. Mit Kokosöl eingefettet, lang ausgestreckt und die Hände halb eingewühlt zwischen glatt gescheuerten flachen Steinchen erblickt er die anlaufenden Wogen, die sich wie Schiefer schichtenförmig von einander abheben: Kinder in Totalansicht und die unteren Körperhälften der Erwachsenen; Wasserradfahrer, die sich nach dem Horizont zu verlieren; das Badeschiff Eskualduna mit seinen Sportvorrichtungen, das um Mittag einer vollbesetzten Trambahn gleicht; flickende Kindermädchen auf Stühlen, alte Herren in Strohhüten, verlassene Bademäntel, Strandschuhe, blauen Himmel und Hunde. Die meisten schwimmen nicht nur, sondern spielen Ball, rudern, machen Freiübungen und veranstalten einen Dauerlauf. Soviel Gesundheit, wie hier produziert wird, ballt sich sonstwo nicht leicht zusammen. Draußen steht ein Segel, schwebt ein Flieger, surren zwei Motorboote. Sie verkleinern durch ihre Raserei die Bucht zum Tümpel und hinterlassen eine breite Spur, die wie eine nachträglich erzeugte Rennbahn aussieht. Von oben kritisieren die Einheimischen das der Erholung gewidmete Treiben. Den architektonischen Mittelpunkt der gesamten Wasserzone bildet das im Vorjahr errichtete Kasino, auch «Pergola» genannt; eine Schöpfung des Architekten Robert Mallet-Stevens, die neue Sachlichkeit mit Charme vereint. Ihren bis ins Detail aufgelockerten Massen ist die Luft nicht Luft, sondern ein fühlbares Element, mit dem sie sich auseinandersetzen. Auf der Terrasse spielt eine Negerkapelle und ein argentinisches Tango-Orchester; doppelte Besetzung zu doppelten Preisen. Abends große Wagenauffahrt vor dem Vestibül und innen das aus den

Gesellschaftsfilmen bekannte Gesellschaftsleben. Zu dieser Stunde ist der Strandbummel schön. Die Glühbirnenserien der Pergola strahlen leichtfertig über der schwarzen Bucht, und winzige Trambahnlichtchen gleiten an ihren Rändern entlang. Über dem offiziellen Glanz der Wasserperspektive droht die Landschaft vernachlässigt zu werden. Es wäre schade darum. In sie schon einbezogen ist der Hafen, ein etwas schmuddeliges Bassin mit blaugestrichenen Kähnen und Dampferchen. Maler, Schiffer und Angler bevölkern diese verlockende Hinterhausgegend. Weiter hinaus ist das Land leicht hügelig, offen, klar gegen den Himmel abgesetzt und mit kleinen Seen gefüllt, die unmittelbar vor dem Meeresufer antichambrieren. Straßen und Schienenstränge verbinden die Badeorte miteinander, die sich nachmittags gegenseitig besuchen. So kommen die Leute aus Hendaye nach Saint-Jean-de-Luz, das wiederum seine Visite in *Hendaye* macht. Dieses Bad an der französisch-spanischen Grenze ist der Lieblingsaufenthalt Unamunos und seiner ruhigen Lage wegen für Erholungsbedürftige besonders geeignet. Ein gleiches gilt für *Ghéthary* und *Bidart*. Die Orte sind auch Winterstationen und haben ein Strandleben, das sich von dem in Saint-Jean-de-Luz grundsätzlich kaum unterscheiden wird. Überall werden Baskenmützen getragen und baskische Spiele veranstaltet, bei denen das Bällchen zwischen einer Art von Schleuder und einer hohen Mauer ein sehr bewegliches und prekäres Dasein führt. Haupt und Krone des ganzen Küstenbetriebs ist unzweifelhaft.

Biarritz

Auf den ersten Blick hin scheint Biarritz nichts weiter als ein internationaler Automarkt zu sein. Französische, englische, amerikanische Luxuswagen rollen unablässig über die Haupt- und Nebenstraßen, und der Straßenübergang erfordert mindestens soviel Routine wie etwa vor der Gare Saint-Lazare in Paris. Die Leute gehen hier nicht baden, sie fahren baden; wie in dem bekannten Film Buster Keatons, in dem Buster als melancholischer junger Reicher die Strecke von seinem Haus zum

Haus gegenüber im Auto zurücklegt. Bewegen sich die Autos nicht, so parken sie und verdecken das Meer. Unerfindlich ist, wo sie alle die Nacht verbringen; während sich die Menschengaragen in Gestalt gewaltiger Hotels höchst sichtbar bedrängen. Vielleicht sind die Menschen noch zahlreicher als die Autos. Unter ihnen gibt es Prominente und hohe Aristokraten, über deren Anwesenheit die «Gazette de Biarritz» ausführlich berichtet. Sie verzeichnet auch sämtliche festliche Veranstaltungen im weiten Umkreis, beschreibt genau, wie die Feste Tag für Tag näherrücken, und beschreibt sie hinterher erst recht. Alles war wieder vortrefflich gelungen. Ein Außenfort der Zivilisation ist die Grand Plage, auf der tagsüber ein Massenauflauf in Permanenz herrscht. Die Menge promeniert, die Menge badet, die Menge trinkt Kaffee, die Menge hört dem Konzert zu (viel Beethoven, Schubert und andere Klassiker), die Menge beobachtet die Menge. Auf den Bänken der Serpentinenwege, die vom Strand zwischen Bosketts zur Stadt hinaufführen, sitzt wiederum eine Menge, die ihrerseits die Menge dort unten betrachtet. Die reinste Mengenlehre. Der Reiz des Bildes ist der unvermittelte Zusammenprall der Naturmächte mit dem mondänen Leben. Das Meer bleibt das Meer, wie oft immer es überflogen wird. Hier braust es ungebärdiger als in Saint-Jean-de-Luz und scheut sich keineswegs, die Felsen mit Wogen zu überschütten, die sich gewaschen haben. Ganz Biarritz thront auf Felsen. Sie bilden vereinzelte Vorposten im Meer, zu denen man auf langen Brücken gelangt; sie schwingen über das Festland als schmale gewölbte Riffe hinaus, die durch Tunnels unterhöhlt sind und auf ihrem Rücken gärtnerische Anlagen tragen; sie weichen zurück und lassen Platz für malerische Grotten frei und für eine kleine geschützte Bai, in der es toller zugeht als im Familienbad Wannsee. Dank dieser elementarischen Launen eröffnen sich immer wechselnde Aspekte. Man geht von der Grande Plage aus ein kurzes, mit Photographen gepflastertes Stück, verschwindet unter einem Felsvorsprung und weilt in einer völlig veränderten Landschaft. Durch solche labyrinthisch verschlungene Pfade verdreifacht sich Biarritz. Am stillsten und schönsten ist es an der Côte des Basques. Ihr entlang führt die Rue des Falaises, einer der zauberhaftesten Höhenwege auf Erden. Gelb und grau sind hier die Farben der Küste. Sie ist in einen leichten Dunst gehüllt, den die ewig anbrausende Meute der Wogen erzeugt. Es lagert ein undurchsichtiger Dampf über dem Wasser, mildert die Härte des Gesteins und verleiht ihm den Glanz der Ferne. Nicht immer darf an dem Strand unten gebadet werden. Läuft das Meer gerade flach über den Sand, so scheint es, als glitten die Badenden über schimmerndes Eis.

Ein beliebtes Nachmittagsziel für die Biarritzer Autos und auch von den anderen Küstenorten aus bequem zu erreichen ist

Bayonne

Das Städchen ist einige Kilometer vom Meer entfernt, was ihm nicht zum Nachteil gereicht, denn es liegt am Adour. Abends sieht er ganz holländisch aus. Man muß ihn auf einer stattlichen Brücke überqueren, um von der Bahn ins Stadtinnere zu gelangen. Hat man ihn hinter sich, so folgt zuerst Petit Bayonne, dann das Nive-Flüßchen und endlich Grand Bayonne, das freilich auch nicht sehr groß ist. Geräumige, geometrisch sauber angelegte Baumplätze sind ein Hauptbestandteil jeder französischen Provinzstadt; aber diese verfügt außerdem noch über echte Straßen, die in sich hineinreißen, als enthielten sie ein Geheimnis. Die Straße der Straßen ist die Rue du Port-Neuf. Sie ist klein und verjüngt sich überdies nach der Kathedrale im Hintergrund zu. Trotz des geringen Territoriums, das sie einnimmt, bringt sie es auf wunderbare Weise fertig, eine Welt zu umschließen. Sei es Zauberei oder nicht: ihre gar nicht sonderlich hohen Hauswände erwecken den Eindruck unendlich gegliederter Flächen, die nur auseinandergefaltet werden müßten, um den Himmel zu überziehen. Arkadengänge führen zu beiden Seiten der Straße durch die Häuser hindurch. Wer in sie eindringt, erfährt den Mikrokosmos von innen. Lämpchen brennen an der Decke, Schaufensterauslagen glitzern, Spiegelscheiben zeigen Bruchstücke glänzender

Dinge – man glaubt sich in eine Schatzhöhle versetzt, verlangsamt die Schritte und ist gebannt. Inmitten dieser unirdischen Helligkeit schimmern kreisrunde Tischchen, deren Glasplatten bunt unterlegt sind. Sie folgen einander so dicht wie die Konditoreien, zu denen sie gehören, versperren Barrikaden gleich dem Passanten den Weg und sind immer besetzt. Wenn man an einem von ihnen wider Erwarten doch einen Platz erwischt, ist man ein für allemal geborgen. Die Schokolade quirlt, die Pfeiler sind mit farbigen Reklamemosaiken geschmückt, und aus dem Musikaliengeschäft tönt die Stimme Carusos. Elegante Nachmittagsgesellschaften halten hier Rast. Manche Damen sind lebende Bilder: das Gesicht ein Pastell, die Fingernägel grellrot lackiert. Zehn rote Tupfen – mehr ist vom Krieg und der Revolution nicht übrig. Verlassene Autokarosserien harren hinter den Arkadenbögen, das Summen der Gespräche ermüdet die Sinne. Abgestumpft geht das Glück, durchbricht man den magischen Kreis, voller Furcht vor Ernüchterung. Sie stellt sich nicht ein. Daß sie fernbleibt, liegt allerdings weniger an den paar namhaften Gemälden des Bonnat-Museums als an dem musterhaften Geist des Städtchens selber. Seine Wälle und Gräben sind in romantische Promenaden umgewandelt, die ideale Schlupfwinkel für Kinder und Vagabunden bieten; seine Geschäftsauslagen zeugen von einem gewählten Geschmack; seine Cafés atmen Heiterkeit und verraten Sinn für Improvisation. Eine Anmut und Selbstsicherheit, die sich nicht überall in der französischen Provinz findet und vermutlich der Nachbarschaft des internationalen Badelebens zu danken ist.

Der Aufenthalt am Küstenstrich wird gern zu profanen Wallfahrten nach Lourdes (und Pau) ausgenutzt. Vor allem lockt nah im Süden das schöne Spanien. Pamplona liegt in Reichweite, und

San Sebastian

nicht gesehen zu haben, wäre ein unersetzlicher Verlust. Man fährt vormittags im Autocar hin und ist zum Abendessen wieder zurück. An der Bucht La Concha gleicht die Stadt einem

altmodischen kolorierten Stich aus Übersee; es ist, als habe
man sie in der Kinderzeit schon einmal erblickt. Zwei Berg-
kuppen von naiver Exotik bewachen den Eingang zur Bucht,
das Meer ist tiefblau gefärbt, ein kleines Kriegsschiff aus Papiermaché stößt vor der Insel Santa Clara Rauchwolken aus,
und auf der Felswand rechts kleben Fischerhäuschen, die einer veristischen Oper entstammen. So pittoresk wie diese Fassaden ist die Armut allein. Die Stadt selbst ist von einer gelas-
senen Vornehmheit, der man schon anmerkt, daß sie durch
den Krieg nicht erschüttert wurde. Sie besteht aus geraden
Straßenzügen, breiten Avenuen und einigen prächtigen Plätzen, die wie Stilleben wirken. Eines ihrer Paradestücke ist jene
unvergleichliche Allee, die oberhalb des Sandstrandes die Concha umstreicht. Die an ihr gelegenen Hotels trumpfen so wenig
auf wie die Señoras und Caballeros, die unter dem Laubdach
promenieren. Alles ist gedämpft, alles hat den Hauch der Solidität; wie Tafelgeschirr, das sich in der Familie von Generation
zu Generation vererbt. Auch fehlen in den Lokalen die Spiegel,
die das gesellschaftliche Wesen der Franzosen reflektieren.
Was keineswegs heißen soll, daß das Leben hier nicht nach
außen, nicht auf die Straße drängte. Schuhputzer verleihen
dem Schuhwerk lieblicher junger Gents eine strahlende Ober-
flächlichkeit, Militärpersonen ziehen in Carmen-Uniformen
auf, und Murillo-Kinder nisten auf sämtlichen Rampen und
Balustraden. Nur in der Mittagshitze pflegt die Stadt einer
besonders vornehmen Ruhe. Dann funkelt der barocke Über-
schwang von Santa Maria durch die leere Straßenflucht, und
das Meer an der neuen Corniche gleißt noch einmal so blau.

(20.10.1929, 2. Morgenblatt; Beilage: Bäder-Blatt, S. 9)

Marseille

Während Neapel eine Stadt mit einem Hafen ist, bestimmt der
Hafen Marseilles die Stadt. Der alte Hafen ihr Bild, der neue ihr
Leben.

Der alte Hafen: ein rechteckiges Naturbassin, um das sich das
blendende Amphitheater Marseilles aufbaut. Auf ihn als den
Fluchtpunkt aller Perspektiven sind die Kirchen ausgerichtet,
ihm die noch unbedeckten Hügel zugewandt, Jollen, Motor-
barken und Pinassen füllen die Bai. An ihrer offenen Seite
führt der Transbordeur über sie hinweg, der die Verbindung
zwischen den Ufern herstellt. Diese riesige Konstruktion mit
der Schwebefähre, den Drahtseilen, den Eisengerippen und
den altmodischen Häuschen ist ein Wunderwerk vergangener
Technik. Der ganze Wasserplatz ist vom Park des Pasteur-
Instituts aus mit einem einzigen Blick zu umfassen. Wer sich
gegen Abend, etwa an Bord eines der kleinen Dampfer, die den
Verkehr zum Château d'If vermitteln, auf ihn zubewegt,
genießt freilich ein noch großartigeres Schauspiel. Er erfährt
im Fahren, wie allmählich hinter dem feinen Filigrannetz
des Transbordeurs die Stadt terrassenförmig aus dem Grund
unzähliger Segel ansteigt. Ihre Häusermassen stehen hell in
der Luft, und rechts aus der Höhe blitzt Notre-Dame de la
Garde.

Längst dient der alte Hafen nicht mehr dem großen Verkehr.
Die Ozeandampfer legen am Quai de la Joliette und den benachbarten Kais an, die sich in weitem Bogen hinziehen. Dort
befinden sich die Gebäude der Schiffahrtsgesellschaften, reihen sich die Fronten der Lagerhäuser eintönig aneinander.
Dort erhebt sich auch die monumentale Kathedrale, die selber
den Eindruck eines Lagerhauses für ungezählte Betermassen
erweckt, Schiffsirenen pfeifen, Taxis rasen an, Auswandererfa-
milien mit Kisten und Kasten hocken in der offenen Halle. Neu-
gierige umdrängen den Dampfersteg. In den neuerdings be-
liebten Filmen, die sich mit dem Mädchenhandel befassen,
kehren solche Szenen von der Joliette immer wieder. Der un-

ausgesetzte Kreislauf der Reisenden, die täglich landen und abfahren, durchblutet die Stadt.

***

Marseille ist klein, Marseille ist groß. Eine Provinzstadt. Die Welt.

In der Frühe um fünf Uhr treffen mehrere Fernzüge aus der Schweiz und aus Deutschland ein. Wer um diese Zeit ankommt, muß sich unter Umständen ein paar Stunden gedulden, bis ihn ein Hotel aufnimmt. Er trinkt vielleicht zuerst im Restaurationsraum nebenan Kaffee, aber ewig Kaffee trinken kann niemand. Dann geht er die marmorne Prunktreppe hinunter zur Stadt. Sie schläft noch, die Straßen sind leer. Er schlendert durch die Cannebière und wundert sich über ihren Ruhm: denn sie, von der es heißt, daß sie die Straße der Straßen sei, ist nach Länge und Breite nicht sonderlich ausgedehnt. Der Hafen liegt ausgestorben unter dem stumpfen Himmel, und aus den Gäßchen rieseln Schmutzbäche herab. Das Ganze ist leicht zu umspannen, der Raum ist gering.

Aber am Tag – am Tag ist die Cannebière keine gewöhnliche Straße mehr. Sie ist zum Jahrmarkt ohne Anfang und Ende geweitet, zum unübersehbaren Versammlungsort der Nationen. An den Cafétischchen braust der Trubel vorbei, man sitzt verzaubert, für immer gebannt. Marokkaner in Burnussen wallen, Bündel weißer Tücher, durch die bevölkerte Wüste, Negergents führen ihre Stehkragen spazieren, über ungerodete armenische Bärte fuchteln Hände. Mädchen wehen dahin, farbig eingewickelte Bonbons aus dem Basar. Eine kreuzt die Straße, es leuchtet rosa zwischen den Trams, Cabs und Chinesen, das Wagnis gelingt, sie erreicht das andere Ufer. Die Verkäufer der neuesten Pariser Zeitungen stoßen in kurzen Abständen artikulierte Schreie aus. Eine rotglühende Cognacmarke zittert vor Wonne. Nirgends ein Abschluß, eine Möglichkeit, bis zur Grenze zu dringen.

***

Die Gegensätze sind nah zusammengerückt. Vom Reichtum bis zur äußersten Armut ist nur ein Schritt.

Im Prado hat sich der Wohlstand eingerichtet. Luxuskarosserien gleiten über schnurgerade Baumalleen, Herrschaftsvillen prangen im Grün. Hier draußen entwickelt sich auch eine Art Strandleben mit Badeanstalt, Gartenrestaurants und kostspieligeren Gaststätten. Zu dieser Licht- und Luftgegend führt am Meer entlang die Corniche, eine prächtige Uferstraße, die kürzlich mit einem Kolonialdenkmal geschmückt worden ist, das sich nicht sehen lassen kann und doch schon von weitem zu sehen ist. Felsen, Palmen, Kitsch, Geröll und Paläste – das üppige Kunterbunt der Mittelmeerufer übt seine Verführungskraft aus.

Unvermittelt, wie die Nacht im Süden hereinbricht, tut sich dicht neben dem modernen Geschäftsviertel das Hafenquartier auf. Es beginnt bei den Kais und klettert zur Spitze eines Hügels empor. Ein Haus- und Gassenlabyrinth, dessen Topographie schlechterdings nicht zu ergründen ist. War es einst der Mittelpunkt städtischen Lebens, so ist es heute der Ort, an dem sich die Abfälle sammeln. Zwar es enthält ein Hospital, und in der Höhe finden sich einige friedliche Sträßchen und Kleinbürgerplätzchen, die an ein Almdörfchen gemahnen; aber seine Hauptpartien sind voller unbürgerlicher Schrecken. Fischgeruch schwelt durch die Gassen, die sich wie zerknüllte Papierschlangen ineinander mengen. Aus den Ritzen der Hauswände, die das Licht fernhalten, kriechen Kinderrudel hervor. Sie spritzen Wasser und lassen Borkenschiffchen im Rinnsal treiben. Nahe dem Ufer ist eine endlose Straße der Liebe geweiht. Dirnen aller Nationen, alte und junge, stehen und sitzen vor ihren Stübchen, in die man ungescheut hineinsehen kann. Das Mobilar besteht aus einem Bett, einer Spiegelscherbe, einem Stuhl und einer bunten Affiche. Den Fremden wird, ein uralter Trick, der Hut aus der Hand gerissen, um sie zum Bleiben zu zwingen. Orchestrionklänge, die aus sämtlichen Kneipen strömen, mehren noch das Getümmel. Bläulich getünchte Lustknaben bieten sich an; Schlepper möchten zu den Bordellen locken und flüstern mit Versucherstimme «Cinéma»; Matrosen, Trimmer und Heizer schlendern gruppenweise an den Weiberhaufen vorbei. In der Luft liegt Skandal. Manchmal schwingen verwitterte Ornamente über einen stickigen Eingang.

***

Der Tag in Marseille ist ein kräftiges Ultramarin. Blau sind die Umrahmungen der Lädchen, blau die Matrosenblusen, blau die Anzüge der Arbeiter und Packer. Es ist, als habe das Meer die blaue Farbe hereingespritzt, die sich nun auf unzählige Flächen und bewegte Punkte verteilt. Am Abend feiern die Glühbirnen ihre Triumphe. Sie reihen sich zu rotgelben Schnüren aneinander, werden von Glasscheiben und Spiegeln tausendfach reflektiert und verwandeln Restaurants und Cafés in festliche Lichtinseln. Sie sind das rauschhafte Zeichen des Amüsements, sie strahlen von der kleinen Schießbude aus, in der bleiche Kügelchen über einer Miniaturstadt hin und wieder fliegen. Zur Zeit ihrer Herrschaft fluten elegante Herren und saftig geschminkte Bürgerdamen über die Cannbière, ist der annähernd quadratische Platz, in den etliche Hafengassen einmünden, die Pforte zur Lust. Palmen, Bedürfnishäuser und ein Denkmal zieren den Platz, Schwarze lungern müssig auf ihm umher, Kolonialsoldaten und Matrosen säumen hier eine Weile, die Taschen mit Geld gefüllt. Am anderen Tag sind die Taschen gewöhnlich leer. Immer wieder bleibt einer hängen und sinkt ins Lumpenproletariat herab. Es gibt genug trostlose Existenzen in Marseille, für die der Hafen kein Hafen ist. Wie Poes Mann in der Menge durchwandern sie unermüdlich und ohne Ruhe die Straßen.
Notre-Dame de la Garde grüßt von dem Gipfel und unberührt von dem Elend leuchtet die Stadt. Vielleicht trägt das Elend zu ihrem Leuchten bei und gewiß hüllt sie die Lumpen in Glanz.

(16.2.1930, 2. Morgenblatt; Reiseblatt, S.1–2)

Aus der Zeitung

Die Zeitung

So viele Nachrichten, geistige Anregungen und Unterhaltungs-
stoff die deutschen Zeitungen bisher immer brachten, über
sich selber haben sie sich stets ausgeschwiegen. Ein Anlaß,
dieses Schweigen zu brechen, war auch nicht gegeben. Der
Leser, der sich mit seiner Zeitung innig verbunden fühlte,
nahm das in ihr Gebotene wie selbstverständlich hin und
machte sich weiter keine Gedanken über sie – es sei denn, daß
er ab und zu über sie schimpfte, aber auch dieses Schimpfen
gehörte eben mit dazu und kittete ihn nur fester an das Blatt,
dessen Lektüre seine tägliche Nahrung bildete. Inzwischen ist
in diesem auf Gewohnheit gegründeten Verhältnis zwischen
den Zeitungen und ihrem Leserkreis ein Wandel eingetreten.
Um die Existenz zu fristen, sieht sich die deutsche Presse mehr
und mehr dazu gezwungen, ihre Bezugspreise zu erhöhen, und
entsprechen auch die Erhöhungen längst nicht der Entwertung
der Mark, so stellen sie doch manchen um die Balancierung
seines Budgets besorgten Leser vor die schwere Frage, wie
sich denn künftig seine Beziehung zu der Zeitung gestalten
solle. Wird diese Frage aber einmal aufgeworfen, hört überhaupt das Dasein der Presse auf, eine Selbstverständlichkeit zu
sein, so ist der Augenblick gekommen, in dem die deutschen
Zeitungen von sich und ihrer Bedeutung für die Allgemeinheit
zeugen müssen. Der Ernst der Stunde gebietet auszusprechen,
was Würde auszusprechen bisher untersagte.
Deutschland besitzt eine Reihe großer führender Zeitungen,
auf die es mit einigem Recht stolz sein darf. Während die Zeitungen anderer Länder – wir erinnern etwa an die Northcliffe-
Presse oder an die Mehrzahl der französischen Presseorgane –
zumeist in dem Dienste einseitiger Interessen stehen, und sich
über ein gewisses, in den betreffenden Ländern selbst nicht
sehr hoch bewertetes Niveau hinaus nur selten erheben, zeichnen sich diese deutschen Blätter durch die Objektivität ihrer
Nachrichten wie durch die Unabhängigkeit ihrer Meinung aus
und wahren bei alledem eine geistige Haltung, die den An-

sprüchen des gebildeten Leserpublikums durchaus Genüge zu
leisten vermag. Die Grundzüge deutscher Wesensart: Sachlichkeit, Anstand, Wahrheitsliebe prägen sich auch in ihnen aus
und verleihen ihnen ihren besonderen Charakter. Gerade in
einem von Parteien zerklüfteten Land wie Deutschland ist an
ihrer Existenz unendlich viel gelegen. Nicht beeinflußt von
Cliquenherrschaft, von Idealismus getragen und alles andere
eher denn bloße Erwerbsunternehmungen, wagen sie stets ein
freies, mutiges Wort, das, wenn es sein muß, sich auch einmal
gegen die öffentliche Meinung richtet, und Überzeugungen
Ausdruck verleiht, die unbestechlicher Gesinnung und beson-
nener Einsicht entstammen. Sie sind der einzige Kanal für die
nicht bereits in den Parteigruppen selber sich manifestieren-
den Geistesströmungen und politischen Anschauungen, und
stets dienen ihre Argumente der Sache, nicht irgendeiner Person. Der Unbefangenheit ihres Urteils gesellt sich der Reichtum ihres Inhalts hinzu. Obgleich politische Tageszeitungen,
widmen sie einen außergewöhnlich breiten Raum den unpoli-
tischen Ereignissen, die sich in den verschiedenen Kultur-
bereichen abspielen und am Ende: sie wären keine *deutschen*
Zeitungen, wenn sie dies nicht täten. So gleichen sie denn
großen Sammelbassins, in denen die Wässer aus sämtlichen
geistigen Provinzen zusammenfließen. Dabei hat eine jede dieser Zeitungen im Laufe der Entwicklung einen eigentümlichen
Stil herausgebildet, sie ist nicht eine beliebige Zentralstelle,
sondern ein organisches Lebewesen mit verpflichtenden Tra-
ditionen, das seine bestimmten Funktionen in dem Gesamt-
leben des Volkes erfüllt. Kein Land sonst hat eine Presse von so
hohen moralischen Qualitäten aufzuweisen, eine Presse, die so
getreu und allseitig das nur zu oft verborgene Antlitz der
Nation widerspiegelt.
Die *schwere Lage*, in der sich die deutschen Zeitungen jetzt befinden, ist bekannt. Ein Blatt nach dem andern geht dahin, an-
gesehene Zeitungen selbst, schon seit langem wohlbefugte Or-
gane der öffentlichen Meinungen, ringen um ihre Existenz.
Wohin die Entwicklung führt, enthüllt u.a. mit erschreckender

Deutlichkeit eine vor kurzem von dem Geschäftsführer des Verbands mitteldeutscher Industriellen gehaltene Rede, in der er klipp und klar erklärte, daß die Industrie nur an der Erhaltung einer ihren Zwecken dienlichen Presse ein Interesse habe. Das heißt mit dürren Worten: die *Unabhängigkeit der deutschen Zeitungen ist in Gefahr,* wenn es nicht gelingt, diesem Prozeß, der schon mit Macht eingesetzt hat, rechtzeitig Einhalt zu gebieten. Gerade, weil die unabhängigen deutschen Zeitungen keine geschäftlichen Unternehmungen im gewöhnlichen Sinne des Wortes sind, können sie dem wirtschaftlichen Egoismus, der ihnen allenthalben entgegentritt, nicht mit der gleichen Rücksichtslosigkeit begegnen, sondern müssen nunmehr die Vernunft und Einsicht aller um ihren Fortbestand bekümmerten Kreise zu ihrer Unterstützung aufrufen. Wer einmal ihren Wert, der sich in Zeiten der Zerrüttung naturgemäß noch erhöht, klar erkannt hat, der weiß, daß sie zu den besten Gütern der Nation gehören und wird gerne dazu beitragen wollen, sie in ihrer alten Unabhängigkeit zu erhalten.

(16.9.1922, 2. Morgenblatt; Feuilleton, S. 1)

Der Tausch

Die heutige Tauschwirtschaft hat auch ihre Nachteile, denn es mag sich nicht immer leicht ereignen, daß sich die Wünsche der auf einen Tausch Erpichten glücklich ergänzen. Man kann sich wohl denken, daß stiefelsuchende Butterproduzenten geeignete Partner finden, man kann sich sogar denken, daß Ehemänner einen Tausch ihrer Frauen mitunter nicht für unmöglich halten. Aber wie soll sich je der folgende Tausch vollziehen, der – Zufall oder Absicht? – gerade am Fastnacht-Dienstag im Annoncenteil einer hiesigen Zeitung angemeldet wurde? «Erstklass. *Konzertpiano,* Vorkriegs-Arbeit, fast neu», so stand dort zu lesen, «gegen *kleines Haus* mit etw. Garten oder kleines *Bauerngut* zu tauschen gesucht.» Die besonderen Schwierigkeiten dieses Falles liegen klar zutage. Verhältnismäßig einfach zu verstehen ist noch, daß der Besitzer des fast neuen Konzert-Pianos um eines Häuschens oder Bauerngütchens willen sich seines Besitzes entledigen möchte. Ich bin natürlich davon überzeugt, daß er das Konzert-Piano (erstkl. Vorkriegs-Arbeit!) innig liebt. Aber, nicht wahr, die Zeiten sind schlecht; er lebt in einer kleinen Wohnung, vielleicht in einem bescheidenen Zimmer nur, das nun von dem mächtigen Instrument ganz ausgefüllt wird. Ergo ergreift ihn das Bedürfnis, diesen Bechstein des Anstoßes beiseite zu schaffen, um dafür geräumigere Zimmerfluchten, ein Stückchen Land, Hühner und Enten einzutauschen – zumal ja auch die moderne Musik immer atonaler wird. Soweit ist, wie gesagt, alles in Ordnung. Zu begreifen vermag ich nur nicht, was der Besitzer des kleinen Hauses oder des Bauerngütchens, der sich als leidenschaftlicher Liebhaber der Musik vermutlich schon lange danach gesehnt hat, in seinen vier Wänden zu konzertieren, mit dem fast neuen Konzert-Piano anfangen soll, wenn er einmal *obdachlos* geworden ist? Er kann doch nicht mitten auf der Straße spielen!! Das riefe sicherlich öffentliches Ärgernis hervor, ganz abgesehen davon, daß es auch dem «erstklass.» Konzert-Piano schadete. Ich finde, daß sich der Einsender der Annonce diese Schwierigkeit nicht genügend überlegt hat, und weiß wirklich nicht, wie er auf Grund eines solchen Tauschvorschlags je zu seinem Haus und der Hausbesitzer je zu seinem Piano kommen wird.

(15.2.1923, Abendblatt; Feuilleton, S. 1–2)

Zum Affenprozeß

Wir Europäer, die wir uns – Ungläubige und Gläubige – auf Grund mannigfacher Erfahrungen längst daran gewöhnt haben, vom Affen abzustammen, blicken mit einiger Verwunderung auf das fortschrittlichste Land der Welt, dem diese wie immer unwürdige Abstammung eigentlich keine Qualen mehr bereiten sollte.[25] Wie? Amerika, das über die niedlichsten Autos und die gigantischsten Jazz-Bands verfügt, der Hort der Zivilisation, dem nachzueifern wir uns zugeschworen haben, gebärdet sich post festum mittelalterlich, fällt zurück in die Zeiten unserer Altvordern mit ihren Religionsdisputen und Ketzergerichten? Die Orientierung droht uns verlorenzugehen, wir fassen es nicht, daß in dem gleichen Lande, in dem zu unserem Entzücken Millionen wohlgeölter Maschinchen im Einklang mit den Naturgesetzen laufen, diese selben Gesetze vor dem Inquisitionstribunal abgeurteilt werden. Haben nicht bei uns seit geraumer Frist die Konfessionen einen Modus gefunden, nach dem trotz der Anerkennung biologischer Tatbestände zu leben sei? Und rühmt sich Amerika nicht, das Land der Freiheit und Demokratie zu sein? Es ist sonderbar.

***

Wortführer dieses religiösen Ku-Klux-Clan ist Mr. *Bryan*, der seine demagogischen Talente im Interesse der Bibel und wohl auch ein wenig zu seiner eigenen Reklame verwendet. Der Bibel, wie er und seine Mitgläubigen sie verstehen. Die Gerichtsverhandlung zu Dayton ist durch ihn zur kitschigen Imitation eines alten Kirchenkonzils geworden. In seine Toga gehüllt, hat dieser Bibelpächter der Entwicklungsgeschichte den Krieg erklärt, als sei sie die Verleumdung eines Böswilligen. Herzlos hat er sie genannt, schlechthin herzlos; sie befriedigt nicht sein frommes Gemüt. Wider unsere Säugetier-Natur hat er den Buchstabenglauben gesetzt, der nach ihm allein dazu berufen ist, das durch den Darwinismus und Nietzsche verderbte Geschlecht von der Unmoral zu erretten. Unerbittlich hat er das biblische Faktum der Verschlingung des Propheten Jonas

durch den Walfisch wider die moderne Wissenschaft ausgenutzt, die Verteidiger des Scopes[24] und der Naturgesetze sind
wehrlos geblieben gegen solchen kanonischen Eifer. Das Gericht hat sich der Macht seiner Argumente nicht verschließen
können, zumal sie von dem gewaltigen Apostel durch das Ein-
geständnis seiner Unkenntnis wesentlicher Wissenschafts-Er-
gebnisse unterstützt worden sind. Dieser Ignoranz, mag sich
das Gericht gesagt haben, entspricht gewiß eine Stärke des
Glaubens, an der die Evolutions-Theorie und andere teuflische
Erfindungen ungläubiger Naturwissenschafter zunichte werden müssen. Und durch sein Urteil, das, offenbar durch höhere
Inspiration, bereits nach sieben Minuten zustande gekommen
ist, hat es denn auch den biblischen Eingebungen Folge geleistet und die Abstammung des Menschen vom Affen bis auf weiteres unterbunden. Wogegen von den Vertretern der finsteren
Naturmächte freilich noch Revision eingelegt wird.

***

Die Posse hat ihren ernsten Hintergrund. Der von Mr. Bryan
mit rauschender Geste auch in die europäische Öffentlichkeit
gezerrte «Fundamentalismus», jene Lehre, die in dem Wortlaut
der Bibel das unerschütterliche Fundament des Lebens erblickt, zählt in Amerika an Anhängern eine Legion. Ermutigt
durch ihren Gerichtserfolg in Tennessee sammeln sie bereits
für eine Universität nach ihrem Sinne und planen die Einbrin-
gung eines Gesetzes zur Unterjochung der Schulen. Ihre Aus-
sichten sollen nicht ungünstig sein.

Daß diese abrupten Taten der kirchlichen Orthodoxie aus tie-
feren Schichten hervorbrechen, scheint gewiß. Es ist bemerkt
worden, daß in ihnen nicht nur der ererbte angelsächsische
Puritanismus sich kundgibt, der das amerikanische Volksleben
viel nachhaltiger durchdringt, als der flüchtige Blick zu erkennen vermag, sondern daß sie auch als eine Reaktion auf den
herrschenden Industrialismus und die durch ihn bedingte
geistige Struktur zu gelten haben. Sie wären, trifft diese Annahme zu, ein Zeichen dafür, daß die von Ford behauptete prä-
stabilierte Harmonie zwischen Geschäftsblüte und sozialer

Wohlfahrt eine sehr zweifelhafte Harmonie ist, die, bestünde sie selbst, krassen Mißtönen Raum neben sich ließe. Ein Zeichen dafür, daß dann sogar, wenn das ganze Land prosperiert und jeder Arbeiter sein Auto im Topfe hat, gewisse Bedürfnisse ungesättigt bleiben können, die durch keine technischen oder rein sozialen Errungenschaften zu stillen sind.

***

Die Form allerdings, in der sie sich äußern, ist nach aufgeklärt europäischem Ermessen reichlich skurril. Wenn auch nicht behauptet sein soll, daß hierzulande Verwandtes niemals geschähe. Nur eben die Verfemung wissenschaftlicher Erkenntnisse, die im übrigen heute schon gar nicht mehr unbedingt anerkannt werden, durch Gesetz und Gericht – es liegt uns ein wenig fern. Wer weiß – das ganze Ereignis hat sich vielleicht gemäß dem von Mr. Bryan verketzerten biogenetischen Gesetz vollzogen, nach dem die Embryos die Entwicklungsphasen ihrer Säugetier-Vorfahren wiederholen. So lieferte der Affenprozeß zwar nicht den Beweis, daß Amerika das Land der Freiheit ist, lehrte aber immerhin drastisch, daß noch eine *jugendliche* Nation drüben Auto rast. Es ist sonderbar.

(24.7.1925, Abendblatt; Feuilleton, S. 1)

Primäres und sekundäres Knorke

Unser Freund und Mitarbeiter rth. hat in seinem gestrigen Abendblatt-Artikel: «Diktatur der Konfektion», in dem er an der Veranstaltung des Frankfurter Schönheitswettbewerbes legitimen Anstoß nimmt, die Unterscheidung zwischen primärem und sekundärem «Knorke» getroffen. Jenes ursprüngliche Knorke billigt er den Berlinern zu, die das Wort erfunden haben und es zum mindesten rein darstellen; während er das Benehmen der Provinz bei Vorgängen, die eigentlich nur in Berlin

naturgetreu nach dem amerikanischen Muster übertragen
werden können, knorke im abgeleiteten Sinne nennt. In unserem Falle hätten sich also die Frankfurter die Wahl einer
«Königin» aufhalsen lassen, ohne den Akt so knorke zu vollziehen, wie er an sich schon ist. Was dabei herausgekommen ist,
hat Herr rth. drastisch geschildert. Ein schlechtes Plagiat,
knorker als knorke, ohne Zweifel, unser Mitarbeiter ist im
Recht. Nicht um sein Urteil zu berichtigen, nur um es zu ergänzen, sei aber angefügt: daß die Häßlichkeit des provinziellen
Knorketums beinahe so etwas wie Rührung erwecken könnte.
Sie ist von der Art jener Abscheulichkeiten, die ein im Grunde
feiner Mensch leicht begeht, wenn er in eine, nun sagen wir,
knorke Umwelt verschlagen wird, zu deren Gebräuchen ihm
die Beziehung fehlt. Er ahmt sie nach, um sich in ihr zu behaupten, und übertrumpft bald ein Gebaren, auf das er sich
nicht versteht. Die Täppischkeiten der Provinz auf dem Gebiet
des Knorketums lassen sich am Ende auch aus ihrer besseren
Herkunft erklären. Freilich wird die Provinz erst recht zur Provinz, wenn sie von dem Ehrgeiz nach weltstädtischen Allüren
besessen ist, die sie in den Schein der Lächerlichkeit kleiden.
Womit dem Beharren auf provinziellen «Eigenarten» nicht das
Wort geredet sein soll. Aber es gibt eine gute vermittelnde Haltung, die weder so größenwahnsinnig ist, primär knorke sein
zu wollen, noch in dummer Eigenbrötelei sich gefällt, sondern
weltmännische Urbanität mit dem Bewußtsein des in Wirklichkeit eingenommenen Orts zu verbinden weiß.

(1.4.1927, Abendblatt; Feuilleton, S. 2)

Zur geistigen Lage

Erneuerung

In Deutschland werden heute Bünde um Bünde gegründet, und man weiß kaum noch, ob ihre Zahl nicht bereits die unserer Gesamtbevölkerung übersteigt. So skeptisch nun auch die etwaigen Erfolge solcher Konventikel und Sekten im allgemeinen zu beurteilen sind, von dem *Bund der Erneuerung wirtschaftlicher Sitte und Verantwortung*, der im Dienste unserer Wirtschaft möglichste Einfuhrbeschränkung und einfache Lebenshaltung fordert, könnte immerhin einige Wirkung ausgehen. Wir haben an anderer Stelle unseres Blattes darüber berichtet, daß auch in Frankfurt jetzt eine Ortsgruppe dieses Bundes aufgetan worden ist. Die Tatsache ist erfreulich und es erhebt sich nur die Frage, durch welche Mittel denn der Bund dazu befähigt werde, seine Ziele wirklich zu erreichen. Nur wenn es dem Bund gelingt, die tonangebenden Kreise von *Handel* und *Industrie* und die Gelehrtenwelt für sich zu gewinnen, darf er auf eine Umwandlung unserer Lebensweise in dem von ihm angestrebten Sinne hoffen. Mit anderen Worten: die Vereinfachung unserer gesellschaftlichen Gebräuche wie überhaupt unseres ganzen Lebensstiles muß zur *Mode* werden, es muß als begehrenswert gelten, in Kreise aufgenommen zu werden, deren Gepflogenheiten den Vorschriften des Bundes entsprechen. Nicht an die beliebigen einzelnen, sondern an die gesellschaftlich Führenden richtet sich darum in erster Linie der Mahnruf des Bundes. Es verhält sich mit diesen geplanten Lebensreformen genau so wie mit neuen Trachten: sie bürgern sich auf die Dauer nur ein, wenn sie von Schichten angenommen werden, die aus irgendeinem Grunde nicht[25] in gesellschaftlichem Ansehen stehen. Und wäre es am Ende nicht ratsam, ein *Abzeichen* zu stiften, das auch äußerlich die Zugehörigkeit zum Bunde verrät? Inneres Wollen verlangt nach sichtbaren Formen und wird durch das Vorhandensein solcher Formen befestigt und gestützt. Zudem sind die Menschen nun einmal so wunderlich, an derlei Abzeichen Freude zu empfinden, und es ist nicht einzusehen, warum man ein so harmloses Mittel verschmähen sollte, wenn es dem guten Zwecke dient. Dr. Kr.

(In der Tat ist damit zu rechnen, daß in unserem Volke, dem Volk der Vereine und General-Versammlungen und Statuten, Abzeichen als äußeres Merkmal der Zugehörigkeit zu einem Bunde beliebt sind und zur Nachahmung reizen. Schon *Avenarius* hat bei der Gründung des Bundes einem Abzeichen das Wort geredet. Freilich kann es dann passieren, daß sich viele durch das Abzeichen freilaufen und sich den Teufel um die Grundsätze des Bundes scheren. Man sollte es nicht *ständig* tragen, sondern nur, wenn man in Gesellschaft geht oder zu Veranstaltungen, bei denen das Abzeichen Bekenntnis und Demonstration bedeutet. Wichtiger als das Abzeichen ist die Arbeit für den *Wandel der Gesinnung*, die Arbeit für die Erkenntnis, daß es unsere sittliche Pflicht ist, einfach zu leben, daß wir sie dem Vaterlande schulden. Wir haben Männer und Frauen in führenden Stellungen nötig, die sich öffentlich dazu bekennen und beispielgebend leben. Es gibt kein besseres Werbemittel als das *Beispiel*. Wenn ein Dutzend Frankfurter und Frankfurterinnen, deren Nam' und Art sie allen sichtbar macht, mit der Rosette des Bundes in Gesellschaft gehen und damit bekunden: Wir lassen zu Hause keinen Cognac servieren und nehmen auch in anderen Häusern keinen, wir rauchen keine Importe, wir parfümieren uns nicht, wir tragen keinen Frack mehr usw., dann ist der Bund gemacht und wird Mitglieder in Massen finden. Die Männer der *geistigen* deutschen Republik leben allerdings längst bundesgemäß und brauchen sich nicht mehr zu überwinden. Sie sollen dennoch für den Bund der Erneuerung öffentlich werben, die Hochschullehrer z.B., indem sie durch das Tragen des Abzeichens den Studenten sagen, daß es heute auf den modernsten Hosenschnitt nicht ankommt und daß der sparsamste Deutsche der beste Deutsche ist. D. Red.)

(31.3.1921, Abendblatt; Feuilleton, S. 1–2)

Standesfragen der Architektenschaft

Die deutsche Architektenschaft ist an der Wahrung und Schöpfung unserer Kulturgüter in so hervorragendem Maße beteiligt, daß schon um dessentwillen der schwere Kampf, den sie
gegenwärtig um ihre Existenz und ihre öffentlich-rechtliche
Anerkennung führt, allgemeine Aufmerksamkeit verdient. Vor
etwa anderthalb Jahren hat sie sich unter dem Druck der wirtschaftlichen Not in dem *B.D.A. (Bund Deutscher Architekten)*
eine Organisation geschaffen, die möglichst alle ihren Künst-
lerberuf selbständig und unabhängig ausübenden Architekten
deutscher Reichsangehörigkeit zu einem standespolitischen
und wirtschaftlichen Einheitsverband verschmelzen will.
Diese jetzt bereits etwa 3000 Mitglieder umfassende berufliche
Vertretung verfolgt keineswegs allein wirtschaftliche Interessen, sondern bezweckt vor allem die moralische und künstlerische Hebung des ganzen Standes und, hiermit verbunden, eine
Heilung der vielen Schäden, die auf dem Gebiete des Bauwesens seit langen Jahrzehnten eingerissen sind. Seine Ziele
kann aber der Bund nur erreichen, wenn es ihm gelingt, die
Gründung von Architektenkammern und eine befriedigende
Regelung des Verhältnisses zwischen Privatarchitekten und
Baubeamten durchzusetzen. Diese beiden Hauptforderungen
bilden im Augenblick Gegenstand lebhaftester Erörterung in
allen beteiligten Kreisen; soll die Öffentlichkeit zu ihnen Stellung nehmen, so muß sie über ihre Bedeutung und Tragweite
rechtzeitig aufgeklärt werden.
Der Standes- und Berufsschutz, dessen sich Juristen und Mediziner schon längst erfreuen, ist den selbständigen Privatarchitekten bisher versagt geblieben. Weder besitzen sie eine
behördlich anerkannte korporative Vertretung, die den Beruf
nach außen hin zur Geltung bringt, noch ist eine dem Allgemeinbewußtsein sich einprägende Abgrenzung ihres besonderen Leistungsfeldes möglich, darf sich doch z.B. jeder Bauunternehmer oder Bautechniker nach wir vor ungestraft
Architekt nennen und unter dem Deckmantel des vogelfreien

Titels Funktionen ausüben, die ihm auf Grund seiner Ausbildung zumeist garnicht zukommen. Diese unhaltbaren Zustände schädigen aber den Bauherrn und die Allgemeinheit, womöglich noch mehr als den Architekten selber. Um hier nun wirklich Abhilfe zu schaffen, reicht die auf Freiwilligkeit beruhende Selbstschutzorganisation des *B.D.A.* nicht aus, so gut sie sich auch schon in einzelnen Fällen dank ihrer unermüdlichen Aufklärungs- und Werbearbeit bewährt hat. Erforderlich ist vielmehr, daß die Einrichtungen des Bundes gleichsam die staatliche Abstempelung erhalten und der Zusammenschluß aller würdigen Berufsgenossen gesetzliche Regelung erfährt. Eine dahinzielende Lösung sieht denn auch ein Gesetzentwurf des *B.D.A.* für die Errichtung von *Architektenkammern* oder besser: Bauanwaltskammern vor, über den jetzt Vorbesprechungen im Reichsministerium des Innern stattfinden. Laut Entwurf (abgedruckt in Nr. 8/9 der Wochenzeitschrift des B.D.A. «Die Baugilde» vom 2. März 1921) kann sich, unter Ausschluß des Bauunternehmer- und Spekulantentums sowie der Baubeamten, jeder wirtschaftlich selbständige deutsche Architekt bei gehöriger moralischer, technischer und künstlerischer Berufseignung die Mitgliedschaft der Kammer erwerben. Berufsbezeichnung und Berufsausübung sollen gesetzlich geschützt, Pflichtverletzungen der Kammermitglieder ehrengerichtlich geahndet werden. Ferner ist die einheitliche Ordnung der Gebührenberechnung und das Wettbewerbswesen durch die Architektenkammern geplant, auch wird sich deren Einfluß auf die Beratung der Behörden in allen Angelegenheiten, die baukünstlerische und baupolizeiliche Fragen und den Bildungsgang der Architekten betreffen, zu erstrecken haben. Der *B.D.A.*, der von Anfang an bewußt der Zwangsinnung zustrebte, hat durch seine organisatorischen Einrichtungen, so z.B. durch die Spruchämter, den zukünftigen Kammern bereits aufs beste vorgearbeitet. Es versteht sich von selber, daß er im Verfolg seiner standespolitischen Ziele weder die verwandten Berufsorganisationen (der Bauunternehmer und der Angestellten) irgendwie benachteiligen, noch, zumal während der Übergangszeit, eingebürgerten Gepflogenheiten in schroffer Weise den Garaus machen will. Der Antrag auf Errichtung von Architektenkammern kommt demnächst im Reichswirtschaftsrat zur Verhandlung, und es ist dringend zu hoffen, daß er angenommen wird, damit endlich die sozialen Grundvoraussetzungen für die gedeihliche Entwicklung des Architektenstandes wie überhaupt unseres ganzen Bauwesens ihre Erfüllung finden.

Der Wunsch der Privatarchitekten, zur Erledigung *öffentlicher Bauaufgaben* hinzugezogen zu werden, bildet ein Problem für sich, dessen Bewältigung verhältnismäßig unabhängig von der etwaigen Schaffung der Architektenkammern ist und daher selbständig in Angriff genommen werden kann und muß. Wirtschaftliche und künstlerische Gründe sprechen gleich stark für die Berücksichtigung dieser schon seit vielen Jahren erhobenen Forderung der Architektenschaft. Ganz abgesehen von der Notlage, in der sich zur Zeit die meisten Privatarchitekten befinden, dürfen auch Staat und Kommunen, die ja vermutlich noch auf lange hinaus in Deutschland die Hauptbauherren sein werden, mit wesentlichen Ersparnissen rechnen, wenn sie den Entwurf und die Durchführung ihrer Bauaufträge mehr als bisher frei schaffenden Künstlern anvertrauen. Abbau und Vereinfachung der Verwaltung wären die Folge einer solchen Maßnahme. Und wie verhält es sich in kultureller und künstlerischer Hinsicht mit der Berechtigung der von der Architektenschaft gestellten Forderung? Das Bild, das die Mehrzahl unserer deutschen Städte bietet, zeigt eindringlich genug, wohin es führt, wenn die Planung und Bearbeitung sämtlicher öffentlicher Bauaufgaben ausschließlich in den Händen einer anonymen Bürokratie liegt, deren natürliches Tätigkeitsfeld viel eher die Pflege bestehender und die Vorbereitung für die Erstellung neuer Gebäude ist. Die Allgemeinheit hat das größte Interesse daran, daß in Zukunft alle wichtigen, das Gesicht unserer Städte bestimmenden Bauvorhaben zum Gegenstand eines Wettbewerbs unter erprobten Baukünstlern gemacht werden, zu denen selbstredend auch die künstlerisch hervorragenden

beamteten Architekten zu zählen sind. Der *B.D.A.* hat diese
Auffassung in einer Eingabe den gesetzgebenden Körperschaf-
ten des Reichs bereits zur Kenntnis gebracht (vgl. Nr. 43 des
Blattes «Die Baugilde» vom 10. Nov. 1920). Wie aus einer
Pressenotiz hervorgeht, ist nun in allerletzter Zeit erfreulicher-
weise in einer Sitzung des Unterausschusses des Reichswirt-
schaftsrats zur wirtschaftlichen Förderung der geistigen Arbeit
ein Antrag des 3. Bundesvorsitzenden *Kröger* angenommen
worden, der den Wünschen der Privatarchitekten insofern entspricht, als er ihre Hinzuziehung zu den öffentlichen Bauaufgaben grundsätzlich befürwortet (vgl. Zweites Morgenblatt der
«Frankfurter Zeitung» vom 10. April). Ferner tritt er für äußerste Einschränkung der den freien Architektenstand so schwer
schädigenden Nebentätigkeit der Baubeamten ein und empfiehlt den staatlichen und kommunalen Behörden die Anglie-
derung von *Beiräten* aus den am Bauwesen beteiligten Kreisen
der Arbeitgeber, Arbeitnehmer und freien Berufe. Dieser Entschluß des Reichswirtschafsrats beweist ein Verständnis für die
wirtschaftlichen und kulturellen Erfordernisse auf dem Gebiet
der öffentlichen Kunstpflege, das gute Hoffnungen für die Zukunft erweckt und jedenfalls die Architektenschaft dazu anspornen muß, in ihren Bemühungen um die Hebung ihres
Standes nicht nachzulassen.

(4.5.1921, 1. Morgenblatt; Feuilleton, S. 1–2)

Universität und Geistesleben

Die deutsche Universität ist heute, wie sich nicht gut mehr
leugnen läßt, an den Rand des geistigen Lebens der Nation ab-
gerückt. Sie hat dem Volke in dieser Zeit der Not so gut wie keinen führenden Mann geschenkt, kaum ein großer und frucht-
bringender Gedanke ist von ihr ausgegangen. Wenn sie auch

auf dem Gebiete der exakten Naturwissenschaften und auf den verschiedensten Gebieten der Spezialforschung und der Technik die unbestrittene Vorherrschaft behauptet, in allen den Bereichen, die Fragen der *Weltanschauung* betreffen, versagt sie doch nahezu völlig. So rühren z.B. die bedeutenderen, über das Fachinteresse hinausreichenden philosophischen Leistungen unserer Zeit sicherlich mehr als in früheren Epochen von Männern her, die außerhalb des Universitätsbetriebes stehen. Und man kann wahrlich nicht sagen, daß etwa die Auseinandersetzung der Inhaber geisteswissenschaftlicher Lehrstühle mit dem Werke Spenglers einen allzu günstigen Eindruck von dem gegenwärtigen Stande der Universitätsphilosophie erweckt hätte. Natürlich soll nicht verkannt werden, daß auch an der Universität Denker von Rang wirken, deren Lehren die Geisteshaltung breiter Schichten in dem einen oder anderen Sinne maßgebend beeinflussen. Aber – und das ist entscheidend – diese Lehrer und Forscher bestimmen nicht die geistige Verfassung der Universität selber, um die, als um einen fragwürdig gewordenen Gesamtorganismus, es sich hier allein handelt.

Die Gründe für das geradezu erschütternde Versagen der Universität liegen tief. Man rührt noch nicht einmal an sie, wenn man sie nur in der Unzulänglichkeit oder rückständigen Gesinnung einer Anzahl von Professoren sucht, wenn man sie rein in der augenblicklichen Ungunst der wirtschaftlichen Verhältnisse und den aus ihr sich ergebenden Notwendigkeiten zu finden glaubt, wenn man überhaupt der Ansicht ist, es sei ihnen lediglich durch organisatorische Maßnahmen schon erfolgreich zu begegnen. Wer so urteilt, dringt gar nicht bis zu ihnen selber vor, sondern bleibt bei ihren sekundären Auswirkungen stehen. Die eigentliche Schuld an dem Elend der Universität trägt der Verfall jener Weltanschauung, die vor mehr als hundert Jahren die Universität emporgetrieben und zur überragenden geistigen Einheit zusammengeschmolzen hat. Verfolgt man die Entfaltung des deutschen Geisteslebens in diesem Zeitraume, so wird man zu einer gewissen Entlastung der Universität geführt. Weder darf man sie dafür verantwortlich machen, daß im Verlaufe der Entwicklung die Prinzipien problematisch geworden sind, auf deren Grundlage sie sich erhebt, noch kann man ihr, streng genommen, vorwerfen, daß sie nicht von sich aus bereits einen Um- und Neubau auf anderen und besseren Fundamenten vollzogen hat. Da die Universität nicht der alleinige Quell des geistigen Lebens einer Nation, ja nicht einmal sein einziger Ausfluß ist, wird man es jedenfalls schon von vornherein begreiflich finden, daß ihr eigenstes Wesen wie ihre Bedeutung für das Ganze des Daseins von Umständen abhängen mag, an deren Eintritt sie unschuldig ist.

Als zu Beginn des 19. Jahrhunderts Fichte, Schelling, Schleiermacher, Hegel, W. v. Humboldt den heute noch gültigen Typus der Universität schufen, war der nachkantische *deutsche Idealismus* eine Lebensmacht, die zum mindesten die ganze Bildungsschicht durchdrang. Aus dieser idealistischen Geistesrichtung, die, gesättigt von dem Pathos der Befreiungskriege, nicht nur als abseitige Philosophie, sondern als lebendige Gesinnung in den Menschen Wurzel gefaßt hatte, erwuchs die Universität als freie, wissenschaftliche Anstalt; um der Freiheit der Lehre willen mußte sie sich, wie Eduard *Spranger* in seiner 1913 erschienenen Broschüre: «Wandlungen im Wesen der Universität seit hundert Jahren»[26] hervorhebt, in politischer Hinsicht naturgemäß mit einem national gefärbten Liberalismus verbinden. So sehr auch die spekulativen Systeme in jener Blütezeit der idealistischen Philosophie im einzelnen voneinander abwichen, sie teilten doch den Glauben an den Sieg der autonomen Vernunft und an die höhere Einheit aller wissenschaftlichen Bestrebungen. Gewiß war also damals die Universität eine Pflegestätte freier Forschung, aber der *Wissenschaftsbegriff*, auf dem sie beruhte, verlieh dieser Freiheit einen ganz bestimmten Sinn, er strahlte von einer Weltanschauung aus, die einfach deshalb den harmonischen Zusammenklang der voraussetzungslos betriebenen Wissenschaften noch verkünden durfte, weil de facto ihr Geist selber es war, der alle Forscher gleichmäßig erfüllte und ihr Denken in annähernd dieselben Bahnen zwang.

Der Werdegang der Universität in der durch den Siegeszug des
Materialismus bedingten positivistischen Geistesepoche läßt
sich an der Hand der erwähnten Broschüre Sprangers vortrefflich verfolgen. Bedeutsamer als die Tatsache, daß sich die Universität immer mehr in eine Bildungsanstalt für Staatsbeamte
verwandelte, ist die andere Tatsache, daß die Metaphysik sich
von den Lehrkanzeln verflüchtigte und die Pflege der exakten
Naturwissenschaften so überwucherte, daß die in ihnen herrschenden Denkmethoden sehr zum Unheil auch auf die Gei-
steswissenschaften übergriffen. Was besagte das alles in Wahrheit? Es besagt – und von hier an biegt dieser Gedankengang
von der Auffassung Sprangers ab – daß der die Einheit der Wissenschaften verbürgende und damit die Universität tragende
Weltanschauungs-Idealismus mit infolge des Einflusses über-
mächtiger wirtschaftlicher Entwicklung abgedankt hatte. Was
übrig blieb, war anarchisches Spezialistentum, voraussetzungslos zwar, aber eben deshalb auch ungerichtet. Daß man
sich diesen Wandel nicht eingestehen wollte, daß man vielmehr hartnäckig an der Meinung festhielt, der Idealismus von
ehedem unterbaue auch weiterhin das chaotisch gewordene
Wissenschaftsgetriebe, gehört zu den schlimmsten, heute
längst noch nicht überwundenen Selbsttäuschungen der Vorkriegszeit. Hatte früher ein naiver, verhältnismäßig lebensna-
her Idealismus die Einheit der Universität erzeugt, so mußte
jetzt ein blutleerer, rein theoretischer Idealismus (der freilich
dem echten, klassischen Idealismus denknotwendig ent-
sprang, aber nicht dieselbe Lebensbedeutung besaß) die verlo-
rengegangene Einheit vortäuschen. Was einstens tragende
Weltanschauung gewesen war, verwandelte sich in einen fa-
denscheinigen ideologischen Überbau.
Aus dem Zerfall ursprünglicher Einheit, der sich natürlich auf
die ganze Bildungswelt erstreckte, den Begriff der Bildung
überhaupt fragwürdig machte und durch eine den Spezialwis-
senschaften nachhinkende Philosophie höchst mangelhaft ver-
schleiert wurde, erklärt sich indessen noch nicht hinreichend
die gegenwärtig nur mehr provinzielle Bedeutung der Univer-

sität im Reiche des Geistes. Man versteht diese Wendung erst, wenn man in Rücksicht zieht, wie sehr sich der Schwerpunkt unseres geistigen Lebens seit der Weltkatastrophe offenkundig verschoben hat. Im stillen schon längst vorbereitet, ist der Aufstand des wieder religiös bedürftigen Menschen gegen das seelenlose Maschinenzeitalter und die ihm entsprechende positivistische Wissenschaft erfolgt. Der Idealismus selber, der doch die Grundvoraussetzung unserer modernen Universität bildet, wird von einer nicht mehr auf die Selbstherrlichkeit der Vernunft vertrauenden Menschheit in seiner Bedingtheit und Problematik empfunden, der Wert des Wissens an sich wird von einer Jugend, die sich vor allem nach Glaubenserneuerung sehnt, aus einem leider vielfach allzu überschwenglichen Anti-Intellektualismus heraus angezweifelt. Darf man aber erwarten, daß die Universität Bedürfnisse befriedigt, die sie gemäß ihrer innersten Natur gar nicht befriedigen kann? Daß sie sich ohne weiteres in einem Sinne wandelt, der ihrem bisherigen Aufbauprinzip stracks zuwiderläuft? Man begreife endlich, daß die heute bewußt oder unbewußt erhobene Forderung einer Neubegrenzung leerschwingenden Wissensdranges durch die Bannkraft religiösen Glaubens und neuen Menschentums im Kerne den idealistischen Wissenschaftsbegriff verneint und derart sich nicht nur gegen einzelne an der Universität herrschende Übelstände richtet, sondern deren Fundamente selber ins Wanken bringt. Die politisch reaktionäre Haltung so vieler Dozenten entspringt sicherlich zum guten Teile dem unausgesprochenen Wunsche nach (künstlicher) Wiederbefestigung jener Weltanschauung, an die, als an eine unerläßliche Bedingung, ihr wissenschaftliches Wirken wie der Bestand der heutigen Universität geknüpft ist.

Die Frage steigt allerorten auf, was zu geschehen hat, damit die Universität aufs neue zum *Mittelpunkt* des geistigen Lebens werde. Man sollte vielleicht zunächst besser fragen, ob überhaupt in solcher Absicht allzu viel geschehen kann. Der an sich nicht einwandfreie Plan einer Gründung von «*Weltanschauungs-Universitäten*» zur Rettung entschwundener Einheit, von

dem während des Krieges ein bekannter Professor der Philosophie dem Verfasser dieser Zeilen berichtete, ist durch die Zeit-
ereignisse wohl überholt. Ähnliches gilt auch für den kürzlich
aufgetauchten Vorschlag einer «*Humanistischen Fakultät*», der
ja nahezu einstimmig Ablehnung gefunden hat. Diese Fakultät
wäre bei der gegenwärtigen Zerklüftung unseres Geisteslebens schon von Anbeginn an eine Totgeburt gewesen, unfähig
dazu, auf Grund brüchiger Fundamente das Chaos durch einen
neuen Sinn zu überhöhen; vermutlich hätte sie sich zu einem
Tummelplatz für Dozenten mit literarischen Ambitionen erweitert. Die Sehnsucht nach einer Verlebendigung lebensfrem-
den Wissenschaftsbetriebes, nach einer Einbeziehung der Universität in die Gebundenheit volklichen Lebens hat auch nicht
selten zur fälschlichen Gleichsetzung der Ziele einer *Volkshochschule* mit denen der Universität geführt. Wer solche
Gleichsetzung annimmt, verkennt indessen völlig, daß er damit eine dem Wesen jeder Universität überhaupt widerstrei-
tende Forderung aufstellt. Diese muß durch den Logos von
oben her Einheit und Richtung erhalten, nicht aber vermag sie
aus dem bloßen Volksleben heraus, also von unten her, Sinn
und Begrenzung zu finden. Gegenüber einer derartigen, wie
immer ausstaffierten und maskierten «Lebensphilosophie»
bleiben die Vertreter des reinen, theoretischen Wissenschafts-
gedankens stets im Recht. Nicht minder anfechtbar erscheint
schließlich aus den genannten Gründen der Reformvorschlag
von Richard *Benz* [27], der eine Auflösung der bisherigen Universität in Fachhochschulen und größtenteils aus privaten Mitteln
sich erhaltende Akademien vorsieht und die geistige Führung
neuen Anstalten anvertrauen will, die den «Erfordernissen
wahrer Volkskultur» besser entsprechen. Auch er greift nicht
nur die heutige Universität, sondern die «Universität» als solche an und möchte letzten Endes an ihre Stelle die als Univer-
sitätsersatz gänzlich ungeeignete Volkshochschule setzen.
Folgt nun aus alledem, daß man die Hände in den Schoß legen
soll? Mitnichten! An konkreter, wahrlich nicht zu unterschätzender Kleinarbeit bleibt genug zu tun, und auch Hochschulre-

form ist unbedingt wertvoll und notwendig, solange man sich mit ihr nicht gegen die Idee der Universität versündigt und nicht der verkehrten Ansicht huldigt, durch Umorganisation allein ließen sich Wandlungen erzielen, zu denen man erst im stillen heranreifen muß. Gerade auf dem Gebiete des Geistes kann man nur verhältnismäßig wenig «machen». Vergegenwärtigt man sich recht, daß in dieser Zeit der Vorbereitung die Universität das Schicksal, ein Notbehelf zu sein, mit beinahe allen Gebilden des Daseins teilt, hält man sich ferner vor Augen, daß ihre Zukunft nicht ausschließlich von den Vorgängen innerhalb ihres Bannbereiches selber, sondern in erster Linie von der Entwicklung unseres *gesamten geistigen Lebens* abhängt, so wird man lernen, den Kampf für ihre Neugestaltung mit dem nötigen Weitblick und ein wenig Geduld zu führen und angesichts des zunächst dem Willen Unerreichbaren sich zu bescheiden, ohne deshalb in der Bemühung um das Erreichbare irgendwie nachzulassen.

(17.11.1921, Abendblatt; Beilage: Hochschulblatt, Feuilleton, S. 3)

Aus dem Bürgersaal
Zur Arbeitsweise der Stadtverordneten-Versammlung

Wer zu den regelmäßigen Besuchern der Stadtverordneten-Versammlung gehört, dem drängen sich so manche *unerfreuliche Erscheinungen* auf, die vor dem Krieg jedenfalls nicht in demselben Maße in den Vordergrund traten.[28] Da ist vor allem festzustellen, daß die Sitzungen gegenwärtig einen Umfang angenommen haben, der in keinem Verhältnis mehr zu der in ihnen geleisteten sachlichen Arbeit steht. Die Sitzungen dauern zumeist *vier volle Stunden*, oft noch darüber hinaus, und ganz selten nur werden sie früher abgebrochen. Es scheint, als fühle die Versammlung sich geradezu verpflichtet, zum mindesten die besagten vier Stunden treulich auszuharren, als könne sie, gebannt durch irgendeine geheimnisvolle hypnotische Kraft, nicht eher auseinandergehen, als bis es glücklich neun Uhr geschlagen habe. Trägt an solcher Ausdehnung der Sitzungen allein die Fülle des Stoffes Schuld? Mitnichten! Verantwortlich zu machen hierfür ist vielmehr in erster Linie das Bedürfnis zu reden, unbeschränkt zu reden, das in der Stadtverordneten-Versammlung – allerdings nicht nur in ihr, man muß gerecht sein – in erschreckender Weise zugenommen hat.

Im alten Stadtparlament dauerten die Sitzungen gewöhnlich nicht so lange, ohne daß darum im geringsten schlechter gearbeitet worden wäre. Nun hat sich freilich inzwischen die Zahl der Fraktionen und der Magistratsmitglieder stark vermehrt, die Versammlung umfaßt heute 126 Angehörige (96 Stadtverordnete und 30 Magistratsmitglieder), das sind rund 40 Teilnehmer mehr als früher, in sich. Aber selbst wenn man ihr Anwachsen berücksichtigt, wird damit noch nicht das *Anschwellen des Redestroms* erklärt, oder gar gerechtfertigt. Sucht man überhaupt nach Entschuldigungen, so mag man das ungehemmte Dahinfluten dieses Stromes zum Teil aus den gegen früher veränderten Umständen ableiten, unter denen die Sitzungen heute stattfinden. Ehemals tagte man in dem alten einfach-intimen Stadtverordnetensaal und jeder sprach von seinem Platze aus, was von selber zu einer gewissen Kürze, zu einem geringen Aufwand an Pathos nötigte. Seitdem ist man in den großen repräsentativen Bürgersaal hinübergewandert und spricht nur noch von der *Rednertribüne* aus zur Versammlung. Diese Rednertribüne hat es aber offenbar in sich. Sie verlockt den auf ihr Befindlichen dazu, sein ganzes Herz auszuschütten und alles zu sagen, was er nur irgend weiß, oder auch nicht weiß. Wenn auch viele sich ihrem suggestiven Einfluß zu entziehen wissen, die Schwachen geben sich ihm doch widerstandslos hin, und indem sie sein Opfer werden, verfällt die Versammlung (nicht zuletzt auch die Presse), ihnen wiederum zum Opfer.

Um zu Einzelheiten überzugehen, so ist es z.B. merkwürdig,

daß etwa gerade die kleine, nur aus zwei Köpfen bestehende *äußerste Linke* bei jeder, aber auch jeder Gelegenheit die Geduld der Versammlung über Gebühr in Anspruch nimmt. Ob es sich nun um eine Badegelegenheit oder um sonst eine ephemere Frage handelt, stets wird mit demselben Wortschwall unermüdlich aus demselben Phrasenschatz geschöpft, wobei man sich zumeist schon im voraus an den fünf Fingern abzählen kann, worauf der Redner nun eigentlich hinaus will. Dergleichen rächt sich natürlich! Niemand hört mehr zu, das sachliche Interesse erlahmt, die Stadtverordneten erheben sich von ihren Plätzen und unterhalten sich miteinander: kurzum das ganze Haus gleicht einem Bienenschwarm. Hinzu kommt, daß mehr und mehr der Unfug eingerissen ist, über nahezu jede einzelne Vorlage, auch über die Eingabe Außenstehender sofort eine *Generaldebatte* zu eröffnen. Vorlagen und Eingaben wandern dann in die Ausschüsse, wo die eigentliche Beratung stattfindet und gehen wieder an das Plenum zurück, um hier möglicherweise noch einmal durchgesprochen zu werden. Man hat den Eindruck, daß in vielen Fällen erheblich kürzer und summarischer verfahren werden könnte.

Was ist nun gegen dieses Rede-Unwesen zu tun? Zunächst müßte jeder Redner es sich zur selbstverständlichen Pflicht machen, seinen Redeeifer zu zügeln. Wichtig für die Eindämmung des Redeflusses ist naturgemäß vor allem die *Geschäftsordnung*. Man hat im vorigen Jahre (am 23. August 1921) den Beschluß gefaßt, daß gewisse Magistratsvorlagen durch den Vorsitzenden direkt an die Ausschüsse überwiesen werden können. Vielleicht ließe sich noch vor dem Inkrafttreten der neuen Städteordnung, mehr zur Vereinfachung des Geschäftsgangs tun. So erscheint es z.B. unnötig, daß zu einer Vorlage zwei oder drei Redner ein und derselben Fraktion das Wort ergreifen, wie es schon allzu häufig vorgekommen ist. Man sollte jedenfalls sobald als möglich, schon aus Gründen der Ersparnis, verschärft in Erwägung ziehen, was sich im Interesse einer Abkürzung der Sitzungen, einer Beschränkung auf rein sachliche Arbeit, durch Abänderung der Geschäftsordnung erreichen läßt.

Mit der Hemmungslosigkeit im Reden hängt es zusammen, daß nicht nur die Plenar-, sondern häufig auch die *Ausschuß-verhandlungen* einen Umfang annehmen, der es einer Mehrzahl der Beteiligten vielfach sehr erschwert, ja, unmöglich macht, den Sitzungen regelmäßig beizuwohnen. So kommt es denn, daß wichtige *Abstimmungen* nicht selten dem Zufall anheimgegeben sind, ein empfindlicher Mißstand, da die Ablehnung oder Annahme einer Vorlage mitunter an zwei oder drei Stimmen geknüpft ist. Läßt sich das Übel nicht an der Wurzel packen, so wäre doch zu prüfen, ob man es nicht dadurch mildern kann, daß man die Abstimmung im Plenum, wie es ja auch in Parlamenten der Fall ist, auf eine bestimmte Stunde verlegt. Jeder Stadtverordnete weiß dann, zu welcher Zeit er unbedingt anwesend zu sein hat, was natürlich nicht dazu führen darf, daß er im übrigen den Verhandlungen fernbleibt.

Es gibt heute Strömungen, die in tendenziöser Absicht alles diskreditieren, was die Stadtverwaltungen leisten. Umso mehr sollte die Stadtverordneten-Versammlung darauf bedacht sein, keinen Anlaß zu berechtigten Klagen zu geben. Und da wäre dann noch ein bedenklicher Punkt zu berühren, auf ein Manko hinzuweisen, das sich zwar aus der politischen Konstellation unserer Zeit hinreichend erklärt, dem aber jedenfalls nach und nach abgeholfen werden muß. Der Stadtverordneten-Versammlung liegt hauptsächlich eine verwaltende Tätigkeit ob, eine Tätigkeit also, die ein inneres Verhältnis zu den Dingen, die verwaltet werden sollen, zur Voraussetzung hat. Nun ist gewiß die Gliederung der Stadtverordneten-Versammlung nach politischen Parteien durchaus am Platz, da ja politische und weltanschauliche Überzeugungen bei den Entscheidungen über viele Angelegenheiten der Verwaltung (z.B. über die Schulfrage) eine bedeutsame Rolle spielen. Das darf aber keineswegs in eine *Überspannung des politischen Prinzips* ausarten und zu einer taktisch-politischen Behandlung auch solcher Fragen führen, die mit Politik wenig oder gar nichts gemein haben. Inwiefern etwa die Befürwortung oder Ablehnung der Errichtung einer Flußbadeanstalt von der Zugehörigkeit zu einer politi-

schen Fraktion abhängt, erscheint schlechterdings unerfindlich, auch fragt man sich vergeblich, warum sich die Stadt
gerade aus Gründen der Weltanschauung ein Walzwerk, eine
Ziegelei usw. zulegen soll, was ihr bei jeder möglichen und un-
möglichen Gelegenheit anempfohlen wird. Es wäre dringend
notwendig, daß man sich daran gewöhnte, *sachliche Dinge*
sachlich zu behandeln und den politischen Einschlag dort, wo
er nicht hingehört, nach Möglichkeit zurückzudrängen.
Die heutigen Zustände zu bessern, gilt es, wenn man genau zu-
sieht, alles in allem nur ein wirklich durchgreifendes Mittel:
die *Selbstzucht*. Wir müssen diese Selbstzucht, auf der unsere
demokratische Selbstverwaltung beruht, immer mehr zu gewinnen trachten, wenn wir die Formen wahrhaft ausfüllen
wollen, die wir uns selber gegeben haben.

(20.6.1922, Stadt-Blatt, S. 1)

Die Notlage des Architektenstandes

Mehr als irgendein anderer der freien geistigen Berufe hat der
deutsche Architektenstand unter den Folgen des Kriegs zu leiden. Die Wohnungsbautätigkeit liegt aus sattsam bekannten
Gründen so gut wie ganz darnieder, und die Erweiterung oder
Neuerrichtung industrieller Anlagen wird jetzt nicht nur sehr
eingeschränkt, sondern überdies in steigendem Maße den eigens zu ihrer Durchführung geschaffenen Baubüros der industriellen Werke selber übertragen. Am besten ergeht es den
Privatarchitekten noch verhältnismäßig im *besetzten Gebiet*, wo
sie an den Aufträgen für die zahlreichen, durch die Besat-
zungsarmee angeforderten Bauten beteiligt werden. Freilich
bleiben auch hier manche berechtigte Wünsche unerfüllt, da
die von dem Reichsschatzminister befürwortete Hinzuziehung
von Privatarchitekten häufig genug an dem Widerstand der un-

teren Baubehörden (der früheren Militärbauämter usw.) scheitert, die sich beeinträchtigt fühlen.

Die selbstverständliche Folge dieser trostlosen Zustände, die nachgerade sich mehr und mehr zu verfestigen scheinen, ist das Eingehen einer Unmenge von Architekturateliers. Aber auch die Lage der wenigen Büros, die sich noch halten können, wird immer schwieriger. Sie sind ihrer Natur nach (ebenso wie die Rechtsanwaltsbüros z.B.) *selbständige Kleinbetriebe*, deren finanzielle Leistungskraft ganz von der Art und Zahl der durch sie zu erledigenden Aufträge abhängt und, zumal heute, den größten Schwankungen unterliegt. Ihre hierdurch bewirkte wirtschaftliche Schwächung setzt sie aber in einer Mehrzahl von Fällen außerstande, dem Verlangen nach *tarifarischer* Entlohnung ihrer Angestellten auf die Dauer zu entsprechen. Nicht als ob ein solches Verlangen an sich unbillig wäre; es paßt sich nur der besonderen Art von Betrieben, die rein auf Qualitätsarbeit beruhen und in der Regel ganz wenige Angestellte beschäftigen, schlecht an, bedroht sie mit einer ihnen unzuträglichen Mechanisierung und kann jedenfalls von ihnen in so labilen Zeiten wie den unsrigen kaum befriedigt werden. Sucht man ihm doch nachzukommen, so geschieht das oft notgedrungen auf Kosten des künstlerischen Wertes der Arbeit, da man, um die Gehälter aufzubringen, naturgemäß nach möglichst praktischer und intensiver Ausnützung der Arbeitszeit trachten muß. Der Architekt sieht sich so wider Willen gezwungen, statt des künstlerischen Standpunkts den kaufmännischen ins Vordertreffen zu rücken, weil anders er überhaupt nicht mehr zu existieren vermöchte. Bleiben aber, wie jetzt nahezu überall, die großen Aufträge ganz aus, dann hört das Büro sofort auf, sich zu rentieren und es kommt zur Entlassung der Angestellten, die früher wohl auch in den mageren Jahren miternährt werden konnten. Die heute dem Architekten etwa zufließende Kleinarbeit ist ja gewöhnlich ohne fremde Unterstützung zu bewältigen, und wo man ihrer noch bedarf, da hilft man sich eben gegenseitig aus. Kündigungen der Angestellten sind jetzt an der Tagesordnung, sie werden aus Kassel, Dresden und einer Reihe

anderer deutscher Städte gemeldet. Besonders schlimm hat
sich die Lage der Architekten in *Frankfurt* gestaltet. Von vier-
undfünfzig dem *B.D.A.* («Bund deutscher Architekten») ange-
schlossenen Architekten sind hier höchstens acht bis zehn
regulär beschäftigt, und wer weiß, auf wie lange noch.
Diese Situation hat begreiflicherweise vielfach zum *Berufs-
wechsel* gezwungen. Wenn nur die minder tüchtigen Kräfte ihn
vornähmen, so wäre das im Interesse des Standes gewiß kein
Schaden. Nun trifft aber beim Architekten baukünstlerische
Begabung ziemlich selten mit jenen Qualitäten zusammen, die
zur Selbstbehauptung im wirtschaftlichen Existenzkampf be-
fähigen, und es sind darum nicht immer die Schlechtesten, die
heute die Waffen strecken müssen. Manches geschieht ja wohl,
um ihnen den Berufsübergang zu erleichtern. Die *badische* Re-
gierung z.B. hat, dem Vernehmen nach, die Behörden angewiesen, erwerbslose Architekten gleich den notleidenden Angehörigen anderer freier geistiger Berufe in die Verwaltung zu
übernehmen, und auch in Preußen werden ähnliche Maßnahmen erwogen. Zahlreiche Architekten haben sich der Industrie
zugewandt und betätigen sich etwa als Vertreter industrieller
Firmen. Wieder andere, besonders die zumeist noch jüngeren
Angestellten, sind kurz entschlossen Bankbeamte geworden
oder versuchen, in irgendeinem kaufmännischen Berufe Fuß
zu fassen.
Eine unmittelbare Auswirkung der materiellen Zwangslage, in
der sich die Architektenschaft heute befindet, ist nicht zuletzt
der Mangel an geeignetem *Nachwuchs*. Die Architektur-Abtei-
lungen der Technischen Hochschulen, die vor dem Krieg sich
in München, Dresden, Darmstadt usw. eines äußerst regen Zu-
spruchs erfreuten, sind schon seit Jahren schlecht besucht,
ganz im Gegensatz zu allen anderen Abteilungen, deren Besu-
cherzahl beträchtlich zugenommen hat. Man muß sich eben
nach den Umständen richten und wählt, selbst bei vorhande-
ner Begabung, nicht leicht einen Beruf, der so wenig Aussich-
ten für die Zukunft bietet. Dieses allmähliche Aussterben des
Nachwuchses ist aber ganz dazu angetan, nachdenklich zu

stimmen. Denn kommt einmal über Nacht die Zeit zunehmender Bautätigkeit – und sie kann schließlich nicht für immer ausbleiben – so fehlt es allenthalben an Kräften, und man wird an Pfuscher Arbeiten vergeben müssen, die nur wirklich gediegenen Künstlern anvertraut werden sollten. Im Bauhandwerk ist es, nebenbei bemerkt, nicht besser bestellt. Viele Maurer z.B. sind längst in andere Berufe abgewandert und mit dem Nachwuchs sieht es auch hier kümmerlich aus.

So ungefähr ist die Situation heute beschaffen, und die Frage steigt auf, was zu ihrem Wandel geschehen kann. Vor allem erscheint es notwendig, die allgemeine Aufmerksamkeit mehr als bisher auf die Besonderheiten eines Standes zu lenken, der in freier Tätigkeit Werke um Werke hinstellt, die nicht wie andere Schöpfungen mit dem Tage vergehen, sondern der ganzen Zeit ihren Stempel aufzudrücken vermögen. Es ist zum mindesten merkwürdig, daß in der Öffentlichkeit, die sich ja überhaupt mit Fragen der Baukunst wenig befaßt, kein scharf umrissenes Bild vom Architekten lebt, daß man sich über die Eigentümlichkeiten und spezifischen Bedürfnisse des *Architektenberufes* im allgemeinen kaum Gedanken zu machen pflegt. Vielleicht sind die Architekten selber nicht so unschuldig an dieser ihrer Vernachlässigung durch das öffentliche Bewußtsein. Sie reden nur ungern von sich und ihrer Tätigkeit, verstehen sich schlecht darauf, Reklame zu machen und ihre Kunst anzupreisen und fühlen sich entschieden am wohlsten, wenn sie am Zeichentisch sitzen oder unmittelbar von der Sache zeugen können, die sie ganz erfüllt. Sie sind nicht so sehr, wie der Kaufmann etwa, Vermittler zwischen den Dingen, sondern denken in den Dingen selber und mühen sich um deren Gestaltung, ihre Tätigkeit stiftet nicht unmittelbar Beziehungen zwischen den Menschen, sondern erstreckt sich auf die Schöpfung der Räume, in denen die Menschen leben, und stellt die Beziehungen her, die zwischen Raum und Raum sich als notwendig erweisen. Aus diesem ihrem Befangensein in der räumlichen Anschauung erklärt es sich wohl am ehesten, daß sie im allgemeinen so stumm über sich und ihr Wirken sind, und als Stand sich so wenig Beachtung zu schaffen verstehen. Wer weiß denn etwas von dem inneren Wesensgesetz des Architekten, wie viele haben sich Rechenschaft abgelegt darüber, welche Fülle von Eigenschaften zusammentreffen und zur Einheit verwachsen muß, damit ein tüchtiger Baukünstler erstehe? Es ist ja nicht allein die Fähigkeit, auf dem Papier schöne Projekte zu ersinnen, die den Architekten zum Architekten macht. Hinzukommen muß die Gabe der Einfühlung in die jeweiligen praktischen Erfordernisse eines Bauwerkes, die dem Bauherrn selber oft nur recht unklar vorschweben, und die Kraft, das praktisch Geforderte so zu verarbeiten, es künstlerisch so ganz zu durchdringen, daß das an einem bestimmten Ort und für einen bestimmten Zweck geschaffene Werk zuletzt in seiner Notwendigkeit unbedingt überzeugt. Zur Erreichung solchen Ziels gehört aber auch die Beherrschung des Technischen, Organisationstalent, das viele Menschen und Interessen in den Dienst eines überragenden Gedankens zu stellen vermag, genaue Kenntnisse der einschlägigen juristischen Fragen, Sicherheit im Verkehr mit den verschiedenartigsten Menschengattungen und Berufszweigen usw. Daß schließlich umfassende Bildung und sein entwickelter Geschmack unentbehrliche Voraussetzungen für den Architektenberuf sind, versteht sich wohl ohne weiteres. Es sind, wie man sieht, sehr heterogene Eigenschaften, die in der Person des Architekten zusammenströmen müssen, und man mag sich leicht vorstellen, welch langer, mühseliger Prozeß zu durchlaufen ist, um sie alle zu erwecken und in Einklang miteinander zu bringen.

Zeiten unfreiwilliger Muße sind immer auch Zeiten der Vorbereitung und der Sammlung. Die Architektenschaft, als freier Beruf zum großen Teil auf *Selbsthilfe* angewiesen, wird heute vor allem nach Klärung ihres Berufsideals und nach Sicherung der *sozialen Geltung* ihres Standes zu trachten haben. Manches ist nach dieser Richtung hin im Gang. Der *B.D.A.* als stärkste Organisation der Privatarchitektenschaft, setzt sich u.a. schon lange für eine zeitgemäße Reform des Architekturstudiums an den Technischen Hochschulen ein und erstrebt die Schaffung von *Architektenkammern*, die, hierin den Kammern der Ärzte und Rechtsanwälte verwandt, dem Architekten bestimmte, öffentlich anerkannte Befugnisse zuerteilen, seinen Titel schützen und seine Funktionen abgrenzen sollen von den Funktionen der Nachbarberufe, mit denen sie heute noch, meistens zum Schaden der Architekten, vielfach vermengt werden. Das ist eine Politik auf weite Sicht, aber die jetzige Wartezeit ist vielleicht besonders geeignet dazu, alle Kräfte auf sie zu konzentrieren. Schwerer, ja beinahe unmöglich wird es für die Architektenschaft sein, von sich aus Mittel zu finden, die ihr das materielle Durchhalten gestatten. Es ließe sich allenfalls daran denken, daß der B.D.A. sich immer mehr zu einer *Notgemeinschaft* ausbaute, die in den Grundzügen der vom Reichskunstwart Dr. *Redslob* im vorigen Jahr ins Leben gerufenen «Arbeitsgemeinschaft für deutsche Handwerkskultur» entspräche. Diese verfolgt neben anderen Zielen die Vertretung deutscher Handwerkskultur auf Messen, Ausstellungen und Kulturwochen, Hebung der Absatzmöglichkeiten für höchstwertige Handwerkserzeugnisse, Vertretung der kulturellen Interessen des Handwerks gegenüber Behörden usw. Ob und inwieweit Ähnliches für die Architektenschaft erreicht werden kann, mag hier unerörtert bleiben; immerhin ist die gegenwärtige Notlage so drückend, daß ein solidarisches Auftreten in allen, aber auch in allen Standesfragen sich als unumgänglich notwendig erweist. Hierzu gehörte nicht zuletzt auch eine Fülle von Aufklärungsarbeit. So gälte es etwa, um nur ein Beispiel von vielen herauszugreifen, wieder und wieder den selbsteingewurzelten Irrtum einer Mehrzahl von Bauherren zu zerstreuen, daß man billiger fahre, wenn man sich unter Umgehung des Architekten direkt an den Bauunternehmer wende – als ob es nicht gerade die Aufgabe des Architekten sei, als Treuhänder des Bauherrn dessen Interessen dem Unternehmer gegenüber zu verfechten und ihn derart vor unnützen Ausgaben zu bewahren, mit denen verglichen, das Architektenhonorar zumeist lächerlich gering ist.

Freilich hat man sich von vornherein darüber klar zu sein, daß diese Selbsthilfe nichts fruchtet, solange fremde Hilfe sich ihr verweigert. Dem *Staat* und den *Kommunen* zumal erwachsen gegenüber der deutschen Architektenschaft große Verpflichtungen, ihnen vor allem liegt es ob, dafür zu sorgen, daß ein Stamm bewährter Kräfte sich hinüber retten kann und daß die drohende Gefahr völligen Traditionsbruches abgewendet wird. Die kürzlich durch den *Reichspräsidenten* erfolgte Überweisung von drei Millionen Mark aus der Sammlung der «New Yorker Staatszeitung» an den B.D.A. bezeugt symbolisch die Hilfsbereitschaft des Reichs, wenn sie auch nur ein Tropfen auf den heißen Stein ist. Wesentlicher als solche geldliche Unterstützung wäre die produktive Hilfeleistung durch Vergebung von *Aufträgen* an tüchtige, notleidende Architekten. Früher war der Wohnungsbau beinahe ausschließlich die Domäne der Privatarchitekten, die auf diesem Gebiete Vorbildhaftes geleistet haben, heute ist er beinahe ebenso ausschließlich zum Tummelfeld der Behörden geworden. Post, Eisenbahn wie auch die Kommunen lassen ihre Siedlungsanlagen durch ihre eigenen Bauämter errichten, in denen ja gleichfalls – dies sei zur Entschuldigung gesagt – unbeschäftigte beamtete Architekten sitzen, und ziehen nur ganz ausnahmsweise einmal einen Privatarchitekten hinzu. Diese Zurückdrängung der freischaffenden Baukünstler durch die Baubeamten erzeugt aber höchst ungesunde Verhältnisse, die auch durch an sich sehr fragwürdige praktische Vorteile nicht aufgewogen zu werden vermögen. Gewiß sind beträchtliche künstlerische Leistungen durch beamtete Architekten hie und da vollbracht worden. Doch liegt es in der Natur der Dinge begründet, daß sich in der Regel künstlerische Erfolge nur dann erzielen lassen, wenn der Architekt ungehindert durch bürokratischen Zwang schalten und walten kann. Daß Deutschland in den letzten zwei oder drei Jahrzehnten eine neue Blüte der Baukunst erleben durfte, ist sicherlich nicht seinen Baubeamten zu danken gewesen, vielmehr hat sich gerade umgekehrt in nahezu allen Fällen der alte Erfahrungssatz bestätigt, daß das Beamtenwesen der Tod des künstlerischen Schaffens ist. Aus diesen Gründen ist es schon im Interesse der Sache selber geboten, die prinzipielle Forderung auf Beteiligung der *Privatarchitekten* an sämtlichen *Bauaufträgen* des *Staates* und der *Kommunen* zu erheben. Ihr reiht sich die andere, nicht minder berechtigte Forderung an, daß den *selbstbesoldeten* Baubeamten die Übernahme von Privataufträgen streng zu untersagen sei.

Die Nutzanwendung auf unsere *Frankfurter* Verhältnisse ist leicht zu ziehen. Auch hier herrschen die gleichen Mißstände wie überall, auch hier zieht die Stadt es gewöhnlich vor, ihre Bauten in eigene Regie zu übernehmen, ja, bereitet den Privatarchitekten wohl auch dort noch Schwierigkeiten, wo sie Verpflichtungen ihnen gegenüber eingegangen ist. Diese Haltung muß von Grund auf geändert werden. Statt daß die Stadt ihre baulichen Aufgaben, soweit solche überhaupt noch vorliegen, durch ihre beamteten Architekten bearbeiten läßt, sollte sie im Gegenteil aus eigener Initiative heraus der freien Architektenschaft soviel als möglich helfend zur Seite stehen. Auch ein Wettbewerb etwa – wo bleibt z.B. das seinerzeit zugesagte Preisausschreiben für die Bebauung eines Teiles des Festhallengeländes? – käme als Augenblickshilfe sehr wohl in Betracht, obwohl die Veranstaltung von Wettbewerben natürlich keineswegs eine grundsätzliche Lösung der hier angeschnittenen Fragen darstellt. Erschwert wird die Lage der Frankfurter Architekten übrigens noch durch das merkwürdige Vorurteil so mancher Frankfurter Bauherrn, daß ein Fremder nicht nur, um mit dem alten Stoltze zu reden, «immer von außerhalb» sei, sondern auch Besseres zu leisten vermöge als die einheimischen Kräfte, was weder die Ansicht des alten Stoltze war, noch in Wirklichkeit zutrifft.

(6.2.1923, Stadt-Blatt, S. 1)

Zur Lage der Privatdozenten
Im Hinblick auf die Universität Frankfurt

Die Zuschrift im Hochschulblatt (Abendblatt vom 8. März) über das *Schicksal der Privatdozenten* mag noch durch etliche Angaben ergänzt werden, wobei uns die *Frankfurter* Verhältnisse als Beispiel dienen mögen. Auch hier, wie überall, sind naturgemäß die Privatdozenten der *geisteswissenschaftlichen* Fakultäten am schlechtesten gestellt. Einige von ihnen hat man mit besoldeten Lehraufträgen bedacht, die noch im Februar 1923 im günstigsten Falle ein Honorar von rund 200 000 Mk. einbrachten, ein Honorar wohlbemerkt, das sich nach den persönlichen Lebensumständen seines Empfängers in keiner Weise richtet. Weder in der philosophischen, noch in der rechtswissenschaftlichen Fakultät gibt es bisher einen außerplanmäßigen, geschweige denn einen planmäßigen Assistenten, der zugleich Privatdozent ist, und auch die nationalökonomische Fakultät hat nur einen einzigen planmäßigen Assistenten aufzuweisen. Besser stehen sich die Naturwissenschaftler und Mediziner, für die eine Reihe von Assistentenposten geschaffen sind, die ja auch dringend benötigt werden.

Von den nicht als Assistenten beschäftigten Privatdozenten üben manche einen *Nebenberuf* aus und verdienen sich auf diese Weise ihren Lebensunterhalt. Sie sind als praktische Ärzte, Krankenhausärzte, Rechtsanwälte, Lehrer, Handelslehrer tätig und haben für gewöhnlich in ihrem «Nebenberuf» ein gerütteltet Maß von Arbeit zu verrichten, das ihnen die für ihre wissenschaftliche Fortbildung erforderliche Zeit sehr beschneidet. Zum Teil handelt es sich übrigens in diesen Fällen um Dozenten, die weniger ihren Beruf als ihre Universitätslaufbahn *gleichsam nebenamtlich* betreiben. Auch hier wieder, bei der Wahl eines passenden Nebenberufes, sind nun die Geisteswissenschaftler den Naturforschern gegenüber im Nachteil. Manch einer von ihnen würde gerne, wie man so sagt, «in den sauren Apfel beißen» und irgendeine Tätigkeit ausüben, auch wenn diese nicht ganz in der Richtung seiner Lehrziele läge, aber er kann keine Stellung finden, die ihm noch genügend Muße für die Vorbereitung seiner Vorlesungen wie für alle mit seiner Lehr- und Forschungstätigkeit verbundenen Aufgaben läßt.

So ist denn die Lage der Privatdozenten, vor allem in den geisteswissenschaftlichen Fakultäten, nicht gerade rosig zu nennen, wobei es allerdings zu berücksichtigen gilt, daß es das Wesen des Privatdozenten ist, als freier, nicht beamteter Gelehrter zu wirken. In Frankfurt a. M. *fehlt* es nicht nur in erschreckendem Maße an *Assistentenposten*, auch *Lehraufträge* werden hier in viel geringerer Zahl erteilt als an anderen Universitäten. Wie groß die Not ist, lehrt das Beispiel eines in einem Vorort Frankfurts wohnhaften verheirateten Privatdozenten, der zwar einen Lehrauftrag, dafür aber auch zwei Kinder hat; er mußte in diesem Wintersemester verschiedene Vorlesungen absagen, weil er die hohen Trambahnkosten einfach nicht mehr zu erschwingen vermochte. Ein anderer, ebenfalls verheirateter Privatdozent ohne Lehrauftrag und Assistentenstelle erzielte im letzten Halbjahr bei großer wöchentlicher Stundenzahl aus den Kolleg- und Seminargeldern eine Einnahme von *sechstausend Mark*; Vorlesungen an der Arbeiterakademie brachten ihm weitere viertausend Mark, so daß er während des ganzen Semesters alles in allem über ein Einkommen von zehntausend Mark verfügte. Es scheint ausgeschlossen, daß ein durch Lehrtätigkeit so stark beanspruchter Dozent noch genügend freie Zeit für einen gewinnbringenden Nebenerwerb erübrigen kann. Private Fürsorge hat zur Linderung augenblicklicher Not manches getan. Aber freilich, eine so wohltätige Erleichterung diese Spenden auch gewähren, eine befriedigende und durchgreifende Lösung der Privatdozenten-Frage stellen sie keineswegs dar.

Woher rührt es nun, daß gerade in *Frankfurt* die Verhältnisse sich besonders ungünstig gestaltet haben? Die Frankfurter Universität ist bekanntlich eine Stiftungsuniversität, an deren Spitze als oberste Finanzbehörde ein die Stiftungsgelder verwaltendes *Kuratorium* steht, in dem die Stadt Frankfurt und die verschiedenen stiftenden Gesellschaften vertreten sind. Obwohl nun heute die Zinsen des Stiftungskapitals zur Erhaltung der Universität längst nicht mehr ausreichen und in Wahrheit bereits seit etlichen Jahren dem *Staate* die finanziellen Hauptlasten zufallen, hat das Kuratorium doch noch in allen geldlichen Angelegenheiten entscheidend mitzureden.

Diese an sich ja wünschenswerte Organisationsform, über deren Änderung übrigens Verhandlungen schweben, hat freilich auch ihre Schattenseiten. Einmal führt sie zu einer mißlichen *Verschleppung des Geschäftsganges*, die sich besonders in Zeiten schwankenden Geldwertes bemerkbar macht. Zum anderen ist zu bedenken, daß an der jungen Universität Frankfurt viele Ausgaben neu zu bewältigen sind, für die an anderen Universitäten die Grundlage schon seit langem vorhanden ist. In einem größeren Kuratorium aber, in dem die verschiedensten Interessenrichtungen vertreten sind, kann schon der energische Widerspruch *einer* Stelle genügen, um Neuanforderungen zu Fall zu bringen. So ist es vorgekommen, daß Stellen, die von den Fakultäten angefordert und vom Ministerium grundsätzlich genehmigt waren, an dem Einspruch *städtischer Vertreter* scheiterten, obwohl die Stadt ja nur einen kleinen prozentualen Zuschuß zu leisten hat. Auch hierunter leiden naturgemäß die Geisteswissenschaftler.

Die Folgen solcher Vernachlässigung sind verhängnisvoll. Über kurz oder lang wird sich ein empfindlicher *Mangel an wissenschaftlichem Nachwuchs* einstellen und unter diesem Mangel werden nicht nur die Wissenschaften selber zu leiden haben, sondern mittelbar auch die Volksschulen und die höheren Schulen wie überhaupt sämtliche Erziehungs- und Bildungsanstalten, die ja alle wichtigen Bestandteile der in ihnen gereichten geistigen Nahrung von der höchsten Bildungsstätte: der Universität her beziehen. Wir kennen sehr wohl die Vorwürfe, die man heute gegen die Universität und gegen den Wissenschaftsbetrieb erhebt, glauben aber nicht, daß an den bestehenden Verhältnissen das geringste verbessert werde, wenn man nun die *Universität einfach im Stich läßt* und so dem

Verfall mit allen seinen Begleiterscheinungen preisgibt. Infolge des Fehlens geeigneten Nachwuchses sind schon heute in einzelnen Fakultäten die Professoren durch Prüfungsarbeiten, Senatssitzungen und Verwaltungsgeschäfte so überlastet, daß sie kaum mehr zu ihren eigenen wissenschaftlichen Forschungen kommen. Nicht vergessen sollte man auch, daß die trübe Aussicht auf allmähliches Verhungern gerade *nicht das taugliche Mittel ist, um wirklich tüchtige Kräfte anzulocken.* Nur sehr vermögende Leute sind heute noch in der Lage, sich zu habilitieren. Und die Gefahr besteht, daß die Fakultäten sich (unbewußt) die Habilitanden auf ihre finanzielle Leistungsfähigkeit hin ansehen, daß zumal in die ökonomischen und politischen Fächer statt der Gelehrten Interessenvertreter hineingeraten. Wie kann hier *Abhilfe* geschehen? Nach unserer Überzeugung wäre schon viel gewonnen, wenn man die älteren Privatdozenten, die das Amt von Assistenten, Protektoren usw. bekleiden und de facto *bereits die Funktionen eines Professors* versehen, in weit größerer Zahl als bisher in planmäßige, *beamtete* Professorenstellen einrücken ließe und derart den nötigen Raum für die jüngeren Dozenten schüfe. Darüber hinaus ist zu erwägen, ob nicht solchen Privatdozenten, die sich bewährt haben und deren Verbleib in der wissenschaftlichen Laufbahn als wünschenswert erscheint, eine *ausreichende Besoldung* zuteil werden könnte. Die Bewährung müßte evtl. durch ein besonderes Prüfungsverfahren festgestellt werden, wie dies schon jetzt bei der Verleihung der Dienstbezeichnung des a.o. Professors geschieht. Diese Fragen einer befriedigenden Lösung zuzuführen, erscheint uns als eine der drängendsten Aufgaben praktischer Hochschulreform.

(19.4.1923, Abendblatt; Beilage: Hochschulblatt, S. 4)

Antwort auf eine Festrede
Theater und Kulturpolitik

Max Reinhardt hat sich bei dem in diesen Tagen ihm zu Ehren in *Paris* veranstalteten Festbankett für den Gedanken des *Welttheaters* ausgesprochen, den Herr *Gémier* vertritt. In seiner Rede äußert er bündig, daß er kein Politiker sei, sondern nichts als ein Theatermann. Der Theatermann erkennt den drohenden Verfall des Theaters und fragt, wie dem Patienten wieder aufzuhelfen sei. «Könnte durch einen Zusammenschluß, einen zeitweisen Austausch nicht vieles, vielleicht Entscheidenes geschehen? Sollen nur Boxer, Radfahrer und Tennisspieler sich international zusammenfinden?» Als Heilmittel also Zusammenschluß. Aber: «Nicht die Kunst der Politik soll uns zusammenführen, sondern die Politik der Kunst ...» – Diese Be- und Erkenntnisse, diese gewiß ehrlichen Wünsche und Hoffnungen verraten über den Stand der herrschenden Ideologie von heutzutage umso mehr, als sie nicht von dem ersten Besten herrühren. Nicht oft werden solche Proben dem Chemiker der Gesellschaft zur Analyse dargeboten. In seiner ideologischen Befangenheit sperrt sich Max Reinhardt genau gegen die Gedanken und Tätigkeiten ab, die das von ihm ersehnte Welttheater herbeiführen könnten, oder ihm doch Klarheit darüber zu verschaffen vermöchten, warum das Theater heute gefährdet ist. Er will kein Politiker sein, sondern *nur* Theatermann. Aber eben dies: daß er kein Politiker sein will, es sei denn ein Politiker der Kunst, verhindert zuletzt die Errichtung des Welttheaters, hintertreibt die Wirkung des von der Bühne gesprochenen Worts. Sie hängt von dem Zustand der Gesellschaft ab, zu der gesprochen wird. Ist dieser Zustand schlecht und der Veränderung bedürftig – er ist es –, so hat Wirkung allein und zunächst das politische Wort. (Es kann auch auf der Bühne gesprochen werden.) Doch Max Reinhardt weigert sich, ein Politiker zu sein. Er sieht ab von der Politik, er umgeht sie, wie die Theaterdichter sie zumeist umgehen, und propagiert trotzdem als unpolitischer Theatermann mit Herrn Gémier das Welttheater.

Wäre er der Politiker, der er nicht sein will, so müßte er wissen, daß das Welttheater nur dann sich verwirklichen kann, wenn es auf dem Theater der Welt anders aussieht, wenn also die Politik auf eine Umwandlung der Gesellschaft drängt, deren heutige Beschaffenheit den augenblicklichen Tiefstand des Theaters nach sich gezogen hat. Er müßte wissen, daß mit der Einrichtung der Gesellschaft die des Theaters unzertrennlich verbunden ist; er müßte wissen, daß in Zeiten, in denen eine Umstellung der Gesellschaft moralisch gefordert ist, die Politik den Primat vor der Theaterkunst (als bloßer Unterhaltung) hat, die notwendig zur Spielerei entartet, wenn sie ihr politisches Desinteressement erklärt (freilich nur dann); er müßte die Folgerung ziehen können, daß er immer Grund zur Klage haben wird, solange er kein Politiker ist, sondern nur ein Theatermann. Die Beschränkung, die er sich selber auferlegt, und einzig sie, ist daran schuld, daß nur Boxer, Radfahrer und Tennisspieler sich international zusammenfinden; also Leute, die mit der mittelbaren oder unmittelbaren Darbietung von Erkenntnissen nichts zu schaffen haben. Der Theatermann wundert sich, der Politiker würde verstehen. Verstünde er aber, so bliebe er vielleicht nicht nur Theatermann oder achtete doch als Theatermann auf die wesentlichen Beziehungen zwischen realer Kunst und richtiger Politik. Womit plumpen Tendenzstücken nicht das Wort geredet sein soll.

(17.3.1927, Abendblatt; Feuilleton, S. 1)

Erziehung

Kunst und Jugend

Die Gemeinnützige Vereinigung für künstlerische Darbietungen an die Frankfurter Jugend hat in vorbildhafter Weise eine Aufgabe gelöst, deren Bewältigung gerade unter den heutigen Zeitverhältnissen besonders schwierig ist. Ihre Veranstaltungen, die von der Absicht getragen sind, der schulpflichtigen Jugend gute und ihrem Verständnis angepaßte Kunst gegen geringes Entgelt zu vermitteln, stellen sich immer mehr als notwendige Ergänzung des Schulunterrichts heraus, und die Anwesenheit von Vertretern der Kultusministerien in Berlin und Darmstadt sowie Abgeordneter der Stadtverwaltungen und Jugendpflege-Ämter einer Reihe deutscher Städte bei den Vorführungen beweist eindringlich, welche Beachtung man allerorten dem Unternehmen schenkt. Etliche Städte sind denn auch bereits dem Frankfurter Beispiel gefolgt, nicht zum wenigsten wohl deshalb, weil sie durch Veranstaltungen solcher Art die Jugend von den Kinos und schmutzigen Literaturerzeugnissen fernzuhalten und den Sinn für echte künstlerische Leistungen in ihr zu erwecken ʾhoffen. Den vielen Künstlern und Lehrkräften, die durch ihre bereitwillige Mitwirkung das Gelingen des edlen Erzieherwerks ermöglicht haben, gebührt besonderen Dank; der Beifall ihres jugendlichen Publikums hat sicherlich das frohe Bewußtsein in ihnen erzeugt, daß ihre Kunst gerade in diesem Kreis auf einen fruchtbareren Boden gefallen ist, als bei so manchen für Erwachsene bestimmten Aufführungen. Gleiche Befriedigung mag auch alle die Männer und Frauen erfüllen, die bei der Vorbereitung und Organisation im stillen tätig waren; ihre fürsorglichen Bemühungen tragen ihren Lohn in sich selber.

Wie in den vorigen Monaten, so rief auch im Juni wiederum das Kasperl-Theater von Frau Liesel *Simon* lebhaftes Entzücken bei Mädchen und Knaben hervor. *Poccis*: «Kasperl als Porträtmaler» und «Rumpelstilzchen» von Martha *Werth* waren so recht auf die Fassungskraft der jugendlichen Hörer zugeschnitten, die gerne selber in den Gang der Handlung eingriffen, wenn José *Almers* als oberbayrisch sprechender Kasperl sie durch seine an sie gerichteten Fragen hierzu aufforderte. Die ergötzlichen Puppen von *Zschoock* und die prächtigen Dekorationen *Delavillas* leisteten auch verwöhnten künstlerischen Ansprüchen Genüge. – Daß die jugendliche Gesellschaft an dem heiteren Nachmittag nicht aus dem Lachen herauskomme, dafür trugen die Herren *Großmann* und *Grünning* Sorge. Stürmisches Gelächter entfesselte zumal Großmanns pantomimische Darstellung eines kleinen Knaben, der zum ersten Mal ins Theater geht. – Frau Evelyn *Auerbach* erzählte den Kindern als gute Märchentante alte deutsche Märchen, unter denen auch die reizende Geschichte vom Schwaben, der das Leberlein gefressen, nicht fehlte. Lichtbilder bekannter deutscher Künstler versinnlichten das Gehörte. – Um die Aufführung von Volksspielen, Volksliedern und -reimen machten sich vor allem Rektor *Wehrhahn* und Frl. *Rau* von der Volta-Mittelschule verdient. Kinder sangen und tanzten hier vor Kindern, und diese Mädchen im Dirndlkostüm bei Reigen und Spiel waren nicht zuletzt auch für den Erwachsenen ein vergnüglicher Anblick. Kapellmeister *Hartl* begleitete am Klavier; es soll ihm nicht vergessen werden, daß er einmal Mehlers «Rheinlegendchen» den Kindern vorsang. Rezitationen von Frl. *Lüngen* und Lieder von Frl. *Röhrig* ergänzten das reichhaltige Programm. – Für Jugendliche zwischen 14 und 18 Jahren war ein Vortragsabend bestimmt, an dem Frl. *Andor* und Herr *Auerbach* ihre Hörer durch die Wiedergabe von Gedichten und Balladen unserer Klassiker erfreuten. – An dem *heiteren* Abend erzählte Herr *Auerbach* Geschichten von Finkh, Schussen, Hansjakob und verstand es vortrefflich, sein Publikum für seine geliebten schwäbischen Dichter zu begeistern. – Auf die Hebung der Geschmackskultur unserer Jugend zielten die Lichtbildervorträge von Dr. *Schürmeyer* über den schönen Gegenstand im täglichen Leben ab. Der Vortragende zeigte an Beispielen und Gegenbeispielen, wie man mit den einfachsten Mitteln, oft nur durch geschickte Proportionierung, jedem Gegenstand zu guter künstlerischer Wirkung verhelfen kann. –

Prof. *Hülsen* machte in seinen Vorträgen Kleine und Große mit unserer Vaterstadt Frankfurt vertraut. An Hand teilweise von ihm selber aufgenommener Lichtbilder erläuterte er ihnen die Hauptsehenswürdigkeiten der Altstadt und suchte in ihnen ein Gefühl für die Schönheit des Römers, des Steinernen Hauses usw. zu wecken, wobei er es nicht unterließ, auch auf die stilistischen Eigentümlichkeiten der einzelnen Bauwerke einzugehen. – Einen hohen Kunstgenuß gewährte das Kirchenkonzert, dessen Programm durch das Orgelspiel Carl *Heyses* und durch Gesangsvorträge der Frankfurter Madrigal-Vereinigung unter Leitung von Margarete *Dessoff* bestritten wurde. Händelsche Musik und Madrigale aus dem 17. Jahrhundert bildeten bei vielen Hörern wohl das erste nachhaltige musikalische Erlebnis.

Die Veranstaltungen, die mit so schönem Erfolg eingesetzt haben, sollen im nächsten Quartal wieder aufgenommen werden. Da es sich bei ihnen nicht um irgendwelche Vergnügungen, sondern um *kunsterzieherisch* notwendige Darbietungen für Kinder aller Volksschichten handelt, darf man wohl erwarten, daß der Magistrat im Interesse der Jugendbildung überhaupt ihren Besuch nach jeder Richtung hin möglichst erleichtert.

(6.7.1921, Abendblatt; Rubrik: Frankfurter Angelegenheiten, S. 2)

Schüleraufführung

Schülerinnen und Schüler der *Schillerschule* und des *Goethegymnasiums* veranstalteten an drei Abenden eine Aufführung von Nestroys «*Lumpacivagabundus*» zu Gunsten der *Schülerheime* beider Schulen. Nicht nur sämtliche Rollen des Stücks, sondern auch die musikalische und technische Leitung sowie die Regie waren von Schülern übernommen worden, die ihre Sache nahezu durchweg gut machten. Anerkennung verdient

zumal der Regisseur, der als «Theaterdirektor» eine längere wit-
zige Programmrede vorausschickte. Was die schauspielerischen
Leistungen betrifft, so wurden vor allem die drei Handwerks-
gesellen flott gespielt. Der Darsteller des Schneiders Zwirn, der
sich durch große Beweglichkeit der Glieder auszeichnete, verfügt über eine solche Begabung zum Komiker, daß er bald wohl
auch auf einer wirklichen Bühne mit Ehren bestehen könnte.

(3.12.1921, 1. Morgenblatt; Rubrik: Frankfurter Angelegenheiten, S. 3)

Sexuelle Aufklärung
Epilog zur Reichsgesundheits-Woche

Knaben und Mädchen von 13 Jahren an – oder noch jünger? –
sind während der «Reichsgesundheits-Woche» mit dem eisernen Besen *aufgeklärt* worden. Man hat sie in Brieux' braven
Schmöker: «Die Schiffbrüchigen» geschickt und die Fährnisse
des Liebeslebens durch Vorträge ihnen nahegebracht. Die Ursachen des Trippers sind ihnen jetzt offenbar, die amtliche
Zahl der Luesfälle ist ihnen nicht verborgen geblieben. Knaben und Mädchen werden fürder kaum noch bezweifeln, daß
es ihre Aufgabe sei, die *Statistik* der Geschlechtskrankheiten
prozentual zu verbessern. Im Dienste der Reichsgesundheit.
Drastische Belehrung hat zumal der Film: *«Falsche Scham»*
erteilt, der ganz Deutschland durchläuft. Seine optischen Darlegungen sind umso stichhaltiger, als er mit Unterstützung der
«Gesellschaft zur Bekämpfung der Geschlechtskrankheiten»
hergestellt worden ist. Knaben und Mädchen haben in ihm die
Hunnenüberfälle der Gonokokken verfolgt, Vorsicht beim
Gebrauch von Ammen sich eingeprägt und die Trophäen der
Syphilis zu verabscheuen gelernt. Der Glaube an die Segnun-
gen der Prostitution ist in ihnen zerstört, ein für allemal wissen
sie nun, daß die stärksten Gefühle des Primäreffekts verdächtig

sind. Die Warnung ist gründlich. Knaben und Mädchen werden gewiß nicht zögern, die künftigen Ausbrüche ihrer Triebe hygienisch zu regeln und den guten Onkel Hautarzt zu Rate zu ziehen. Im Dienste der Reichsgesundheit.

***

Aufklärung soll sein. Sie zerstört, was an der Scheu der früheren Generationen, von sexuellen Dingen zu reden, schlecht-mythologischen Ursprungs war. Das echte Geheimnis geht durch das Wissen nicht unter.

Die Aufklärungsmethoden indessen, die bei der Reichsgesundheits-Woche zum Teil befolgt wurden, sind *barbarisch*. Hat man vordem ängstlich verschwiegen, so bespricht man jetzt plan. Man ist ins Gegenteil umgeschlagen, der Radikalismus des Verhüllens und der des Sagens sind einander wert. Keulenhiebe werden versetzt, die ganze Anatomie wird säuberlich ausgebreitet. Mit dem Ergebnis, daß die so traktierte Jugend Wirkungen kennenlernt, deren Ursachen noch nicht in ihrem Erfahrungsbereich liegen. Sie erhält von Vorgängen Kunde, die unter Umständen den Körper verheeren, ohne eine der Empfindungen wirklich erlebt zu haben, die den Körper beherrschen und ihm Glück und Unglück bedeuten. Es ist mehr als wahrscheinlich, daß Darbietungen dieser Art junge Menschen im *Pubertätsalter* mit Ekelvorstellungen und Hemmungen belasten können, die auf lange hinaus schädigen. Vor allem die Filmvorführungen, die das Körperliche in seiner Ausschließlichkeit zeigen; denn der an die Leinwand gemalte Teufel ist unwiderleglich. Hinzu kommt noch ein anderes: die Widerstandskraft des Körpers *verringert* sich leicht, wenn die Phantasie mit den in ihm sich abspielenden Ereignissen so zum Bersten angefüllt wird, daß sie nichts weiteres mehr hinzudenken mag. Der Körper bleibt dann sich allein überlassen, ausgeschaltet ist die umstürzende Gewalt des Geistes, sind die heilenden Regungen der Seele. Das Hygienische, bis zu seinem nackten Ende vorgetrieben, kehrt sich gegen sich selber.

In dem Drang, die Jugend mit Aufklärung zu verproviantieren, hat man eben die Hälfte vergessen. Forsch zerrt man die Einge-

weide nach außen; aber der Hinweis auf das nicht minder verborgene *Erotische*, von dem die leiblichen Funktionen sich nicht klar trennen lassen, wird in der Regel unterdrückt. Diese Aufklärung ist unvollständig und daher nicht geeignet, jenen Hintertreppengerüchten den Garaus zu machen, die sich die Schulbuben einander zuraunen. Indem sie das Gebiet der Erotik zu umreißen vermeidet, führt sie seine Gehalte auf eine Summe physiologischer Geschehnisse zurück, statt umgekehrt zunächst die faktische Abhängigkeit des Physiologischen von den erotischen Kräften darzutun. Das Erotische durchsetzt als Liebe, Leidenschaft, Neigung und Begehren die Seele und ihre Sprache und verbündet sich zweideutig mit dem Geist; es wird von der Sexualität nicht getragen, es schließt sie ein. Die Einwände: man rede zu Unreifen, und man könne über diese Dinge in der Öffentlichkeit überhaupt nicht reden, verschlagen hier nicht. Wenn schon nicht Abstand genommen wird, die unmündige Zuhörerschaft in naturwissenschaftlichen Referaten aufzuklären, zu deren Verständnis ihr die Voraussetzungen fehlen, so ist es erst recht gestattet, ihr Ausblicke auf das Erotische zu eröffnen, dessen Macht sie vorausahnen mag. Nicht gestattet nur sind diese Ausblicke dann, sondern geboten. Denn ihr Unterbleiben beschwört einen *Obskurantismus* herauf, der schlimmer ist als der alte. Oder ist eine Jugend nicht mit Blindheit geschlagen, die um die schädigenden Folgen von Beziehungen weiß, deren Ansehen und Bedeutung ihr verhohlen wird? Muß sie nicht doppelt dereinst der Wollust ausgeliefert sein, wenn sie das Geschlechtliche lediglich aus der Perspektive des Hautarztes kennt? Wenn sie nur über die grob prophylaktischen Mittel unterrichtet ist und nicht auch über den Sinn des Triebes selber: wie er den *ganzen* Menschen umfängt, wie er zum Guten und Bösen gereicht? Sexuelle Aufklärung nach Art der heute verübten ist verderblich, solange sie durch die alleinige Betonung der Hygiene ein verfälschtes Bild der Wirklichkeit gibt.
Um die Jugend an die Wirklichkeit heranzuführen, dazu gehört freilich Scham. Man hat die «falsche Scham» erfolgreich ausgerottet; die richtige scheint mir abhanden gekommen zu sein.

Ein Aufklärungsfeldzug jedenfalls, der sich darauf beschränkt, in Vorträgen und Filmen denen, die es begreifen und nicht begreifen, Material über Geschlechtskrankheiten und ihre Verhütung aufzutischen, hat mit Scham zuletzt überhaupt nichts zu schaffen. Scham – richtige oder falsche – bildet sich dort nur, wo ein Verhältnis zwischen Menschen besteht. Die hygienische Propaganda unserer Tage aber meint im Grunde gar nicht die einzelnen Menschen, sondern die Statistik. Ihre Objektivität wäre rechtmäßig durchaus, wenn sie Objekte beträfe, Gegenstände, die an der rationellen Bewältigung ihre Schranke haben. Da sie jedoch auf «Aufklärung» abzielt, ist ihr der Vorwurf der «Unmenschlichkeit» nicht zu ersparen. Statt die Jugendlichen anzusprechen, redet sie über sie hinweg oder durch sie hindurch. Diese medizinische Unentwegtheit erschreckt vielleicht durch ihre Ziffern und Bilder, verfehlt indessen die Empfindungen, die über den Schrecken gebieten. Der Mensch, der sich schämt, bleibt durch die wissenschaftlichen Daten unberührt, die für sich allein selber ohne Scham sind. Bezeichnend genug, daß ihre Aufreihung sogar die Traurigkeit und den Cynismus vermissen läßt, der sie – negativ – auf die Menschen bezöge. Hier, wo es wirklich auf menschliche Fühlungnahme ankäme, wird die Sachlichkeit bis zum äußersten getrieben. Ihre «Scham-losigkeit» ist es recht eigentlich, die im Namen der Aufklärung von der Wirklichkeit der geschlechtlichen Liebe abdrängt. Vorzudeuten auf sie vermöchte nur die richtige Scham.

***

Mangel an Takt: das genau ist das Gebrechen der jetzt geleisteten Aufklärungsarbeit. Aus einer verbohrten doktrinären Gesinnung heraus, die leider für unser heutiges öffentliches Wesen nicht untypisch ist, hat sie sich über die menschlichen Zwischenschichten hinweggesetzt, deren sie sich gerade in diesem Falle hätte versichern müssen. Sie ist ohne jene Zartheit erledigt worden, die jungen Menschen gegenüber bei einem solchen Thema angemessen wäre.

(28.4.1926, 2. Morgenblatt; Feuilleton, S. 1)

«Mit der Riesenarmee der Litfaßsäulen [...] geht seit kurzem eine sonberbare Veränderung vor. Diese Wandlung rührt einfach daher, daß etliche mitfühlende Seelen
schlechterdings nicht einzusehen vermochten, warum gerade die Litfaßsäulen gut
bekleidet sein sollen, wo doch soviele Menschen in höchst reduzierter Kleidung herumlaufen müssen.» S. 33. Roßmarkt Frankfurt.

«Die offene Vorhalle des Hochhauses antwortet dem Konkav der eingeknickten Schmalfront, die an architektonisch begründeter Stelle auch plastischen Schmuck erhalten soll. Besonders günstig nehmen sich die Abtreppungen des Hochhauses aus, da durch sie Bewegung in die Massen kommt.» S. 27.

«Weder stehen die Menschen heute in einem festen Zusammenhang, noch vermögen
sie irgendwelche Zusammenhänge zu überschauen; die Maschinerie, deren Sinn es
ist, beherrscht und dienstbar gemacht zu werden, rast entfesselt weiter, und keiner
ist mehr, der das Hexentreiben zu bändigen vermöchte.» S. 51. Kaiserstraße Frankfurt.

«Was ist eine Revue? Etwas, das man Revue passieren läßt, etwas sehr Buntes, Zusammengesetztes, jedenfalls eine Berückung der Augen, ein schwelgerisches Kaleidoskop, mit dem sich ein Sinn nicht weiter verbindet, da es der Unterhaltung der
Sinne dient. [...] Es beruhigt die tagsüber strapazierten Nerven der Bürger und
spiegelt ihnen eine pompöse Äußerlichkeit vor. Am farbigen Abglanz haben sie in
der Revue das Leben.» S.95.

«Das alte Bild: vor den Bretterzäunen auf der Straße umlauert die Masse das
Wunschzelt. Es hat freilich nichts mehr zu tun mit den früheren Zirkuszelten, die
flüchtige Herbergen waren, sondern ist ein Riesenpalast aus Segeltuch, der ganz
und gar elektrisch glänzt.» S. 126.

«Das Haus Werkbund stellt einen einfachen langgezogenen Rechteckskörper dar,
dessen Äußeres leise an einen orientalischen Basar erinnert.» S. 157.

«Man hat für diese Gesinnung nicht zu Unrecht das Schlagwort der ‹neue Sachlichkeit› geprägt. In der Tat, ihre Absicht ist, sachlich zu sein; auf Schmuck zu verzichten, der den Bedürfnissen einer vergangenen Gesellschaft entsprach.» S. 207. Wohnhaus des Frankfurter Stadtbaurates Ernst May.

«Der Gipfel schlechthin aber ist Rastelli, der mit Recht ‹der Unvergleichliche› heißt. Ein spielender Ephebe, pierrothaft anzuschauen und Gaukler von Geblüt […], und man weiß nicht, wer das Bällchen ist: das Bällchen oder er. Unendlich graziös verfährt er mit diesen leichten Dingen, deren Zahl vielfach ist und deren abgezirkelte Bewegungen zu den seinen in dem anmutigsten Verhältnis stehen.» S. 95.

«Was sie leisten ist unerhörte Präzisionsarbeit, entzückender Taylorismus der Arme und Beine, mechanisierte Grazie. Sie rasseln mit dem Tamburin, sie exerzieren nach Jazzmusik, sie kommen als blaue Jungens daher: alles auf einen Schlag [...]. Technik, deren Anmut verführt, Anmut, die geschlechtslos ist, weil sie auf die Freude an Exaktheit sich gründet.» S. 97.

Anmerkungen

[1] «Berlin, 5. Febr. Von zuständiger Stelle erfahren die ‹P.P.N.›, daß die Projekte zum Bau von Turmhäusern und sogenannten Wolkenkratzern, die in verschiedenen Städten des Reiches aufgetaucht sind, von diesem Frühjahr ab zur Ausführung gelangen sollen, falls es die wirtschaftliche Lage ermöglicht. Das Preußische Ministerium für Volkswohlfahrt, das den Bau von Turmhäusern und Wolkenkratzern ausdrücklich gutheißt, hält es für notwendig, daß möglichst hohe Gebäude mit Wohnungen errichtet werden, da hierdurch einerseits Ersparnisse an Grund und Boden wie an Material, wie auf der andern Seite auch große Kostenersparnisse einträten und so die Bereitstellung zahlreicher Wohnungen ermöglicht werde.»

[2] Moltkeallee heute: Hamburger Allee, Bismarkallee heute: Theodor-Heuss-Allee, Königstraße heute: Emil-Sulzbach-Straße.

[3] Über Aleksandr Tairow ist die Verbindung zum von Kracauer in einer unveröffentlichten Frühschrift von 1918 heftig kritisierten Expressionismus angedeutet, über Alexandr Archipenko die zum Kubismus.

[4] Da aufgrund von Einsprachen durch Nachbarn die geplante Höhe nicht ausgeführt werden konnte, gilt als Frankfurts erstes Hochhaus der 1925/26 gebaute Mousonturm an der Waldschmittstraße.

[5] Vgl. Kracauer: «Das Schreibmaschinchen.» In: Frankfurter Zeitung, 1.5.1927 (2. Morgenblatt; Feuilleton), S. 2. Wieder in: Schriften 5.2, S. 48–52.

[6] Vgl. in Kracauers Roman «Georg», Schriften 7, S. 338.

[7] Im Druck «Synthesis», in den Klebemappen handschriftlich korrigiert.

[8] Die hessische Variante des Regenschirms, des Paraplui.

[9] Ein hessisches Sonnenschirmchen.

[10] An dieser Stelle folgen zwei weitere Kurztexte zur Schumannpremiere unter den Kürzeln «ha.» und «-den.».

[11] Dieser Artikel erschien ohne Titel.

[12] Kracauer rezensierte mit großer Begeisterung mehrere Bücher Hugh Loftings über «Doktor Dolittle» für das Literaturblatt der Frankfurter Zeitung.

[13] Der offensichtliche Druckfehler «Anwesenheit» blieb auch in den Klebemappen unkorrigiert.

[14] Heute «An der Hauptwache».

[15] Kracauer arbeitete als Architekt u.a. bei Max Seckbach, gewann z.B. mit seinem Entwurf für dieses Architekturbüro 1916 den Wettbewerb der Stadt Frankfurt für einen Ehrenfriedhof (vgl. Ingrid Belke und Irina Renz: «Siegfried Kracauer 1889–1966.» Marbacher Magazin Nr. 47, 1988, S. 24). Eine längere Episode zu diesem Wettbewerb von 1916 findet sich in Kracauers Roman «Ginster», Schriften 7, S. 102 ff.

[16] Heute «Rathenau-Platz».

[17] Vgl. in Kracauers Roman «Georg», Schriften 7, S. 288 ff.

[18] Dieser Artikel erschien ohne Titel.

[19] Der Film wurde nicht von Kracauer besprochen.

[20] Dieser Artikel erschien ohne Titel.

[21] In den Klebemappen ist dem notierten Erscheinungsdatum hinzugefügt: «Teddies [Theodor W. Adorno; A.V.] 21. Geburtstag».

[22] Gemeint ist der norditalienische Fluß Isarco.

[23] Im 2. Morgenblatt des 11. Juli wurde erstmals nach einer Meldung der United Press vom «Affenprozeß in Dayton» berichtet: «Die Verteidigung hat 50 Wissenschaftler als Zeugen benannt, weswegen man mit einer Prozeßdauer von einem Monat rechnet.»

[24] Angeklagt war Prof. John Scope.

[25] Dieses «nicht» ist in den Klebemappen gestrichen.

[26] Fußnote im Original: «Ernst Wiegandt, Verlag, Leipzig, 1913», 39 Seiten.

[27] Fußnote im Original: «Vgl. ‹Schriften zur Kulturpolitik›. – ‹Über den Nutzen der Universitäten für die Volksgesamtheit und die Möglichkeit ihrer Reformation.› Jena, Eugen Diederichs, 1920», 25 Seiten.

[28] Vgl. Kracauers Roman «Georg», Schriften 7, S. 280 ff.

Editorische Nachbemerkung

Die vorliegende Textsammlung umfaßt jene Artikel, die Siegfried Kracauer für die
«Frankfurter Zeitung» und deren «Stadtblatt» bis zu seiner Versetzung nach Berlin im
März 1930 geschrieben hat.
Dieser Zeitraum der erfaßten Artikel beginnt mit einem Reisebericht, der in der Biblio-
graphie von Thomas Levin: «Siegfried Kracauer. Eine Bibliographie seiner Schriften»
(Marbach a.N. 1989) als Kracauers erste Publikation nachgewiesen ist (23.8.1906, «Ein
Abend im Hochgebirge», S. 213). Er endet, wo die Textsammlung «Berliner Nebenein-
ander» (Edition Epoca 1996) einsetzt, nämlich mit einer von Kracauer doppelt
unterstrichenen Markierung in seiner chronologischen Sammlung von Belegexemplaren: «Schluss Frankfurt!» (nach der Filmrezension «Ehe in Not» vom 7.3.1930).
Nicht in die vorliegende Sammlung aufgenommen wurden alle Texte, die bereits im
Rahmen der Schriftenbände des Suhrkamp Verlags erschienen sind oder deren Erscheinen (alle Artikel zum Film) dort bereits angekündigt ist. Ebenfalls nicht aufgenommen wurden Buchbesprechungen und Artikel, die sich mit Büchern oder Autoren
befassen –, sie würden einen eigenen Band füllen. Zu diesen beiden umfangreichen
Ausschlußkriterien «Schriftenbände» und «Bücherthemen», die bereits für die Sammlung «Berliner Nebeneinander» angewendet wurden, müssen im vorliegenden Band
zwei weitere hinzukommen: zum einen «Vortragsreferate», wie sie Kracauer anläßlich
von Versammlungen, Tagungen, Eröffnungen, Rundfunkübertragungen, Kongressen
und Stadtparlamentssitzungen in großer Zahl zu schreiben hatte, da in diesen Berichten zum größten Teil ohne erkennbare Stellungnahme Kracauers referiert wurde; zum
anderen mußte auch auf die Aufnahme der zahlreichen «Ausstellungsberichte» verzichtet werden, die ebenfalls häufig nur Referatscharakter hatten.
Ebenfalls weggelassen wurden biographische Meldungen und Nekrologe, Zeitschrif-
tenschauen, Berichte von Lesungen, die Wiedergabe von Leserzuschriften («Man
schreibt uns ...», «... bittet uns um Abdruck folgender Stellungnahme ...»), kurze Mittei-
lungen und Ergänzungen («... wird uns ergänzend mitgeteilt ...», «... wie wir erfahren
...», «... wie wir ... entnehmen ...», «... wie uns bekannt wurde ...»), knappe Hinweise
und Bemerkungen sowie kürzere Zweitpublikationen zum gleichen Ereignis (meist
noch am gleichen Tag).
In der Rubrik «Architektur» wurde für jedes Bauprojekt nur die ausführlichste Bespre-
chung ausgewählt; alle ergänzenden, meist rapportierenden Berichte, häufig über
Planauflagen, wurden weggelassen.
Im Referatsstil verfaßt und daher nicht im vorliegenden Band enthalten ist Kracauers
ausführliche Berichterstattung vom «Prozeß Angerstein», die er sich mit einem Kolle-
gen teilte. Seine abschließende Bewertung ist abgedruckt in «Siegfried Kracauer:
Schriften Bd. 5.1» (Frankfurt a. M. 1990, S. 318–322).
Wie bereits in «Berliner Nebeneinander» wurde auch hier versucht, die Artikel nach
Rubriken geordnet vorzustellen, um eine gezielte Lektüre zu erleichtern. Das rubri-
zierte Artikelverzeichnis weist auch jene Texte nach, die bereits im Rahmen der
Schriftenbände erschienen sind und nicht unter die übrigen oben genannten Ein-
schränkungen fallen.
Die Transkription hält sich streng an die Druckvorlage. Druckfehler und grammatikalische Uneinheitlichkeiten wurden jedoch stillschweigend korrigiert, und den den Artikeln vorangestellte Orts- und Zeitangaben wurden weggelassen. Kürzel Kracauers, die
anstelle des vollen Namens die Artikel signieren, sind im Artikelverzeichnis hinter den
jeweiligen Titeln in Klammern angegeben. Sofern in den am Ende jedes Textes ver-
merkten Angaben zur Druckvorlage nicht auf einen bestimmten Zeitungsteil verwiesen
wird, sind die Texte im allgemeinen Teil der Frankfurter Zeitung erschienen.
Auf ergänzende Angaben zu erwähnten oder gar innerhalb des Artikels ausführlich the-
matisierten Personen wurde verzichtet; sei es, weil knappe biographische Angaben für
das Textverständnis nicht als notwendig erachtet wurden, weil ein ausführlicherer
Kommentar dem Stellenwert der im Artikel Erwähnten unangemessen schien, oder
aber weil die Person als bekannt vorausgesetzt werden konnte.

Artikelverzeichnis

In gleicher Ausstattung erschienen:

Siegfried Kracauer:
Berliner Nebeneinander
Ausgewählte Feuilletons 1930–33
Herausgegeben von Andreas Volk
ISBN 3-905513-02-1

«Es sind hier selbst für Kracauer-Kenner zahlreiche Entdeckungen zu machen, die seine Kunst der Konkretion, des Arbeitens mit dem Material der alltäglichen Beobachtung zeigen.»
taz

«Nicht die stilistische Prägnanz allein bestimmt deren Qualität; den Texten ist ein ursprüngliches Staunen mitgegeben.»
Neue Zürcher Zeitung

«Er begibt sich ins Getümmel der Stadt und registriert wie ein Seismograph Stimmungsschwankungen, Tendenzen, Entwicklungen.»
Die Welt

«Sie enthalten Sätze, in denen es einen zweiten Kafka, in journalistischer Verkleidung, nach Berlin verschlagen hat.»
Süddeutsche Zeitung

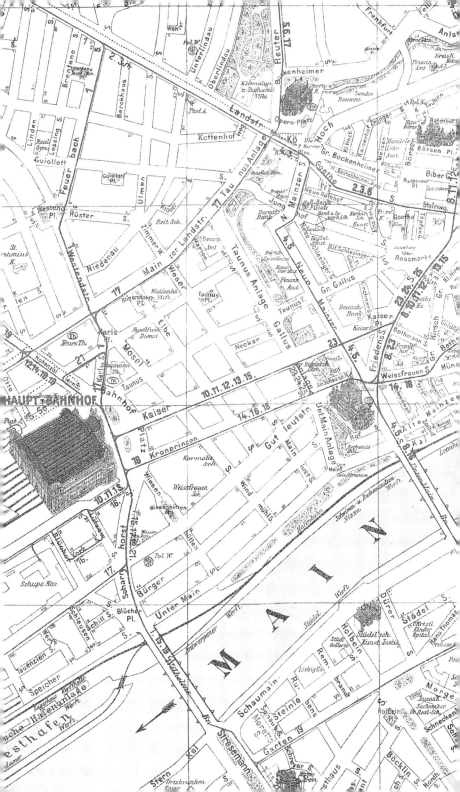